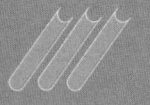

《庐山文化研究丛书》编委会

主编
甘筱青

编委会成员
李宁宁　吴国富　计　斌　李华锋
张晓明　吴维勇　王侃民　王贤淼

江西省2011协同创新中心"庐山文化传承与传播协同创新中心"项目成果

九江濂溪志

李宁宁 黄林燕/编纂

江西人民出版社

图书在版编目(CIP)数据

九江濂溪志:外一种/李宁宁,黄林燕编纂.
—南昌:江西人民出版社,2016.10
(庐山文化研究丛书/甘筱青主编)

ISBN 978-7-210-08507-2

Ⅰ.①九… Ⅱ.①李…②黄… Ⅲ.①周敦颐(1017—1073)-哲学思想-研究 Ⅳ.①B244.25

中国版本图书馆 CIP 数据核字(2016)第 110526 号

九江濂溪志:外一种
李宁宁　黄林燕　编纂
责任编辑:陈世象
封面设计:揭同元
出版:江西人民出版社
发行:各地新华书店
地址:江西省南昌市三经路 47 号附 1 号
学术出版中心电话:0791-86898330
发行部电话:0791-86898815
邮编:330006
网址:www.jxpph.com
E-mail:swswpublic@sina.com　web@jxpph.com
2016 年 10 月第 1 版　2016 年 10 月第 1 次印刷
开本:880 毫米×1230 毫米　1/32
印张:8.625
字数:200 千字
ISBN 978-7-210-08507-2
赣版权登字—01—2016—598
版权所有　侵权必究
定价:36.00 元
承印厂:南昌市红星印刷有限公司
赣人版图书凡属印刷、装订错误,请随时向承印厂调换

跃上葱茏
——《庐山文化研究丛书》

总序

九江学院院长
甘筱青

"一山飞峙大江边,跃上葱茏四百旋。"伟大领袖毛泽东的壮丽诗篇使人们心潮澎湃,令庐山增色添辉。

钟灵毓秀的赣北大地,东襟浩渺鄱湖,北枕滔滔长江。在风云际会、气象万千的江河湖水之间,矗立着千古名山——庐山。九江的152公里长江岸线,是由楚入吴的咽喉之地;上通赣江的鄱阳湖,是从中原到南粤的必经之路。纵横的江湖成为控扼七省的通衢,秀美的山川雄视着中国的东南半壁。自古至今,这里政要云集,商贾往来,人文荟萃,孕育并催生了灿烂的庐山文化。早在三国两晋时期,周瑜在宫亭湖驻军,慧远在东林建寺,陶渊明在柴桑归隐,庐山就迎来了第一个文化高峰。而从三国到近现代,有无数的文化巨匠、政治贤达、民族精英在这里留下了丰富的文化踪迹。1996年,庐山作为"世界文化景观"被列入《世界遗产名录》,受到联合国教科文组织世界遗产委员会的高度评价:庐山的历史遗迹,以其独特的方式融入具有突出价值的自然美之中,形成了具有极高美学价值的、与中华民族精神和文化紧密联系的文化景观。

作为华夏文明中不可多得的历史文化瑰宝,庐山文化以其丰富的文化内涵和独特的文化魅力为世界所瞩目。1928年,著名学者胡适游历庐山,对庐山文化的内涵和影响作了高度概括:"庐山有三处史迹代表三大趋势:(一)慧远的东林,代表中国'佛教化'与佛教'中国化'的大趋势。(二)白鹿洞,代表中国近世七百年的宋学大趋势。(三)牯岭,代表西方文化侵入中国的大趋势。"

当然,这三大趋势远远不是庐山文化的全部。以宗教而论,庐山集佛教、道教、天主教、基督教、伊斯兰教五教于一山;以书院教育而论,周敦颐创办的濂溪书院、朱熹兴复的白鹿洞书院成为天下书院的样板;以山水田园诗而论,陶渊明、谢灵运开创了中国的山水田园诗,此后李白、白居易、苏轼等众多文化名人游历庐山,都留下了山水诗歌的名篇;以历代政权而论,三国的鼎立、东晋的南迁、南朝的兴废、南宋的偏安、太平天国的兴亡、民国的夏都以及近现代诸多重大政治历史事件与领袖人物,都与庐山有着深刻的关联;以军事而论,一代名将周瑜、岳飞都曾在这里鏖战,而朱元璋鄱阳湖大战的传奇至今仍然广为流传;以经济而论,九江在历史上位列"三大茶市"之冠,成为"四大米市"之一,九江海关的收入在全国位居前列。此外还有江西诗派的开创者黄庭坚、中国近现代著名人物"陈门四杰"等等。一个个彪炳青史的人物,一桩桩影响深远的政治历史事件,在中国文化研究的版图中,毫无疑问有着举足轻重的分量。在中国众多的文化名胜中,庐山文化始终以其特有的清新隽永之神韵、恢宏旷达之气象令历代文人学士向往。

秀美的山川自然、厚重的庐山文化,抒写着这方天地的古今传奇,滋养了这方天地的教育沃土。2002年,在原解放军财经高等专科学校、九江师范高等专科学校、九江医学高等专科学校和九江教育学院的基础上,合并组建了九江学院。作为扎根于庐山脚下的唯一一所综合性本科院校,九江学院理应承担起传承千年文明的使命,承担起研究文化的重任。使优秀的庐山文化发扬光大,既是每一个文化工作者积极参与民族文化建设的需要,也是九江学院提升办学品位、形成文化品牌的自觉需求。大学人文精神的培育,是高校办学的基本目标之一,也是在高等教育大众化背景中,从规模扩张向内涵建设转变的根本途径。而培育高校的人文精神,既要有先进的办学理念作引领,也要以深厚的历史文化为根基。

九江学院的地方历史文化研究,一直注重挖掘地方的历史文化资源,突出研究特色。其中像陶渊明研究、周敦颐研究、黄庭坚研究等,都已在多年的努力中取得了一些有影响的研究成果。九江学院学报的"陶渊明研究"专栏自20世纪80年代创立以来,坚持了三十多年,产生了广泛的影响,成为全国知名的栏目。在此基础上成立的九江学院庐山文化研究中心,于2008年成为江西省人文社科重点研究基地。它以学术研究、学术交流、文化建设、素质教育为己任,多方聚合资源,广泛开展活动,使九江学院的地方历史文化研究获得了长足的发展。2014年依托庐山文化研究中心的研究力量和取得的系列研究成果,通过与清华大学、郑州大学、南昌大学和庐山管理局的通力合作,九江学院成功申报获批江西省"庐山文化传承与传播"协同创新中心。作为省级协同创新中心,我们致力于不断提升庐山文化研究的知名度和影响力。《庐山文化研究丛书》第四辑的五本专著获2014年度国家出版基金资助;研究中心坚持多年开展中华经典的公理化诠释的研究工作,已先后出版了《<论语>的公理化诠释》《<孟子>的公理化诠释》《<荀子>的公理化诠释》,并陆续发行了它们的中英文对照版、中法文对照版。这项系列研究工作引起了学界的广泛关注。

编撰出版《庐山文化研究丛书》，是庐山文化研究中心的一项重任。《庐山文化研究丛书》以挖掘庐山及赣北地区的历史文化资源为内容，致力于九江地域文化与中国传统文化关系的研究，重点关注其中八个研究专题：

1. 九江历史上的重大政治、军事、经济等事件的研究，包括三国、东晋、南朝在江州发生的重大历史事件和南宋岳飞在九江的活动、太平天国在九江的历史、民国政治与庐山、毛泽东与庐山等研究以及九江的米市、近代的开埠、九江与鄱阳湖黄金通道的关系等研究；

2. 庐山的宗教文化研究，包括东林寺净土宗佛教、云居山佛教、庐山太平宫道教、近代庐山基督教、伊斯兰教等研究；

3. 庐山的教育文化研究，包括周敦颐的濂溪书院、朱熹与白鹿洞书院、宋代书院与宋明理学、明代书院与阳明心学等研究；

4. 庐山山水旅游文化研究，包括以谢灵运、李白、白居易、苏轼等为代表，历史上众多文人名士游览庐山的佳篇为主要内容的山水旅游文学的研究；

5. 陶渊明诗文、思想、生平、文化影响研究和以陶渊明为代表的隐逸文化的研究；

6. 地方文化名人及其典籍的系列研究，例如黄庭坚、陈寅恪等地方文化名人的研究；

7. 建筑文化的系列研究，例如庐山近代别墅的研究，具有地方文化特色的建筑风俗的研究；

8. 九江地区民风民俗、民间文化的研究，如湖口青阳腔、瑞昌剪纸艺术、武宁打鼓歌等民间艺术的研究。

《庐山文化研究丛书》以开放的研究平台和精诚合作的研究机制，吸纳国内外精英人士参与庐山文化研究，并支持出版他们的研究成果，努力打造具有较多学术创见和鲜明研究特色的学术精品。每一部收入《庐山文化研究丛书》的著作，应具有专题明确、资料丰富、挖掘深入的学术品格，同时要具有兼顾学术性与可读性的特点。

《庐山文化研究丛书》计划每辑推出五部学术专著。第一辑于2007年12月出版，包括《慧远法师传》《湖口青阳腔》《陶渊明寻阳觅踪》《点击大师的文化基因——庐山新说》《白鹿洞书院艺文新志》五部专著。第二辑于2009年8月出版，包括《庐山文化大观》《庐山文化读本》《瑞昌剪纸》《陶渊明与道家文化》《黄庭坚诗歌传播与接受研究》五部专著。第三辑于2011年9月出版，包括《＜论语＞的公理化诠释》《庐山道教史》《早期庐山佛教研究》《鄱阳湖地区古城镇的历史变迁》五部专著。第四辑于2014年3月出版，获2014年度国家出版基金资助，包括《〈孟子〉的公理化诠释》《朱子白鹿洞规条目注疏》《庐山与明代思潮》《朱熹庐山史迹考》《庐山佛教史》五部专著。

作为庐山文化研究的系统工程之一，《庐山文化研究丛书》的编辑出版成为九江地方文化建设的一个凸显亮点，成为高校参与地方经济文化建设的一种有益实践，同时也为打造九江学院的人文精神奠定了扎实的基础。本丛书应具有丰富的内容、开阔的视野、高远的目标，既显示庐山文化的大气，也显示九江学院努力追求的目标和境界。由于坚持不懈地努力，《庐山文化研究丛书》也上到了一个更高的平台，第五辑获江西省"庐山文化传承与传播协同创新中心"基金资助，包括《〈老子〉的公理化诠释》《九江濂溪志》《庐山近代外来宗教文化研究》《庐山藏书史》《陶渊明的映像》五部专著。

2013年12月30日，中共中央政治局就提高国家文化软实力研究进行第十二次集体学习。习近平总书记在主持学习时发表了讲话。他指出：提高国家文化软实力，要努力展示中华文化独特魅力。

在5000多年文明发展进程中,中华民族创造了博大精深的灿烂文化,要使中华民族最基本的文化基因与当代文化相适应、与现代社会相协调,以人们喜闻乐见、具有广泛参与性的方式推广开来,把跨越时空、超越国度、富有永恒魅力、具有当代价值的文化精神弘扬起来,把继承传统优秀文化又弘扬时代精神、立足本国又面向世界的当代中国文化创新成果传播出去。要系统梳理传统文化资源,让收藏在禁宫里的文物、陈列在广阔大地上的遗产、书写在古籍里的文字都活起来。要以理服人,以文服人,以德服人,提高对外文化交流水平,完善人文交流机制,创新人文交流方式,综合运用大众传播、群体传播、人际传播等多种方式展示中华文化魅力。2016年5月17日,习近平总书记在哲学社会科学工作座谈会上发表重要讲话时指出:哲学社会科学是人们认识世界、改造世界的重要工具,是推动历史发展和社会进步的重要力量,其发展水平反映了一个民族的思维能力、精神品格、文明素质,体现了一个国家的综合国力和国际竞争力。一个国家的发展水平,既取决于自然科学发展水平,也取决于哲学社会科学发展水平。习总书记的这些重要讲话精神,鼓励我们朝着建设社会主义文化强国的目标不断前进。

感谢江西人民出版社对《庐山文化研究丛书》的高度关注和厚爱,同时感谢各位专家学者对九江学院庐山文化研究事业的支持和帮助。我们衷心期待:通过我们的共同努力,一定能够为中华文化的发展增添新的光彩。我们共同期望:庐山文化的研究事业,能够如群峰竞秀,跃上葱茏,屹立于长江之滨、鄱湖之畔。

目 录

页码	内容
1	前 言
1	卷一　濂溪本志
1	一、九江事迹
1	【纪事】
1	周敦颐传
2	周敦颐:吉州彭推官诗序
3	清水岩石刻
3	度　正:分宁决狱
3	【纪事】
4	周敦颐:东林寺题名
4	题寇顺之道院壁
5	【纪事】
5	周敦颐:治平乙巳暮春十四日同宋复古游山巅至大林寺书四十字
5	度　正:游庐山大林寺
6	周敦颐:石塘桥晚钓
6	【纪事】
7	度　正:濂溪书堂
8	周敦颐:濂溪书堂

8	朱　熹：濂溪说
9	楼　钥：答赵郎中崇意宪书
10	李　绂：濂溪考
12	李梦阳：论濂溪
12	【纪事】
13	度　正：葬于九江
13	二、九江酬答
13	傅　耆：周茂叔送到近诗数篇，因和渠阎、裴二公招隐诗
13	贺　铸：寄题浔阳周氏濂溪草堂
14	李大临：谒濂溪周虞部
14	潘兴嗣：赠周茂叔，时隐居庐山
15	题濂溪
15	和茂叔忆濂溪
15	赵　抃：题茂叔濂溪书堂
16	任大中：濂溪隐斋
16	再题虞部周茂叔濂溪
16	送永陵倅周茂叔还居濂溪
16	附录两则：周文敏与濂溪讲学庐山
16	周元公历陵阁留题
17	三、庐山佛缘
17	《历朝释氏资鉴》：濂溪与佛印
18	《庐山归宗寺志》：青松社
18	黄庭坚：答周濂溪居过归宗谒真净文禅师
19	《居士分灯录》：周敦颐
19	《佛法金汤编》：周惇颐
20	《归元直指》：儒宗参究禅宗
22	东林谕濂

《灵峰蕅益大师宗论》:示叶天纪 23
《紫竹林颛愚衡和尚语录》:匡山莲华峰志略序 23
《宋元学案》:周茂叔穷禅客 24

卷二　濂溪墓祠 25
一、濂溪墓 25
【纪事】 25
　濂溪墓始末 25
　墓道亭及碑 26
　潘兴嗣:仙居县太君墓志铭 27
　　　　　周茂叔先生墓志铭 27
　蒲宗孟:濂溪先生墓碣铭 29
　孔文仲:墓祭文 32
　孔武仲:祭周茂叔文 32
　何子举:濂溪先生墓室记 33
二、历代修祀 34
【纪事】 34
　吴　澄:祭周元公濂溪先生墓文 34
【纪事】 35
【纪事】 35
　周　冕:九江致祭 35
　雷　复:谒九江墓 36
【纪事】 36
　童　潮:濂溪先生墓祠堂记 36
　陈　哲:濂溪先生祭田记 37
【纪事】 38
　查取后裔赴九江守墓公檄 38
【纪事】 39

....	39	钦赐崇祀
....	40	九江墓祭
....	41	【纪事】
....	41	廖　纪:重修濂溪先生墓记
....	42	傅　楫:重修祠堂增置墓田记
....	43	【纪事】
....	44	朱曰藩:九江府重修濂溪书院碑
....	45	余文献:修濂溪墓祠记
....	46	何　迁:谒元公祭文
....	47	【纪事】
....	47	周　煌:增置濂溪祠墓田记
....	48	濂溪祠墓田檄文
....	49	【纪事】
....	49	罗泽南:重修濂溪先生墓记
....	50	曾国藩:周子墓地
....	51	何之曙:周俊薰复兴濂溪祀事记
....	52	【纪事】
....	52	彭玉麟:重修周子墓碑记
....	53	《申报》:捐廉修墓
....	53	《申报》:树犹如此
....	54	【纪事】
....	54	《申报》:浔阳琐记
....	54	【纪事】
....	54	《申报》:重修濂溪先生墓
....	55	三、江州濂溪祠
....	55	【纪事】
....	55	林　栗:江州州学先生祠堂记
....	56	谢　谔:重建祠记

....	57	【纪事】
....	57	王　溉：谒祠祝文
....	58	黄维之：祠堂铭
....	58	【纪事】
....	58	余禹绩：江州重建烟水亭记
....	59	【纪事】
....	60	赵崇宪：到任谒祠祝文
....	60	辞庙祝文
....	60	【纪事】
....	60	王　佖：江州州学四先生祠记
....	62	【纪事】
....	62	陈黄裳：周濂溪先生祠堂记
....	63	【纪事】
....	63	陈　骐：府学濂溪祠记
....	64	【纪事】
....	65	王　启：濂溪祠祭
....	65	李梦阳：九江谒濂溪先生祠告文
....	66	王立道：祭周濂溪文
....	66	薛应旂：谒濂溪先生祠告文
....	68	**卷三　宋代濂溪书院**
....	68	【纪事】
....	68	濂溪书院始末
....	70	【纪事】
....	70	朱　熹：江州濂溪书堂记
....	72	【纪事】
....	72	《同治德化县志》：光风霁月亭
....	72	朱　熹：书濂溪光风霁月亭

....	73	【纪事】
....	73	【纪事】
....	73	《舆地纪胜》:王师古建拙堂及爱莲堂
....	74	【纪事】
....	74	陈孔硕:濂溪书院记
....	76	郡斋士:濂溪书院上梁文
....	77	赵崇宪:濂溪书院成开讲祝文
....	77	【纪事】
....	78	蔡念成任濂溪书院堂长
....	78	蔡念成:通书志学章
....	80	《论语》孔颜所乐二章
....	82	余宋杰:太极图说
....	85	【纪事】
....	85	【纪事】
....	85	李　埴:留题书堂
....	86	安公直:留题书堂
....	86	魏了翁:留题书堂
....	86	家大西:留题书堂
....	87	【纪事】
....	87	赵善璙:书濂溪书堂谥告石刻下
....	88	吴昌裔:留题书堂
....	88	冯去疾:江州贡士增员记
....	89	【纪事】
....	89	文天祥:知韶州刘容斋墓志铭
....	90	【纪事】
....	90	冯梦得:江州濂溪书院后记
....	92	【纪事】
....	92	刘元龙:请御书濂溪书院四大字奏状

....	93	谢赐御书表
....	94	章　琰：江州谢表
....	95	书御书濂溪书院字石刻下
....	96	陈　纬：御书门屋上梁文
....	97	【纪事】
....	97	方逢辰：江州咸淳增贡额记
....	99	**卷四　元明清濂溪书院**
....	99	【纪事】
....	99	元明清濂溪书院纪要
....	100	【纪事】
....	100	《通制条格》：蠲免濂溪书院租税
....	101	徐明善：送马贵权江州德化主簿序
....	101	赵　汸：黄楚望先生行状
....	102	【纪事】
....	103	唐文凤：濂溪书屋铭
....	103	【纪事】
....	104	王　直：户部右侍郎南阳焦公宏神道碑
....	104	【纪事】
....	105	王　启：佥事王启记
....	106	【纪事】
....	106	桑　乔：濂溪祠
....	107	《明实录·武宗实录》：邵宝奏请祀典
....	107	【纪事】
....	107	王汝宪：嘉靖江州本《濂溪集》序
....	108	林　山：嘉靖江州本《濂溪集》跋
....	108	【纪事】
....	109	黄云师：濂溪书院记事

110	崔抡奇:重修濂溪书院记	
111	方孝标:重修濂溪书院记	
112	蔡　瀛:濂溪书院	
113	【纪事】	
113	宋　荦:濂溪港书院记	
114	濂溪港小考	
116	高　植:重修濂溪书院记	
117	【纪事】	
118	胡宝瑔:濂溪书院碑记	
119	蔡　瀛:莲花洞书院图	
119	桑调元:濂溪书院上梁文	
120	为濂溪书院请题求宸翰	
121	濂溪书院学规	
124	【纪事】	
125	新濂溪书院	
125	蔡锦青:重修濂溪书院记	
127	《申报》:九江关道李亦青修复濂溪书院	
127	《申报》:濂溪书院生童无礼	
127	《申报》:濂溪书院甄别生童	
128	《申报》:聘请李烈堂主濂溪书院讲席	
128	《申报》:濂溪书院恢复考课八个月	
129	《申报》:聘请吴东万主讲席	
129	濂溪书院产业	
134	王之春:咸丰十一年濂溪书院空地	
135	【纪事】	
136	卷五　两县濂溪志	
136	【纪事】	

	136	朱　熹：奉安濂溪先生祠文
	137	张　栻：南康军新立先生祠记
	138	朱　熹：书濂溪先生爱莲说后
	139	【纪事】
	140	陈　宓：奉安周濂溪朱文公二先生祠堂记
	140	【纪事】
	140	袁　甫：南康军四贤堂记
	141	【纪事】
	142	谢方叔：南康军二先生祠记
	144	【纪事】
	144	王　祎：南康二贤祠记
	145	彭梦祖：二贤祠祝文
	146	【纪事】
	146	蒋国祥：重建二贤祠记
	147	《同治南康府志》：二贤祠沿革
	148	盛元：修复二贤祠记
	149	【纪事】
	149	邵　宝：谒周朱二先生文
	150	宗儒祠始袝诸儒告周朱二先生文
	150	【纪事】
	150	【纪事】
	151	邵　宝：宁州谒周濂溪先生祠文
	151	【纪事】
	152	方　沆：重建濂溪书院山谷祠记
	153	史旌贤：重建分宁濂溪书院山谷祠记
	154	解学龙：濂山书院课艺序
	155	邢大忠：濂山会课序
	156	黄文麟：濂山社稿跋

......	156	【纪事】
......	157	徐永龄:修濂溪山谷合祀祠
......	158	班衣锦:重修濂溪山谷两先生书院合祠记
......	159	臧振荣:重修濂山书院记
......	161	【纪事】
......	161	许　渊:重修濂山书院记
......	162	李孝沧:重建濂溪讲堂记
......	163	边学海:重修濂山书院记
......	164	王茂源:重修濂山书院记
......	165	周　澍:重修濂山书院记
......	166	道光年间濂山书院田租
......	167	卷六　濂溪诗歌志
......	167	一、宋元诗歌
......	167	杨　杰:濂溪
......	167	释道潜:周茂叔郎中濂溪
......	168	苏　轼:故周茂叔先生濂溪
......	168	黄庭坚:濂溪诗
......	169	孔平仲:题濂溪书院
......	170	张舜民:濂溪诗
......	170	王　庶:濂溪诗
......	170	周紫芝:濂溪
......	171	柴中行:敬题濂溪先生书堂二首
......	171	度　正:留题濂溪书堂
......	171	留题九江濂溪书堂
......	171	魏嗣孙:濂溪识行
......	172	永嘉薛师董同兄筮从友刘仁愿同来
......	172	朱　熹:山北纪行二首

…………………… 172	钱闻诗:	爱莲堂
…………………… 173	陈 宓:	庐山爱莲堂观雨
…………………… 173	许月卿:	寄题张宗玉窗下庐山
…………………… 173	王 溉:	谒濂溪先生祠堂
…………………… 174	王子修:	题濂溪祠堂诗
…………………… 174	鲍 昭:	题濂溪祠并序
…………………… 174	魏了翁:	四月癸巳发浔阳馆过濂溪饭于杏溪谒清虚庵宿太平宫
…………………… 175		端平三年春三月戊午朔,天子有诏俾臣了翁以金书枢密院奏事,既上还山之请,乃休沐日丁丑,与宾佐谒濂溪先生祠,宾主凡二十有二,谓是不可无纪也,遂以明道先生"云淡风轻"之诗分韵而赋,而诗有二言,有四言,同一韵者则二客赋之,了翁得云字
…………………… 175	岳 珂:	归自鄂双莲生于后池偶作再寄紫微
…………………… 176	周以雅:	濂溪六咏
…………………… 177	王 遂:	送三八弟归九江
…………………… 177	曾 极:	濂溪
…………………… 178	刘 黻:	和何明府爱莲堂
…………………… 178	释道璨:	和恕斋濂溪书院二首
…………………… 178	董嗣杲:	寄周堂长
…………………… 179		题濂溪书院
…………………… 179	王义山:	送余仲谦赴江州教
…………………… 179	洪咨夔:	沁园春·用周潜夫韵
…………………… 180	刘 因:	同仲实南湖赏莲醉中走笔
…………………… 180	危 素:	过元公濂溪故宅
…………………… 180	史 谨:	九江周广文松隐轩

…………………… 181	二、明代诗歌
…………………… 181	钱子义:濂溪
…………………… 181	罗亨信:濂溪观莲二首
…………………… 182	李时勉:二贤祠
…………………… 182	陆　深:谒濂溪墓
…………………… 182	曾　棨:二贤祠
…………………… 183	吴与弼:谒濂溪晦庵二先生祠二首
…………………… 183	陈献章:晚酌,示藏用诸友。藏用,梁文康公初字也,先生门人
…………………… 183	濂溪台
…………………… 184	胡居仁:题濂溪旧隐
…………………… 184	童　潮:濂溪古树
…………………… 184	杨　廉:雨中望庐山用苏提学伯诚韵
…………………… 185	王　缜:登庐山谒濂溪周先生墓。墓在九江城东十里许,对庐山五峰,有祭田
…………………… 185	费　宏:送苏伯诚提学江西
…………………… 185	邵　宝:谒濂溪先生祠
…………………… 186	王守仁:谒濂溪祠
…………………… 186	尹　襄:谒濂溪书院作
…………………… 186	杨本仁:冬日濂溪祠送马钟阳地官
…………………… 187	谒濂溪墓
…………………… 187	罗洪先:谒濂溪先生祠墓
…………………… 187	李万实:式濂溪先生墓
…………………… 187	欧大任:经濂溪先生故居
…………………… 188	黄克晦:谒濂溪周先生墓
…………………… 188	孙应鳌:谒濂溪墓次罗念庵韵
…………………… 188	谒濂溪祠次阳明韵
…………………… 188	龚　暹:修江八景·濂溪书院

……………………189	陈　玠：修江八景·濂溪书院
……………………189	张元忭：谒濂溪先生祠四首
……………………190	吴文奎：过周濂溪先生墓下
……………………190	邢大忠：九日谒濂溪先生祠
……………………190	三、清代及民国诗歌
……………………190	郑澹成：谒濂溪书院
……………………190	张仁熙：周濂溪先生墓
……………………191	方　文：庐山诗(壬辰)
……………………191	徐　浩：过周濂溪先生墓
……………………191	宋　至：经濂溪废祠二首
……………………192	潘　耒：濂溪祠
……………………192	查慎行：经周濂溪先生废祠
……………………193	陈大章：谒濂溪祠堂
……………………193	张耀会：濂溪书院
……………………193	缪象衡：古爱莲池
……………………194	唐　英：过周濂溪先生墓
……………………194	桑调元：归自恒山题濂溪一绝
……………………194	抵濂溪书院
……………………194	陪定岩濂溪书院视工四首
……………………195	酬定岩得大府留予主濂溪书院
	垂示之作叠韵
……………………195	濂溪书院瀑布歌和定岩韵
……………………196	入濂溪书院酬定岩韵
……………………196	入书院呈定岩
……………………196	董　榕：谒濂溪祠
……………………197	钱　载：拜元公周子墓
……………………197	杨梅阁：过濂溪祠墓
……………………197	彭　澜：鸾溪怀古二首(其二)

....	197	顾光旭:访周濂溪墓
....	198	朱之麟:濂溪山谷祠
....	198	冷玉光:濂山书院
....	199	吴嵩梁:濂溪港
....	199	王　谟:宋周元公
....	199	王朝瑞:濂溪书院
....	199	陈文殊:简少翁并寄子坚京口(选一)
....	200	燕　笙:过周濂溪先生墓
....	200	张宿煌:谒濂溪墓
....	200	易顺鼎:濂溪墓
....	201	魏调元:谒周濂溪墓
....	201	浔阳怀古(选一)
....	201	魏元旷:南康城
....	202	陈三立:雨中谒周元公墓
....	202	刘景熙:拜濂溪墓
....	202	周钟岳:九江谒周元公祠墓
....	203	廖桂贤:过濂溪故居
....	203	张惠先、王逢辰、申集珊、周才华、申崧甫:濂溪
....	204	古　直:谒周濂溪先生墓二绝有序
....	204	程镜寰:濂溪遗迹
....	205	马一浮:续庐山新谣(其一)
....	205	一　叶:谒濂溪墓示雨之
....	206	濂溪墓对联两副
....	207	**附录　柳山小志**
....	208	**卷一　柳浑隐居志**
....	216	**卷二　柳山胜迹志**
....	222	**卷三　柳山诗文志**

前言……

周敦颐是宋代著名的思想家和教育家,他的学说开示了后来的宋明理学,因此宋代以后周敦颐均被配祀于孔庙。而在教育史上,从他开始,书院也逐渐与理学建立了不解之缘。著名书院史专家李才栋先生说:"濂溪标志着书院与理学结合的开始,是书院这种学校模式走向成熟的开始;白鹿洞意味着结合的完成,是书院模式的成熟。"在某种意义上说,周敦颐是站在时代的转折点上成为中国思想史和教育史上的一个坐标。

一、周敦颐的生平事迹

周敦颐是我国理学的开山之祖,他的理学思想在中国哲学史上有承前启后的作用。清代黄宗羲在《宋元学案》中说:"孔子而后,汉儒止有传经之学,性道微言之绝久矣。元公崛起,二程嗣之……若论阐发心性义理之精微,端数元公之破暗也。""元公"即周敦颐,宋宁宗曾赐周敦颐谥号曰"元"(开始的意思),所以被人称为"元公"。"破暗"实指周敦颐在理学上的开拓之功。

周敦颐(亦作周惇颐,1017—1073),原名敦实,后避宋英宗旧讳改为敦颐(宋英宗原名宗实)。字茂叔,号濂溪,道州营道县(今湖南道县)人,晚年居庐山莲花峰下,以所居之地有溪似家乡之水"濂溪",因以为号,并以此名书堂,故人称濂溪先生。周敦颐幼孤,随母亲依舅父龙图阁学士郑向,郑爱之如己子,甚为赏识。学成之后亦

因舅氏荫官,但仕途曲折,一生致力于学术和教育。其生平事迹如下:

1. 人品高洁,胸怀洒落

周敦颐任通判虔州(今赣州)的时候写了一篇很有名的短文《爱莲说》,赞扬了莲"出淤泥而不染,濯清涟而不妖,中通外直,不蔓不枝,香远益清,亭亭净植"的君子风格,寓托了个人的人格理想。周敦颐自己实有莲的至善高洁。

周敦颐为官刚正廉明,能不为时、势、利所屈,显示出一种高洁的人品。北宋庆历四年(1044),他任南安军司理参军的时候,能够公正执法。如当时有个犯人法不当死,但转运使王逵却一定要严加查办。很多人都不敢提出异议,因为王逵这个人为人悍厉武断,又是地方长官,谁也不想得罪他。周敦颐以为其中情有可原,乃据理力争,毫不相让。王逵根本就不听周敦颐的道理。一气之下,周敦颐当时就准备弃官而去,说:"如此尚可仕乎?杀人以媚人,吾不为也。"意思是靠乱杀人来取悦上级,他周敦颐是不愿为之的。王逵感于周敦颐的凛然言辞,最终为之所动,赦免了那个囚犯。又,"历合州判官,事不经手,吏不敢决,虽下之,民不肯从。部使者赵抃惑于谮口,临之甚威,敦颐处之超然。通判虔州,抃守虔,熟视其所为,乃大悟,执其手曰:'吾几失君矣,今而后乃知周茂叔也。'"(《宋史·周敦颐传》)周敦颐起初被误解,但他的光明磊落最终也消除了赵抃对他的误解。赵抃后来甚至还提拔过周敦颐,两人成为朋友,也算是一段佳话。

与之相应的是,周敦颐喜欢山水名胜,他经常"乘兴结客,与高僧道人,跨松萝,踢云岭,放肆于山巅水涯,弹琴吟诗,经月不返"(《周敦颐集》附录),并在山水悠游中放纵自己超脱的性灵。如《同石守游》诗:"朝市谁知世外游,杉松影里入吟幽。争名逐利千绳缚,度山登水万事休。野鸟不惊如得伴,白云无语似相留。旁人莫笑凭栏久,为恋林居作退谋。"(《周敦颐集》卷三)此诗普遍认为有出尘之思,却也可以反映出周敦颐胸怀洒落的一面。宋蒲宗孟说他:"生平襟怀飘洒,有高趣,常以仙翁隐者自许。"黄庭坚更说他:"人品甚高,胸怀洒落,如光风霁月。廉取于名而锐于求志,薄于徼福而厚于得民,菲于奉身而燕及茕嫠,陋于希世而尚友千古。"所谓"陋于希世"者,也恰恰是由于周敦颐不愿同流合污、攀权附势,足见《爱莲说》咏怀之真切。

2. 遇事刚果,廉洁勤政

周敦颐生前并不广为人知,他的学术成就在朱熹之前还没有得到广泛认识,人们更多知道他的"政事精绝",且"宦业过人",这从以上叙述已略见一斑。据《宋史》记载,周敦颐前后担任过分宁主簿、南安军司理参军、桂阳和南昌县令,历合州判官,通判虔州,熙宁初知郴州,因部使者赵抃荐,迁为广东转运判官,提点刑狱,最后"以疾求知南康军"。周敦颐为官多任,官任多地,但无论在哪里,均"尽心职事,务在矜恕,虽瘴疠僻远,无所惮劳"(潘兴嗣《濂溪先生墓志铭》),故多有政声。

周敦颐为政刚果善断,很有能力。他在分宁主簿任上时,有些陈年旧案长时间得不到解决,周敦颐一到,稍加过问,立即作出决断,以此服人。时人对周敦颐这种行事风格皆大加赞赏:"连资格最老的官吏都比不了他啊!"这件事让周敦颐名闻遐迩。后担任南昌县令,甫一到任,南昌百姓都拍额相庆:"就是那个在分宁时能明断是非的人吗?那我们的官司算是有希望了。"南昌在周敦颐的治理下,"富家大姓、黠吏恶少,惴惴焉不独以得罪于令为忧,而又以污秽善政为耻"。因为过于勤勉于公务,他竟因此得疾,五十七岁就去世。

在个人的生活上，周敦颐绝不奢侈腐败，相反却能坚持自奉节俭。周敦颐虽然在多处任官，但俸禄比较少。尽管如此，他还尽量将仅有的俸禄去接济同族中的贫者。《周敦颐年谱》记载："平日俸禄，悉以周宗族，奉宾友。及分司而归，妻子饘粥或不给，旷然不以为意。"（《周敦颐集》附录一）友人潘兴嗣所撰《墓志铭》也说，周敦颐在南昌为令时，一次得重病，潘兴嗣去看望，只见周敦颐的家中"服御之物，止一敝箧，钱不满百"。

政治上的周敦颐无疑是古代廉吏的典型，朱熹称赞他："不卑小官，职思其忧"，并进一步说周敦颐是"短于取名，而乐于求志；薄于徼福，而厚于得民；菲于奉身，而尚友千古。闻茂叔之风犹足律贪"。这种评价是一点都不为过的。周敦颐为官三十多年，尽管所担任的都只不过是州县小吏，但他从不抱怨职位卑微，更不求名利，处世超然自得。他的《任所寄乡关故旧》曰："老子生来骨性寒，宦情不改旧儒酸。停杯厌饮香醪味，举箸常餐淡菜盘。事冗不知精力倦，官清赢得梦魂安。故人欲问吾何况，为道春陵只一般。"是自道人生和品性。

3. 致力教育，传圣之学

周敦颐任职都不过是地方小吏，虽有政声，究不是留给后人的主要财富。其实，周敦颐的仕途辗转，其最着力的事情仍是在教育和学术领域。周敦颐可以称得上是古代著名的教育家，他不仅通过学术和教育相互发明，提出了很多教育领域里面的重要问题，而且能够把这种教育理念运用到教育实践中去。

周敦颐的教育主张是建立在他的学术基础之上的。如他提出教育的终极目标是"中正仁义"，以"诚"为出发点体认性命与天道，提出了道德修养的重要性及基本步骤，在教学方法上善于启发他人等，都大大充实了我国古代教育的理论（具体参见下面的学说思想专述)。

《宋史》卷 427 载:"两汉而下,儒者之论大道,察焉而弗精,语焉而不详,异端邪说起而乘之,几至大坏。千有余载,至宋中叶,周敦颐出于舂陵,乃得圣贤不传之学。"周敦颐的这种"圣贤不传之学"奠定了理学的基础。他通判虔州的时候,南安通判程珦知道他的理学造诣很深,便将自己的两个儿子——程颢、程颐送到他的门下,请求教诲。由于"二程"悟性极高,学业大进,深得周敦颐器重与悉心培养,声名与尊师齐并,后人称为"周程学派"。周敦颐在教学中还深谙教学技巧,《宋史》周敦颐本传中记载了这样一件事:"侯师圣学于程颐,未悟,访敦颐,敦颐曰:'吾老矣,说不可不详。'留对榻夜谈,越三日乃还。颐惊异之,曰:'非从周茂叔来耶?'"从这里可以看出,周敦颐为人师可谓诲人不倦。

在教育领域尤为人所瞩目的是他在各个任所创办书院。他每到一个地方,便会积极筹办书院教授子弟。如在九江的濂溪书院等。这些书院的筹建和经办,启发了后世的书院教育。周敦颐厥功甚伟。

二、学说思想

周敦颐的思想主要体现在一篇两百多字的《太极图说》和不足三千字的《通书》中,这些文字构建了一个完整的哲学体系,开创了一个时代的学术风气。

首先,他提出了无极而太极的宇宙生成论:"无极而太极,太极动而生阳,动极而静,静而生阴,静极复动,一动一静,互为其根,分阴分阳,两极立焉,阳变阴合而生水火金木土,五气顺布,四时行焉。"(《太极图说》)在这里,周敦颐演绎出了一个宇宙的生发过程,大致顺序是太极(无极)—阴阳—五行—万物(人)。也就是说,太极是宇宙的本原,又是创生万物的基始。太极可名为"有",但"有"

本于"无",是为无极。无极可名为"无",但"无"中含"有",是为太极。无极、太极二名实一。太极又表现为阴阳二气,阳动阴静,成为宇宙运动的基本形式。阴阳变合,产生金木水火土五行之气。阴阳二气的交感,使"万物生生变化无穷焉",就产生了人和世界万物。周敦颐的这种思想是借由老子来的,老子曰:"天下万物生于有,有生于无。"又曰:"道生一,一生二,二生三,三生万物。"故有无相生,衍生世界。周敦颐的《太极图说》大体上依道士陈抟的《先天图》写成。可见,周敦颐是继承了道家的某些思想而发展成了自己的学说,乃是"引道教之思想入道学者之尤著者也"。(冯友兰语)

周敦颐描述出了这样的天道规律,主要是为了确立人道的标准,也就是"人极"。以太极立人极,是《太极图说》的主旨。他认为"人极"即"诚","诚"是由"太极"派生出来的阳气的体现,是"纯粹至善"的,因而以"诚"为内容的人类本然之性亦是完善的。宇宙阴阳变化,滋生万物,其中"惟人得其秀而最灵"。所以能够体认道德规范,确立"人极"之"诚"。周敦颐认为,"诚"可以沟通天道与人道之间,因此他对"诚"是看得比较重的,论述也比较多。在《通书》第一章他就提出了"诚"这个概念:"诚者,圣人之本。'大哉乾元,万物资始',诚之源也。'乾道变化,各正性命',诚斯立焉,纯粹至善者也。"正因为"诚"乃"圣人之本",所以一般的人都要努力立诚,这种功夫叫思诚,它是儒家发展人格、完善道德修养的成人之道。凡人都应当通过思诚来获得圣人一样的德性。这和《中庸》所说"诚者,天之道;诚之者,人之道也"是一致的。那么,如何才能达到"诚"呢?他认为首先要"无欲"。《通书》说:"'圣可学乎?'曰:'可。'曰:'有要乎?'曰:'有。''请闻焉。'曰:'一为要,一者,无欲也,无欲则静虚、动直。静虚则明,明则通;动直则公,公则溥。明通公溥,庶几乎?'"又说:"君子乾乾,不息于诚,然必惩忿窒欲,迁善改过而后至。"在周敦颐看来,一切情欲、恶念都有碍于"诚"的养得,人们只有通过惩忿窒欲、迁善改过,才能明白无疑,正直无私,才能最终达到"诚"的境界。其次,周敦颐提出了"中正仁义"的"伦理之道"。《通书》说:"圣人定之以中正仁义而主静,立人极焉。""君子修之吉,小人悖之凶。""中正仁义"就是儒家传统的"仁义礼智"四德,所以周敦颐有时就直接将"中正仁义"表述为"仁义礼智信",认为圣人之道,"仁义中正而已矣"。他觉得,绝大多数人只要愿意以"仁义中正"律己、行事,通过学习和修养,能够"自易其恶,恢复善性",使自己的一切言行都不违背封建的仁义礼智。这是一种儒家道德准则的要求,是使人的精神境界与宇宙本原和谐一致的方法。

人是刻刻不能忘记"诚"的修为的,因为"诚"则通性,可以体认天道。正如《中庸》所说:"唯天下之至诚为能尽其性,能尽其性则能尽人之性,能尽人之性则能尽物之性,能尽物之性则可以赞天地之化育,可以赞天地之化育则可以与天地参矣。"周敦颐就此用诚与性建立了一个文化价值体系:乾元立诚,是立天道,也是立人道。人性之中,通于天道诚体,能够尽人性,也就能尽物性,参天地化育。人与自然处在一种和谐的统一之中。

上面所论列的"太极""理""气""性命"等,后成为宋明理学的基本范畴。

周敦颐融佛道于儒,以太极立人极,确立了儒家的宇宙本体论,并通过对"诚"的阐发和论证,打通天道和人道,使天道落实到心性本体上,同时也使人道有了天道这一本体论归依,构建了宋明新儒学的基本理论框架。

三、濂溪书院

周敦颐在江西的时间比较长,他从二十四岁开始就在江西不同地方任官，在日常政务之外，他非常注重教育，分别在九江、修水、萍乡、赣州和南昌等地创办了濂溪书院，作为自己退职修养和讲学会友之所。排除后世为祀念周敦颐的各类以"濂"为名的书院外，周敦颐生前真正讲过学的地方大概有四处，即江州（今九江）的濂溪书院、修水（今九江修水县）的景濂书院、萍乡芦溪的宗濂书院、虔州（今赣州）的清溪书院。

1. 九江的濂溪书院

江州的濂溪书院又名濂溪书堂，是周敦颐最初建院之所，后改为祠，故址在九江郡治之南十里。宋嘉祐六年（1061），周敦颐"迁国子博士，通判虔州，道出江州，爱庐山之盛，有卜居之志，因筑书堂于其麓。堂前有溪，发源于莲花峰下，洁清绀寒，下合于湓江，先生濯缨而乐之，遂寓名以濂溪"。可见他是很喜欢庐山北麓莲花峰一带的清幽环境的，尤其喜欢发源于莲花峰下的一条清泉。但爱上这里的胜景只能算是其中一个原因，周敦颐冠溪名以"濂"，应当还有另外两点原因，其一是他的家乡湖南营道县营乐乡就有濂溪，周敦颐"晚居庐阜，因名其溪"，实际上是为了"示不忘其本之意"（朱熹《濂溪说》）。后何弃仲《营道斋诗并序》亦说："（周敦颐）远宦南归，驰肩庐阜，力不能返故居，乃结屋临流，寓濂溪之名，志乡关在目中也。"何弃仲所说的"志乡关在目中"是对的，而"力不能返故居"未必然，否则他就不可能叮嘱后世子孙世守江州了。其二方面的原因是，"濂"谐音"廉"，他取这个名字有蕴志之意。周敦颐为官廉，持守廉，奉养廉，逆世风而为，正如前面介绍的那样，大有君子之风。他晚年写作《爱莲说》中的"莲"即"濂"，亦"廉"也。周敦颐在各地的书院名虽然各有不同，但大致都有一个"濂"字，其实都应当包含了他的这些想法的。周敦颐在这里隐居著述，陶然自乐，其中有一首名《濂溪书堂》的诗表达了他对庐山的真挚感情和对淡泊的隐居讲学生活的感受。诗曰:"田间有流水,清沁出山心。山心无尘土,白石磷磷沉。潺湲来数里,到此始沉深……芋蔬可卒岁,绢布足衣衾。饱暖大富贵,康宁无价金。吾乐盖易足,名濂朝暮箴。"宋熙宁六年(1073),周敦颐病逝,终年五十七岁,葬于九江南门外的栗树岭,距濂溪书堂五六里。墓侧有其母亲、妻子和继配的墓葬。

　　周敦颐去世后,濂溪书堂由其后代掌管,历代均有修建,但据清同治十一年(1873)《德化县志·书院志》记载,书院地址在兴修过程中数有变更。第一处即是周敦颐初建之所。淳熙三年(1176),江州知州潘慈明扩建了濂溪书堂和祠堂,奉周敦颐之祀。次年,朱熹为作《濂溪先生书堂记》和《濂溪先生画像记》,两记阐述了理学的道统,并对周敦颐作了评价,文曰:"道之在天下者未尝亡,惟其托于人者或绝或续。故其行于世者有明有晦。是皆天命之所为,非人之智力之所能及也……若濂溪先生者,其天之所畀,而得乎斯道之传者欤!不然何其绝之久而续之易,晦之甚而明之亟也。"元代濂溪书院始终兴盛,大学者、大诗人吴澄曾留居于此。元末毁于兵。明代弘治年间(1488—1505),经朝廷批准,重建濂溪祠,并根据先生生前爱莲有池,濯缨有溪,喜欢窗前有青草等嗜好,特地在书院周围建了"爱莲""濯缨""交翠""光霁"四座小亭,疏浚了莲花池。第二处为濂溪港书院。南宋嘉定年间(1208—1224),江州军守赵崇宪为"广先生之居","明先生之教",建筑学舍二十六楹,书院规模不断扩大。室内有周敦颐塑像和《太极图说》石刻,赵亲自主讲其间。另外两处兴建于明清时期:一为丰储坊濂溪书院,为明嘉靖年间(1522—1566)兵备道陈洪濛建,院内有濂溪祠、无极堂、书室五幢、学舍四幢,天启间曾改为祠,清末废弃;一为新濂溪书院,乾隆五十年(1785),知府初之朴在城内重建,以旧书院田租充膏火、束修,而后屡有兴建,光绪二十八年(1902)改为九江府中学(今九江一中前身)。

濂溪书院在历史上有不可忽视的重要地位,它不单纯是个人的讲学著述之地,更是后世理学与书院相结合模式的滥觞,朱熹对它推崇备至。另外,历代来到濂溪书院亲炙遗风而留下诗文的名家比比皆是,如黄庭坚、苏轼、"二程"、王阳明等人均驻迹于此。朱熹亦曾率徒拜谒,留下了"我率诸生拜祠下,要令今古播清芬"的诗句。

2. 修水的景濂书院

景濂书院位于江西分宁(今九江修水)。《光绪江西通志》记载:"宋濂溪周子来分宁时创书院以延所学之士。后人额曰景濂。"据这样看来,"景濂"为后人命名,"景"可理解为景仰的意思,"景濂"表示对周敦颐的尊崇。初名现已不可考。书院相传是宋庆历初周敦颐任分宁主簿时建于东门外修河对岸的旌阳山麓。此地远离闹市,风景优美。由宋至元,该书院应当都存在,但元末毁于兵乱。明天顺三年(1459)县尹罗珉、成化十四年(1478)知县萧光甫分别劝乡绅刘用礼、刘淮父子捐资重修,更名濂溪书院。书院中有神龛,祀周敦颐,旁翼两堂屋,东西分列。弘治十五年(1502),巡抚林俊、分守参政王纶、分巡佥事王纯、知府祝瀚、知州叶天爵等曾有增修。两年后,提学副使邵宝立周敦颐像,并曾经讲学其中。嘉靖间(1522—1566),增建黄山谷祠,祀黄庭坚。崇祯间(1628—1643),巡抚解学龙、佥事邢大忠将濂溪书院和黄山谷祠合并,易名"濂山",以纪念周敦颐和黄庭坚。明末毁于兵火。清康熙七年(1668),知州徐永龄重建,复称"濂溪"。不久又遭兵火。乾隆年间再定名"濂山"。嘉庆、道光、咸丰、同治间学资倍增,士子遍及全州八乡。历任山长皆本州县举人,如咸丰十一年李镜华、同治四年涂家杰、五年何章、七年邓均心、八年卢炳炎、光绪六年卢以恕等。光绪二十八年(1902)改为义宁州高等小学堂,后又改为义宁州中学堂。曾有《濂山书院志》（清道光、同治、光绪三种版本）刊行于世。

3. 萍乡的宗濂书院

宗濂书院位于萍乡芦溪镇。庆历元年（1041），周敦颐监税袁州（今江西宜春市）萍乡县芦溪镇（今江西萍乡市芦溪县），于公廨之地营创书院，具体名称现在不可考。《光绪江西通志》载："（周）立书院以教授，后人就其地建'宗濂书院'。"袁州士人从其讲学甚多。后毁，清代重建。

4. 赣州的清溪书院和濂溪书院

宋嘉祐六年（1061）周敦颐调任赣州通判，在任四年。这几年中周敦颐亦兴办书院不辍，借以传播理学思想。他曾经和赵抃共同讲学的地方是清溪书院，在今赣州市水东玉虚观左。玉虚观始建于唐开元年间（713—741），属十方丛林，观内有丹台，相传刘继先真人炼丹于此。玉虚观尚存，至今香火不断。后人为了纪念周敦颐，在原清溪书院旧址建了一个祠堂，用以授业，称"濂溪书院"。宋末著名文人刘辰翁等人在此担任过山长。元末被毁。明洪武四年（1371）赣县知县崔天锡重建，后再有增葺。明弘治十三年（1500），濂溪书院迁郁孤台下邮舍，扩建房屋百余间。崇祯十三年（1640），濂溪巷设光孝寺（巷），改濂泉书院。清顺治十年（1653），南赣巡抚刘武元重修，改名濂溪书院。康熙年间时毁时复。光绪二十八年（1892）改为虔南师范学堂。

5. 其他濂溪书院

由于朱熹对周敦颐的推崇，周敦颐逐渐被圣化，屡祀不已，全国各个地方出现很多与周敦颐有关的书院。湖南有濂溪书院六处，分别在道州、郴州、桂阳、桂东、邵州、衡州，此外还有清溪书院（东安）、宗元书院（江永）、希濂书院（宝庆）、宗濂书院（蓝山）等。江西赣州地区有爱莲书院（赣县）、龙溪书院（万安）、濂溪书院（于都、安远);吉州地区有周程书院(大余县)、宗濂精舍(隆兴府)等。江苏镇江、丹阳都有濂溪书院。浙江江山有景濂书院。安徽来安县有景濂书院,广德有爱莲书院。湖北武汉、钟祥都有濂溪书院,枣阳有春陵书院。四川合川有濂溪书院。贵州六枝有爱莲书院。广东曲江、四会、广州、南恩州(治阳江县)、乐昌、仁化、惠阳、南海等地都有濂溪书院,海康有濂泉书院。众多书院体现了周敦颐的巨大影响。

四、《九江濂溪志》的编撰

周敦颐曾经在九江地区的修水县、星子县为官,后来定居在庐山之北,将所居之处的河流命名为"濂溪",并作"濂溪书堂"于其上。他去世之后,被安葬在庐山脚下。由于周敦颐的巨大影响,"濂溪书堂"就演变为后来的"濂溪书院",并且"化身"为众多的"濂溪书院"出现在全国各地。而"濂溪墓"则成为人们参观景仰的地方,后人在这里建有濂溪祠,并反复修建。在星子县和修水县,人们也一直用建造书院、建造祠堂、刊刻书籍等方式纪念这位理学宗师。而从明代到清代,全国各地先后出现了八种记载周敦颐及其影响流变的"濂溪志",即明代胥从化的《濂溪志》,明代李桢的《濂溪志》,明代周沈珂、周之翰的《周元公世系遗芳集》,明代李嵊慈的《濂溪志》,清代吴大镕的《道国元公濂溪周夫子志》,清代周诰的《濂溪志》,清代周诰的《濂溪遗芳集》,清代彭玉麟的《希贤录》。但遗憾的是,作为周敦颐生前最重要的活动区域之一九江,却从未编纂《濂溪志》。有鉴于此,我们就编纂了这部《九江濂溪志》。

1. 为突出地域特色,避免与其他《濂溪志》重复,《九江濂溪志》的收录范围限于与九江市(含星子县、修水县)有关的资料,共分为六卷。第一卷为"濂溪本志",记载周敦颐生前在九江的事迹、诗文酬答、与庐山佛道的交往等内容。第二卷为"濂溪墓祠",记载与九江的濂溪墓、濂溪祠有关的各种文章以及后人围绕两者进行的各种纪念活动。第三卷、第四卷为"濂溪书院",仅指九江的濂溪书院,它在历史上多次迁徙、兴废,但一直都是地域文化的"高地"。因宋代资料丰富,故而单独成为一卷。第五卷为星子、修水两县的"濂溪志"。第六卷为有关九江濂溪遗迹的诗歌。

  2.《九江濂溪志》的文献搜索面较为广泛,除了部分资料采自九江地方志之外,还搜集了大量散见于诗文集中的文章,许多资料都是前人不曾关注到的。如与庐山高僧的交往对周敦颐理学思想的形成具有重要意义,但却是向来不太受关注的内容。

  3.《九江濂溪志》附录有《柳山小志》一种。柳山位于九江市武宁县石渡乡境内,因唐朝柳浑在此隐居而得名,山上留有很多前人活动的遗迹。柳山在古代被认为是武宁县的"文脉"所在,也积累了不少文化内涵。为推动地方文化建设,我们特意从历代《武宁县志》和其他书籍中搜集出有关柳山的资料,编成《柳山小志》,分成"柳浑隐居志""柳山胜迹志""柳山诗文志"三卷。

卷一
濂溪本志

一、九江事迹

【纪事】宋仁宗庆历初,周敦颐为分宁主簿。县有疑狱,久不决。先生至,一讯即辨。宋人度正《濂溪先生周元公年表》:"宋仁宗景祐四年,先生时年二十一。七月十六日,仙居县太君郑氏卒。葬于润州丹徒县龙图公之墓侧。宝元元年,先生时年二十二。服除,从吏部调洪州分宁县主簿。庆历元年,先生时年二十五。按先生序彭应求诗,自言庆历初为分宁主簿,当是此年赴上。"①分宁,今修水县,宋时属洪州,今属九江。

◎ **周敦颐传**

周敦颐,字茂叔,道州营道人。元名敦实,避英宗讳改焉。以舅龙图阁学士郑向任,为分宁主簿。有狱久不决,敦颐至,一讯立辨。邑人惊曰:"老吏不如也。"部使者荐之,调南安军司理参军。有囚

---

① 第一卷第一部分纪事均据度正《濂溪先生周元公年表》撰写,见《周敦颐集》,岳麓书社2007年版。

法不当死,转运使王逵欲深治之。逵,酷悍吏也,众莫敢争,敦颐独与之辨,不听,乃委手版归,将弃官去,曰:"如此尚可仕乎!杀人以媚人,吾不为也。"逵悟,囚得免。移郴之桂阳令,治绩尤著。郡守李初平贤之,语之曰:"吾欲读书,何如?"敦颐曰:"公老无及矣,请为公言之。"二年,果有得。徙知南昌,南昌人皆曰:"是能辨分宁狱者,吾属得所诉矣。"富家大姓、黠吏恶少,惴惴焉不独以得罪于令为忧,而又以污秽善政为耻。历合州判官,事不经手,吏不敢决。虽下之,民不肯从。部使者赵抃惑于谮口,临之甚威,敦颐处之超然。通判虔州,抃守虔,熟视其所为,乃大悟,执其手曰:"吾几失君矣,今而后乃知周茂叔也。"熙宁初,知郴州。用抃及吕公著荐,为广东转运判官,提点刑狱,以洗泽物为己任,刑部不惮劳苦,虽瘴疠险远,亦缓视徐按。以疾求知南康军,因家庐山莲花峰下,前有溪,合于湓江,取营道所居濂溪以名之。抃再镇蜀,将奏用之,未及而卒,年五十七。(《宋史·道学传·周敦颐传》)

◎周敦颐
吉州彭推官诗序
敦实庆历初,为洪川分宁县主簿。被外台檄,承乏袁州卢溪镇市征之局。局鲜事,袁之进士多来讲学于公斋。因谈及今朝江左律诗之工。坐闲,诵吉州彭推官篇者六七人,其句字信乎能觑天巧而脍炙人口矣。俄闻分宁新邑宰,尚未逾月,而才明之誉,已飞数百里。有谓敦实曰:"邑宰太博思永,即向所诵之诗推官之子也。吉与袁邻郡,父兄辈皆识推官,第为善内乐,殊忘官之高卑,齿之壮老,以至于没。其庆将发于是乎!"敦实故又知推官之德……实嘉祐二年正月十五日云。承奉郎守太子中舍佥署合州军事判官厅公事周敦实撰。

清水岩石刻

彭思永季长、边明晦叔、裴造俊升、周惇实茂叔、蒲奭子西、刘正辞信卿、刘谌信升同游三岩。皇宋庆历癸未季夏十九日识。①

按：此刻现存于修水县城西三十里的清水岩洞内，直刻行书，字一寸见方。因溶岩石受雨水侵蚀，字体变形。庆历癸未，即庆历三年，时周敦颐任分宁主簿。

◎度正，字周卿，合州巴川县人。淳熙元年进士。官国子监丞，迁礼部侍郎。

分宁决狱

时分宁县有狱不决，先生至，一讯立辨。士大夫交口称之。引《修川志》：先生初仕分宁，县有疑狱，久不决。先生至，一讯即辨。邑人惊诧，曰："老吏不如也。"尝被台檄摄袁州卢溪镇市征局，鲜事，袁之进士来讲学于公斋者甚众。又引《修川志》：分宁簿厅，旧在县西七十步，毁于兵火。绍兴初，移在县治西园。其西有虚直堂，晦庵朱文公为清江刘升之名，取《通书》中静虚动直之义。分宁旧祠先生于学，杂以诸贤，颇不专，后遂特祠。（度正《濂溪先生周元公年表》）

【纪事】宋仁宗嘉祐元年，先生时年四十，以太子中舍金署合州判官事。嘉祐四年，左丞蒲公宗孟从蜀江道于合，初见先生，相与款语连三日夜。退而叹曰："世有斯人欤！"乃议以其妹归之。嘉祐五年六月九日，先生解职东

---

① 《九江市志》第四册，凤凰出版社2003年版，第904页。

归,盘桓于九江、庐山之地。

◎周敦颐
东林寺题名
周惇实茂叔、余从周元礼、孙俨安礼、王深之长源、沈遽睿达、乐岳惟岳,嘉祐庚子十月二十一日相会东林寺。

按:度正《濂溪先生周元公年表》:"东归时十月二十一日,与余从周五人相会于江州东林寺,有题名。"又明人黄道周《大涤书院三记》:"周濂溪欲营滋江,结庐其下,既复不果,谓潘兴嗣曰:'三十年读书,亦欲一济苍生,行其所学,如果不遂,与子盘桓论道讲书,未为晚耳。'"①或即此时之事也。

题寇顺之道院壁
一日复一日,一杯复一杯。青山无限好,俗客不曾来。往事已如此,朱颜安在哉。寄语地上客,历乱竟谁催。

按:《庐山太平兴国官采访真君事实》卷一:"左右两山道院共三十余所,依山傍水,窗户玲珑,诵声琅然。内有希微堂,今葆清是也。有濂溪先生留题。"②《永乐大典》引《江州志》:"官左为道院希微堂,有周茂叔诗。《题寇顺之道院壁》:'一日复一日,一杯复一杯。青山无限好,俗客不曾来。往事已如此,朱颜安在哉。寄语地上客,历乱竟谁催。'"③庐山太平兴国官与东林寺仅一山之隔,周敦颐题寇顺之道院或即在游东林寺之时。

---

① 《黄石斋先生大涤函书》卷一,四库别集本。
② 《道藏》第32册,文物出版社、上海书店、天津古籍出版社1988年版,第664页。
③ 《永乐大典方志辑佚》,中华书局2004年版,第1577页。

【纪事】嘉祐八年,周敦颐自虔州通判移调永州通判。同僚程思孟赠诗曰:"移官远过耒阳西,好景重重合尽题。永水自然胜赣水,浯溪应不让濂溪。沙头候吏瞻旗脚,境上乡人待马蹄。曾是忠贤流落处,至今兰芷尚萋萋。"宋英宗治平二年三月,绕道江州,游庐山,居濂溪书堂甚久。① 可知先生通判永州之前,已营业于九江之濂溪也。

◎周敦颐
治平乙巳暮春十四日同宋复古游山巅至大林寺书四十字

三月山方暖,林花互照明。路盘层顶上,人在半空行。水色云含白,禽声谷应清。天风拂巾袂,缥缈觉身轻。②

按:宋人陈郁《藏一话腴》,濂溪周先生倦吟,惟《游庐山大林寺》一律云"水色含云白,禽声应谷清"。余味其词意,则前一句明,后一句诚。道在是矣。③

◎度正
游庐山大林寺

三月十四日,有《同宋复古游庐山大林寺至山巅诗》。复古名迪,善画。江南西路转运使李公大临才元有诗谒先生于濂溪,云:"檐前翠霭迫庐山,门掩寒流尽日闲。"指江州之濂溪也。运使李公丁忧,四月,先生以疏慰之。清献公自成都寄诗云:"君向濂溪湖外行,倅藩仍喜便归程。"指道州之濂溪也。或曰,观大林诗并李才元

---

① 梁绍辉:《周敦颐评传》,南京大学出版社1994年版,第51页。
② (宋)周敦颐:《周敦颐集》,岳麓书社2007年版,第133页。
③ (宋)陈郁:《藏一话腴》甲集卷上,学海类编本。

诗及蒲诗有云："溢浦方营业,濂溪旋结庐。"疑先生往来庐山,定居九江,在此一二年间。(度正《濂溪先生周元公年表》)

◎ 周敦颐
石塘桥晚钓
濂溪溪上钓,思归复思归。钓鱼船好睡,宠辱不相随。肯为爵禄重,白发犹羁縻。

按:"濂溪溪上钓",张伯行编《周濂溪先生全集》作"旧隐濂溪上"。寻其语义,周元公此时已营业于九江之濂溪,垂钓于石塘桥,然爵禄羁縻,尚难解脱也。又朱熹《再定太极通书后序》云:"今按江州濂溪之上,亦有石塘桥,见于陈令举《庐山记》,疑亦先生所寓之名云。"陈舜俞《庐山记》卷二:"由江州之南出德化门五里至延寿院,旧名罗汉,过延寿院五里至石塘桥,有濂溪周郎中之隐居。"是则石塘桥去州城十里,即濂溪旧隐之处。《嘉靖九江府志》卷二:"石塘桥,在石塘铺前,弘治四年九江卫舍人杨朗建。"又知府童潮记其建桥二处,其一"在德化乡之濂溪港","曰石塘桥"。此石塘桥已非濂溪隐处之石塘桥。吴宗慈《庐山志》:"螺子山西,有石塘铺,铺有石塘桥。"其地去城较宋时之石塘桥稍远。查慎行《庐山游记》:"濂溪先生祠,去城约十里。今祠废,石坊犹存。明嘉靖中都御史傅凤翔建。又一里,渡石塘桥,乃先生墓道。按《九江志》,旧有墓道亭,今亭亦废。"宋时之石塘桥,即在查氏所云"濂溪先生祠"附近。盖桥既南移,濂溪港亦较旧濂溪水而南移,此清代之濂溪港书院亦南移也。

【纪事】宋神宗熙宁四年,周敦颐提点广南东路刑狱,治韶州。度正《濂溪先生周元公年表》:"俄得疾,闻水啮仙居县太君墓，遂乞南康。八月朔，移知南康军。十二月十六日，改葬于江州德化县清泉社三起山。葬毕，曰：'强疾而来者，为葬耳。今犹欲以病污麾绂耶！'上南康印，分司南京。"

◎度正
濂溪书堂
先生平日俸禄，悉以周宗族，奉宾友，及分司而归，妻子膳粥不给，旷然不以为意。酷爱庐阜，至是遂居于书堂。正过九江，必造焉。距州城十许里，堂之左即先生之祠。乃塑像，三山帽，紫衣方领，赤舄，坐乎方床之上。又左为光风霁月亭。自州城来者，先至焉。右则爱莲亭、拙堂，后为一室，室之前刻《爱莲说》《拙赋》及《太极图》《通书》《墓碣》《祠记》。图书皆附晦庵翁解释于其下，不著何人书。或云永嘉陈益之书之。门外数步，即发源莲花峰下先生寓名以为濂溪者。溪之外不二十里，即庐山。正尝留诗。今夔漕王忠甫尝为德化县，近因书道旧，云好事者重修，书堂前诗不复存矣。

濂溪在营道之西，距县二十余里，盖营川之支流也。以《营道大富桥古碑记》考之，自有所谓濂溪者。盖舂陵溪泉之名，大率多从水，如洄溪、泷泉、㵅泉之类，濂溪亦然耳。而苏文忠公、黄太史皆同时人，乃专指清廉为义，若先生名之以自况者，不知何也。先生既爱庐山之胜，遂卜居山下，因溪流以寓其故乡之名，筑室其上，是为濂溪书堂，学者宗之，号濂溪先生云。（度正《濂溪先生周元公年表》）

◎周敦颐
濂溪书堂

元子溪曰瀼，诗传到于今。此俗良易化，不欺顾相钦。庐山我久爱，买田山之阴。田间有流水，清泚出山心。山心无尘土，白石磷磷沉。潺湲来数里，到此始澄深。有龙不可测，岸木寒森森。书堂构其上，隐几看云岑。倚梧或欹枕，风月盈中襟。或吟或冥默，或酒或鸣琴。数十黄卷轴，圣贤谈无音。窗前即畴圃，圃外桑麻林。芋蔬可卒岁，绢布足衣衾。饱暖大富贵，康宁无价金。吾乐盖易足，名濂朝暮箴。

按：元结，字次山，河南人。唐代宗时，以亲老归樊上，著书自娱。晚拜道州刺史，免徭役，收流亡。《瀼溪铭》曰："乾元戊戌，浪生元结始家瀼溪之滨。瀼溪，盖溢水分称，瀼水夏瀼江海，则百里为瀼湖，二十里为瀼溪。""瀼溪，可谓让也。让，君子之道也，称颂如此，可遗瀼溪。若天下有如似让者，吾岂先瀼溪而称颂者乎？"①元结于乾元元年，家瑞昌，命水为"瀼溪"，作《瀼溪铭》。周敦颐居九江，游瑞昌，既爱瀼溪之名，又思故里之贤德刺史，因号濂溪，非偶然也，"瀼""濂"之造字原理亦同也。

◎朱熹，字元晦，号晦翁，婺源人。绍兴十八年进士。淳熙五年知南康军。
濂溪说

熹旧记先生行实，采用黄太史诗序中语，若以濂之为字，为出于先生所自制，以名庐阜之溪者。其后累年，乃得何君所记，然后知濂溪云者，实先生故里之本号，而非一时媲合之强名也。欲加是正，则

---

① 周绍良主编：《全唐文新编》第 2 部第 3 册，吉林文史出版社 2000 年版，第 4398 页。

其传已久，惧反以异词致惑，故特附何君语于遗事中，以著其实。后又得张敬夫所刻先生墨帖后记、先生家谱，载濂溪隐居在营道县营乐乡石塘桥西。而舂陵胡良辅为敬夫言，濂实溪之旧名，父老相传。先生晚居庐阜，因名其溪，以示不忘其本之意。近邵武邹勇官舂陵，归为熹言，尝亲访先生之旧庐，所见闻与何、张之记皆合，但云其地在州西南十五里许。盖濂溪之源委自为上下保，而先生居其地，又别自号为楼田。至字之为字，疑其出于唐刺史元结七泉之遗俗也，勇尝有文辩说甚详。其论制字之所从，则熹盖尝为九江林使君黄中言之，与勇说合。方将并附其说于书后，以证黄序之失，而婺源宰三山张侯，适将锓板焉，因书以遗之，庶几有补于诸本之阙。若此书所以发明圣学之传，而学者不可以不读之意，则熹前论之已详矣，因不复重出云。淳熙己亥正月。①

◎楼钥，字大防，号攻媿主人，明州鄞县人。隆兴元年进士。历官吏部尚书兼翰林侍讲、资政殿学士等。

答赵郎中崇宪书

翁久不嗣音，正尔驰仰，辱书翰，以慰以荷。蒙示谕濂溪书院，尤见政最之余，儒术润饰，甚休甚休。谨为写四字去，但"豀"字当如此写，"溪"出于阳冰之变体，非古也。二者俱写去，惟台意所择。"濂"字有少曲折，见之别纸，望详宽。九江古郡，于今为重镇，幸有周先生之遗迹，表而出之，又使士子得以馆谷于其下，儒风自此愈兴，贤使君之名与之无穷矣。钥衰瘁，求去未得，尚尔勉强。草草修报，不究欲言，并几台察。

"濂溪"之"濂"，字书所无。钥少时见林侍郎黄中知江州，曾作

---

① 《周敦颐集》，岳麓书社2007年版。

《濂溪祠堂记》，今想尚有石本，便中望以寄示。其中亦似说"濂"字如元次山之"唐、峿、浯"，出于意见。近岁得晁氏《参订许氏文字》一书，以道所编也。有云："濂，徐力盐反，唐力簟反。从水，从兼。徐本曰薄冰也，一曰中绝小水。唐本曰薄冰也，或曰中绝小水。又曰淹也，或从廉。徐本阙濂字。按《素问》：夏三月之病，至阴不过十日，阴阳交期在溓水。杨上善曰：溓，水静也，七月水生时也。然则从兼者亦古文廉字，非兼并之兼。"以上皆以道之说。徐本，谓今世所行徐铉所定《说文解字》也。以道得唐人本，时以校其不同者。钥按《素问》二十四卷《阴阳类论》"夏三月云云在溓水"注："溓水者，七月也，建申，水生于申，阴阳逆也。"杨上善云："溓，廉检反，水静也，七月水生时也。"唐本既曰或从廉，则非无濂字。晁氏之书甚佳，止有三册，若因刊之，尤佳。（《攻媿集》卷八）

◎**李绂**，字巨来，号穆堂，江西临川人。康熙三十八年进士。历任广西巡抚、直隶总督、户部侍郎等。

濂溪考

濂溪者，周子卜居庐山莲花峰下，爱溪水清深，特创此名。非营道故里旧有濂溪之名，而因而名之者也。《宋史》本传谓莲花峰下，溪合湓江，取营道所居濂溪以名，盖固《伊洛渊源录》误引营道何弃仲农所作《营道斋诗序》，而不知其不足据也。何氏谓："营道县出郭三十里而近，有村落曰濂溪，周氏家焉，族众而业儒。至先生远宦，弛肩庐阜，力不能返故居，乃结庐临流，寓濂溪之名，志乡关在目中。苏、黄二公与之同时，而所为赋诗，皆失本意。濂溪之族，至今蕃衍云云。"其言似若可信，不知其为附会之辞，非其实也。

周子在当时虽未大通显，而名声甚重，二程既以为师，吕申公、赵清献皆屡荐之。东坡年齿名位不甚后，其为《濂溪诗》，不敢列于侪辈,至推以造物为徒,其重如此。道州僻壤,忽生名世,有不亟相引重,以濂溪名其故居者乎?仲农生南渡初,在苏、黄二公之后,见周子故里有濂溪之名,遂以二公之诗为误,不知当二公之时,营道未有濂溪之名也。东坡作诗,在守杭时。周子次子焘,字次元者,方为两浙转运,同在钱塘,东坡其属吏,又交好也,所为诗果失本旨,何难指示,令其改正?若山谷,则与次元兄弟交谊尤亲。周子在江西久,始居豫章二十年(孔常父《祭周子文》云:"先君之壮,实难取友。逢公豫章,握手欢厚。二十余年,不知其久。")黄亚夫、孔长源皆其执友,而山谷及经甫兄弟并以通家子谒侍,匪朝伊夕,濂溪命名之意,岂其不审,而率尔下笔者?东坡诗谓:"先生本全德,廉退乃一隅。因抛彭泽米,偶似西山夫。遂即世所知,以为溪之呼。"直以为先生自立此名,则其非乡关所固有也明矣。且古无濂字,后世虽有此字,从未指为水名。考汉许氏慎《说文》无濂字,止有溓字,音同濂。注曰:"薄水,一曰中绝小水。"梁黄门侍郎顾野王作《玉篇》,唐处士富春孙强增定,始有濂字,云:"本作溓。"溓之音,则里兼、里忝、含鉴三切,亦未尝全读如今音。《广韵》有濂字,止训薄,未尝与溓合为一。其未尝以濂为水名,则皆同。水名莫备于《水经》及郦《注》,而郴、永之间未有濂水,盖其名为周子所特创也。山谷《濂溪诗序》谓用其生平所安乐媲水而成,名曰濂溪。意亦以不惟古无此水,并无此字,故云然耳。廉泉让水,本《南史》所载范柏年对宋明帝语,所谓臣居在廉让之间者也。故不独苏、黄作此诗,就廉字起义,即先生自题《濂溪书堂诗》,亦未尝言故里有濂溪,止用元次山灢溪引起,谓:"元子溪曰灢,诗传到于今。此俗良易化,不欺顾相钦。"中述溪水之胜,构堂之由,而终之以名溪之意曰:"吾乐盖易足,名濂以自箴。"自篇首至终,毫无一字为乡关之思,而宜曰名濂自箴,岂先生亦自失本意也耶?何氏傅会造作之妄,可以诬苏、黄为误,而周子自作

之诗,则必不可诬。今录周子全诗及苏、黄二诗于后,览者虚心观之,亦可以爽然矣。(《穆堂别稿》卷九)①

◎ 李梦阳,字献吉,号空同,庆阳人。弘治七年进士。正德六年任江西按察司副使。

论濂溪

北郡李献吉云:往观眉山苏氏,爱阳羡山水,欲徙居之,谓其特文人耳。及观周子自濂溪徙居庐山,则又讶曰:"嗟嗟,兹非有道者所为耶!盖天壤间物无常主,自吾之所出言,濂溪固吾土也;自天壤间物言,吾安往而不得所主耶!"君子曰:"此达者之见,而非先生之心也。盖季札之子死,葬于嬴博之间,孔子以为知礼。先生本以少孤与母太君依舅氏居润州。太君没,力不能归,即所近而葬焉,礼也。太君即葬庐山,则先生必居庐山,亦礼也。君子择所处,非大故不得已。一旦捐坟墓,远适他土,而曰'我爱其山水焉。'可谓知所重耶?"②

【纪事】宋神宗熙宁六年,周敦颐时年五十七。赵抃再尹成都,闻先生之去,拜章乞留。朝命及门,以六月七日卒,葬于九江。

---

① 谭其骧:《清人文集地理类汇编》第四册,浙江人民出版社1987年版,第553—554页。
② (明)桑乔:《庐山纪事》卷十,《豫章丛书》史部三,江西教育出版社2002年版,第559页。

◎度正
葬于九江
　　以十一月二十一日葬先生于仙居县太君墓左,从遗命也。清逸处士潘兴嗣为墓铭,左丞蒲宗孟为墓碣,而孔延之之子文仲为文以祭之。曰:"童蒙之岁,随宦于洪。论父之执,贤莫如公。公年甚壮,玉色金声。从容和毅,一府尽倾。"又曰:"有文与学,又敏政事。绝今不比,伊傅自视。"其后苏文忠公追赋濂溪诗,有曰:"先生岂我辈,造物乃其徒。"言至至此,是必尝见《太极图》者,故推之于造物以形容之也。黄太史亦云:"人品甚高,胸中洒落,如光风霁月。"非其亲见先生,接其辞气,则其所以为言,亦安能曲尽其妙?(度正《濂溪先生周元公年表》)

二、九江酬答

◎傅耆,字伯寿,一字伯成,遂宁人。宋仁宗皇祐年间进士。官
　至朝议大夫、知汉州。
周茂叔送到近诗数篇,因和渠阁、裴二公招隐诗
　　三贤趋向一家同,不欲尘埃作苟容。明逸招归豹林谷,乐天邀入香炉峰。①

◎贺铸,字方回,自号庆湖遗老,卫州人。工词,人称贺梅子。
　元祐中任泗州、太平州通判。
寄题浔阳周氏濂溪草堂
　　周本江华人,名敦颐,字茂叔,仕至尚书郎,累使岭表。中年投

---
① 《周敦颐集》,岳麓书社2007年版。以下未注明者同出此书。

节,退居滋城之南溪上,因名濂溪以自况。二子:寿,字元翁,焘,字次元,相踵第进士。丙子五月,余橇舟汉阳,始与元翁相际,求余赋此诗。

濂溪之水清,未足濯公缨。平生抱苦节,成就此溪名。长啸置符传,孤云归思轻。溪头四壁居,溪下百亩耕。量汲奉晨盥,课樵共夕烹。希逢杖履游,但听弦歌声。为客剪三径,传家通一经。双珠交照乘,合璧倍连城。被褐有余乐,问缣无隐情。桂林两枝秀,借尔俗眼明。昔仰名父子,今推难弟兄。不应文范裔,邈谓公惭卿。如袭带砺封,毋为权利倾。地实寝丘比,有力安得并。勒诗高岸石,敢告后代生。①

◎**李大临**,字才元,成都华阳人。宋神宗时擢修起居注,进知制诰。

谒濂溪周虞部

帘前翠霭逼庐山,门掩寒流尽日闲。我亦忘机澹荣利,喜君高蹋到松关。

◎**潘兴嗣**,字延之,南昌新建人。与王安石、曾巩相友善,曾任德化县尉。

赠周茂叔,时隐居庐山

心似冰轮浸玉渊,节如金井冽寒泉。每怀颜子能晞圣,犹笑梅真只隐仙。仕倪遇时宁枉道,贫而能乐岂非贤。区区世道真难得,试往沧浪问钓船。②

---

① 王梦隐、张家顺:《庆湖遗老诗集校注》,河南大学出版社2008年版。
② 吴宗慈:《庐山志》,江西人民出版社1996年版。

题濂溪

鳞鳞负郭田,渐次郊原口。其中得清旷,贵结林泉友。一溪东南来,潋滟翠波走。清响动灵粹,寒光生户牖。峨峨双剑锋,隐隐插牛斗。疏云互明晦,岚翠相妍丑。恍疑坐中客,即是关门叟。为歌紫芝曲,更击秦人缶。窅然忘得丧,形骸与天偶。君怀康济术,休光动林薮。得非仁智乐,夙分已天有。斯鼻固未免,安能混真守。归来治三径,浩歌同五柳。皎皎谷中士,愿言与君寿。殷勤复恳恻,杂佩贻琼玖。日暮车马徒,桥横莫回首。

和茂叔忆濂溪

忆濂溪,高鸿冥冥遁者肥。玉流来远不知源,源重巘翠深遮围。试将一酌当美酒,似有泠然仙驭飞。素琴携来谩横膝,无弦之乐音至微。胡为剑佩光陆离,低心俯首随机转。伊尹不忘畎亩乐,宁非斯人之与归。

◎赵抃,字阅道,衢州人。景祐元年进士。任殿中侍御史,时称"铁面御史"。

题茂叔濂溪书堂

吾闻上下泉,终与江海会。高哉庐阜间,出处濂溪派。清深远城市,洁净去尘埃。毫发难遁形,鬼神缩妖怪。对临开轩窗,胜绝甚图绘。固无风波虞,但觉耳目快。琴樽日左右,一堂不为泰。经史日枕藉,一室不为隘。有莼足以羹,有鱼足以脍。饮啜其乐真,静正于俗迈。主人心渊然,澄澈一内外。本源孕清德,游泳吐嘉话。何当结良朋,讲习取诸兑。

◎任大中,字子固,三衢人。老于儒学,作诗寒苦。

濂溪隐斋

溪绕门流出翠岑,主人廉不让溪深。若教变作崇朝雨,天下贪夫洗去心。

再题虞部周茂叔濂溪

公廉如古人,禄利十钟疏。照发一簪墨,乐归溪上居。群峰插云秀,满眼如画图。一瓮酒自足,数亩稻有余。夜月摇吟笔,朝厨摘野蔬。渴饮溪中水,饥不食溪鱼。大溪深一丈,松筠自不枯。公心保如此,真为廉丈夫。廉名似溪流,万古流不休。我重夷齐隐,日月光山丘。夷齐魂若在,畅然随公游。

送永陵倅周茂叔还居濂溪

君去何人最泪流,老翁身独寄南州。随君不及秋来雁,直到潇湘水尽头。

◎附录两则

周文敏与濂溪讲学庐山

周文敏者,安仁人也。笃学敦行,不求闻达。尝与濂溪讲学庐山,濂溪称之曰"一团和气人也"。门人侍郎天台刘虹志之,谓其直气摩虹云。[1]

周元公历陵阁留题

《永乐大典》收录《江州志》,记载有《周元公历陵阁留题》:"元

---

[1] (清)黄宗羲:《宋元学案》卷十二,濂溪学案下,光绪五年龙汝霖重刊本。

丰五年五月十二日,敦顺、渐甫、和仲会于历陵,元祐谭仲跋。"此乃元公身后之事,非其作可知矣。

三、庐山佛缘

◎《历朝释氏资鉴》
濂溪与佛印

濂溪周元公惇茂叔,先世所居舂陵有水曰濂,公既乐庐山之幽胜,而筑室以濂名溪,盖不忘本矣。时佛印寓居鸾溪之上,公谒见,相与讲道。问曰:"天命之谓性,率性之谓道。禅门何得谓无心是道。"师云:"疑则别参。"公曰:"参则不无,必竟以何为道。"师曰:"满目青山一任看。"公心醉。一日忽见窗前草生意勃然,乃曰:"与自家意思一般。"以偈呈师云:"昔本不迷今不悟,心融境会豁幽潜。草深窗外松当道,尽日令人看不厌。"师和云:"大道体宽无不在,何拘动植与飞潜。行观坐看了无碍,色见声求心自厌。"由是命师作青松社主,追媲白莲故事。

嘉祐中,周元公通守赣上,寻有谮公于部使者,临之甚威,公处之超然。寄师偈云:"天开斯道在文明,富贵何如守贱贫。岂有庐山许高绝,不能容得一闲身。"师酬云:"泉石能寻旧日盟,胸藏万卷未为贫。世途侧掌难容足,道德天宽可立身。"师乃述庐山移文寄公曰:"仕路风波尽可惊,唯君心地坦然平。未谈世利眉先皱,才顾云山眼便明。湖宅近分堤柳色,斋田新占石溪声。青松已约为禅社,莫遗归时白发生。"公未归,复趣之曰:"常思湖口绸缪别,又忆匡庐烂漫游。两地山川频在目,十年风月澹经秋。仙家丹药谁能致,佛国乾坤自可休。况是天池莲社约,何时携手话峰头。"(《感山云卧纪谈》)

公尝谓:"佛氏一部《法华经》,抵是儒家《周易》一个艮卦可了。"噫!《易》以艮为六十四卦之旨,艮连山也,为止义。若以经偈止止不须说而比之,夫是之谓持蠡酌海矣。然公虽穷理尽性之学,而推佛印为社主。苟道之不同,岂能相与为谋耶。①

◎《庐山归宗寺志》
青松社
创始于佛印禅师与周濂溪夫子,盖仿白莲社故事也。社至蠹云禅师复兴,后遭兵燹废。

周茂叔尝诣鸾溪,问道于佛印禅师,有省,遂请师作青松社主,追媲白莲故事。②

◎**黄庭坚**,字鲁直,号山谷道人、涪翁,洪州分宁人。治平四年进士。历官著作佐郎、涪州别驾等。
答周濂溪居过归宗谒真净文禅师
前辱书累纸存问,别久怀思增深,得此开慰多矣!文字久欲以所闻改作,多病懒放,因循至今。张南浦遣人行,适作就,忍眼痛大字书往,不审可意否?知命、学识与笔力皆进于旧,但学道绝不知蹊径,今之学道者类皆然尔。往虽久在江南,能明此事者,不过数人耳。颇有聪明善于般若文句,似与经教不悖;或苦行孤洁,不愧古人;或放荡独往,自能解脱;札著并不知痛痒,可叹也。公既在溢城,可那工夫过山,致敬归宗文老,此人极须倾盖,乃肯动手,不然,只以

---

① (元)熙仲:《历朝释氏资鉴》卷十,《卍续藏经》第132册,台湾新文丰出版公司1995年版。
② (明)释德清纂,(清)周宗建增补:《庐山归宗寺志》卷一,《中国佛寺志丛刊》,广陵古籍刻印社,1996年。

宾客待耳。真实道人不易识,直须高着眼目。余事未能具道,千万珍重。①

◎《居士分灯录》
周敦颐（佛印了元禅师法嗣）
周敦颐,字茂叔,舂陵人。初见晦堂心,问教外别传之旨。心谕之曰:"只消向你自家屋里打点。孔子谓朝闻道,夕死可矣,毕竟以何为道夕死可耶?颜子不改其乐,所乐何事?但于此究竟,久久自然有个契合处。"又扣东林总禅师。总曰:"吾佛谓,实际理地即真实,无妄诚也。大哉乾元,万物资始,资此实理,乾道变化,各正性命,正此实理。天地圣人之道,至诚而已。必要着一路实地工夫,直至于一旦豁然悟入,不可只在言语上会。"又尝与总论性及理法界、事法界,至于理事交彻,泠然独会,遂著《太极图说》,语语出自东林口诀。因游庐山,乐其幽胜,遂筑室焉。时佛印了元寓鸾溪。颐谒之。相与讲道……颐尝叹曰:"吾此妙心,实启迪于黄龙,发明于佛印。然易理廓达,自非东林开遮拂拭,无繇表里洞然。"颐后倡明道学,学者称为濂溪先生。②

◎《佛法金汤编》
周惇颐
惇颐,字茂叔,号濂溪,舂陵人,熙宁中除提刑,谥元公。舂陵有水曰濂溪,故号濂溪。后居庐山,乐其幽胜,筑室亦以濂名溪,不忘

---

① （明）释德清纂,（清）周宗建增补:《庐山归宗寺志》卷一,《中国佛寺志丛刊》,广陵古籍刻印社,1996年。

② 《居士分灯录》卷下,《卍续藏经》第147册,台湾新文丰出版公司1995年版。

本也。时佛印寓鸾溪,公谒见,相与讲道……公传太极图于穆修,修传于种放,放传于陈抟,此其学之一师也。盖抟师麻衣,今正易心法是抟注。麻衣涯公之传,东林总公广之也。总公门人弘益有书曰纪闻,云性理之学实起于东林涯总二师,总以授周子。故刘后村诗云:"濂溪学得自高僧。"后虞伯生亦曰:"宋儒惟濂溪、康节二公于佛书早有所得。"(公行状并性学指要)公题留衣亭曰:"退之自谓如夫子,原道深排释氏非。不识大颠何似者,数书珍重更留衣。"(性理群书)①

◎《归元直指》
儒宗参究禅宗

国一禅师以道学传于寿涯禅师,涯传麻衣,衣传陈抟,抟传种放,放传穆修,修传李挺之,李传康节邵子也。穆修又以所传《太极图》授于濂溪周子。已而周子扣问东林总禅师《太极图》之深旨,东林为之委曲剖论,周子广东林之语而为《太极图说》。周子长于禅学工夫,是以工夫之道过于邵子,邵子长于天时历数,是以数理之道过于周子,至于道学则一也,初无二致。

曰:"禅宗既有大道传授,吾儒晦庵何以排之?"曰:"晦庵排佛者,心病也。"曰:"所有心病,乞师言之。"曰:"汝但深于佛学,泛及百氏之书,汝当自见,亦见濂溪、二程以及诸子所得道学之源流矣。"曰:"诸子所得,未暇问之,濂溪、程子所得之自,乞师言之。"曰:"备说则烦,姑为略说。"

濂溪姓周,讳惇颐,字茂叔,春陵人也。初扣黄龙南禅师教外别传之旨,南谕濂,其略曰:"只消向你自家屋里打点。孔子谓朝闻道,

---

① 《佛法金汤编》卷十二,《四库未收书辑刊》第五辑,第13册。

夕死可矣,毕竟以何为道夕死可耶？颜子不改其乐,所乐者何事？但于此究竟,久久自然有个契合处。"(出《附章氏家谱》)

濂一日扣问佛印元禅师,曰："毕竟以何为道？"元曰："满目青山一任看。"濂拟议,元呵呵笑而已,濂脱然有省。(出《资鉴》并《佛印语录后跋》)

濂闻东林总禅师得竹林寿涯禅师、麻衣道者二师心传易学,穷神极性,由是扣之。总谕濂,其略曰：……濂一日与张子厚等同诣东林论性,总曰："吾教中多言性,故曰性宗,所谓真如性、法性,性即理也,有理法界、事法界,理事交彻,理外无事,事必有理。"诸子沉吟未决,濂毅然出曰："性体冲漠,唯理而已,何疑耶？"横渠曰："东林性理之论,唯我茂叔能之。"(出《弘益记闻》)

濂问太极,总曰："易在先天,无形有理,盖太极即易也,无形之理即无极也,天地间只是一气进退而为四时,以一气言之,皆元之为也。"(刘时中所得东林亲笔论易之语,又尹氏家塾及苏季明笔记详备,并有程子深爱元包四德之语)

五峰胡先生序《通书》,谓濂得太极图于穆修,修得于种放,放得于陈抟,此其学之一师也,明说太极图非濂所作。陈抟之学得于麻衣,得于寿涯禅师。(出《性学指要》并《正易心法》)

濂问太极图之所由,总曰："竹林寿涯禅师得国一禅师之心传,其来远矣,非言事物而言至理。当时建图之意,据吾教中依空立世界,以无为万有为祖,以无为因(无即所依之空),以有为果(有即二气交运),以真为体(真即一真至理),以假为用(假即万物化生),故云无极之真,妙合而凝"云云。濂复造佛印之室叙,乃悟,由印曰："吾多教人孔孟之大义,今公所负,可以起之,宜力行无滞。"东林亦有谕濂倡儒为道学之语。(出《松窗杂记》)

濂谕学者曰："吾此妙心,实得启迪于南老,发明于佛印,易道义

理廓达之说,若不得东林开遮拂拭,断不能表里洞然,该贯弘博矣。"(出《尹氏家塾》并《性学指要》)

濂往潮州灵山寺访大颠禅师遗迹,见韩子上大颠书累幅并存,及留衣亭肃然无恙,故题诗曰:"退之自谓如夫子,原道深排释老非。不识大颠何似者,数书珍重更留衣。"(出《性理群书》并灵山寺留衣亭真迹)

濂作爱莲诗曰:"佛爱我亦爱,清香蝶不偷。一般奇绝处,不上妇人头。"(出《郑谷集》)

濂性简约,平居澹如也。晚年悉屏文字,唯务静胜,而卒得道学之传。(《濂溪行状》)

东林教人,唯务静胜,濂溪之久不事笔砚,终日端坐窗前,草色同一生意,盖是静中有得。(《弘益纪闻》)

道学性理之始,实倡于涯师,而至于总师,总以授周子。(《弘益纪闻》)

陈忠肃公曰:"性理之说,东林授之濂溪,濂溪广之,其言遍于佛书。"(《莹中录》并《性学指要》)

后村刘先生诗云:"濂溪学得自高僧。"又云:"始知周孔外,别自有英豪。"(出《后村集》)①

东林谕濂

东林谕濂,有"一中散为万事,末复合为一理,及天理之性、人欲之私,天地万物,本吾一体,元包四德,诚通诚复"等辞。二程传其学,故伊川著书立言,皆本其意,或全用其语。如《易传》序:"体用一源,显微无间。"此二句出《唐清凉国师华严经疏》。濂溪《太极图

---

① 《归元直指》,《卍续藏经》第108册,台湾新文丰出版公司1995年版。

说》:"无极之真,妙合而凝。"此二句出《华严经法界观》。"无极而太极"等语,全是东林口诀。《周子通书》、《濂洛集》等,皆根于此。周、程取用佛语,多类此也。①

◎《灵峰蕅益大师宗论》
示叶天纪

唐虞三代虽往,而吾人心性元未尝往,春秋之时有孔颜,六朝之末有王通,宋有陆象山,明有王文成。后之学者,苟契于心性之源,谓尧舜孔颜至今未亡可也。然尧舜孔颜不过达心外无法,故物格而良知自致,知至而意诚心正,修齐治平,不劳功力,何尝以八条目,三纲领乱此一以贯之传也。周濂溪发悟于东林总,欲剃落,总公嘱以扶植儒学,遂为宋儒鼻祖。吾于天纪,有厚望焉。②

◎《紫竹林颛愚衡和尚语录》
匡山莲华峰志略序

《匡山纪事》云:"匡山奇秀甲于天下,莲峰奇秀甲于匡庐。"此语可谓匡山知己,别为莲峰之知己。是则莲峰乃匡山诸峰中第一峰,不惟本质独秀,而名称普闻,超越诸峰远矣。所以超越诸峰者,因本质灵而出人杰,因人名圣而地名尊,此天下古今不二之常道也。此峰宋有祥庵主卓锡斯处,是此峰之知己。濂溪周公与祥庵主密于此事互相酬唱,是周公又为祥公知己。人与人互为知己,山与人亦互为知己,是山与人、宾与主,互俱难得也,而莲峰之面目独耀于天

---

① 《归元直指》,《卍续藏经》第 108 册,台湾新文丰出版公司 1995 年版。
② 《灵峰蕅益大师宗论》卷二《法语五》,《嘉兴大藏经》第 36 册,台湾新文丰出版公司 1995 年版。

下者，此也。①

◎《宋元学案》
周茂叔穷禅客
晁氏谓元公师事鹤林寺僧寿涯，而得"有物先天地，无形本寂寥；能为万象主，不逐四时凋"之偈，《性学指要》谓："元公初与东林总游，久之无所入，总教之静坐，月余忽有得，以诗呈曰：'书堂兀坐万机休，日暖风和草自幽。谁道二千年远事，而今只在眼睛头。'总肯之，即与结青松社。"游定夫有"周茂叔穷禅客"之语，丰道生谓："二程之称胡安定，必曰胡先生，不敢曰翼之。于周，一则曰茂叔，再则曰茂叔，虽有吟风弄月之游，实非师事也。至于《太极图》，两人生平俱未尝一言道及，盖明知为异端，莫之齿也。"②

---

① 《紫竹林颛愚衡和尚语录》卷九，《嘉兴大藏经》第28册，台湾新文丰出版公司1995年版。

② 《宋元学案·濂溪学案》，《黄宗羲全集》第三册，浙江古籍出版社1986年版。

卷二
濂溪墓祠

一、濂溪墓

【纪事】初,周敦颐之母郑太夫人葬于润州。后先生为广南提刑,水啮太君之墓,先生因乞知南康军,遂改葬太君于江州三起山。先生卒,因葬诸太君墓左,其夫人陆氏、蒲氏亦葬于此。宋元时,修葺祭祀之事偶见;明朝弘治年间则屡有修复,祀事亦盛,而奉祀之子孙亦家于此矣。

◎ 濂溪墓始末

天花井山西北为栗树岭,亦名三起山,丫髻山之支也,其下有濂溪先生墓。初,先生少孤,与其母仙居县太君郑氏依其舅龙图公向居润州。郑名其诸子以惇,故先生亦名惇。丁丑,太君卒,即葬丹徒县龙图公墓侧。后四十四年辛亥,先生为广南提刑,而水啮太君之墓,先生因乞知南康军,遂改葬太君于江州三起山。明年壬子,先生卒,因葬诸太君墓左,盖治命也。墓虽面莲花峰,而相去乃二十余里。弘治庚戌,九江守童潮始辑祠,置田以供祭祀,廖纪为记。后十四年,提学邵宝为请于道州,取先生裔孙周伦来主其祀焉。①

濂溪墓明清以来,历经童潮、余文献、明山、周煌、罗泽南、彭玉麟等相继修复,并增置墓田,咨取其道州遗裔修理祀事。入民国后,祀事寝废。其墓中葬者为郑太君,碑署曰:"仙居县太君周子母郑太君墓",碑额署"道脉"二字。周子葬其左,碑署曰:"先贤宋元公濂溪周子墓,大清光绪癸未春,后学衡阳彭玉麟敬题。"周子配葬其右,碑署曰:"宋赠缙云、德清县君周子元、继配陆、蒲夫人墓。"再左右有石刻画像各一。一为濂溪先生像。跋如后:"道丧千载,圣远年湮。不有先觉,孰开我人?书不尽言,图不尽意。风月无边,庭草交翠。"像赞,晦庵夫子所题。原碑存道州,光绪癸未春暮,工告竣,义方敬摹石上,立于墓旁,以志不朽云。一为松石桥栏之布景。中有二人,一荷杖立,一拱手听貌。墓前数十步,有明万历李得阳诗碑、彭玉麟修墓碑。彭碑之上,尚有一碑,字已模糊不辨。墓后有碑三:一为嘉靖甲寅吉水罗洪先题"宋知南康军濂溪周先生墓";一为罗泽南《重修濂溪周子墓》碑;一为"太极图"碑。彭碑略云:"周墓在宋德化乡清泉社地。罗记误以莲花峰为先生墓地,今宜改正。"又云:"濂溪周子,魏了翁请易名,赐谥曰元。罗署碑额漏其谥,故改题'宋元公濂溪周子墓'。"考彭修墓乃继罗工程所未毕者,时在清光绪九年。②

◎ 墓道亭及碑

墓道亭,在府治南石塘铺之右,因濂溪先生墓道碑,故作亭

---

① 毛德琦:《庐山志》引桑乔《庐山纪事》。
② 吴宗慈:《庐山志》,江西人民出版社1996年版,第87页。

覆之。①

墓道碑,在石塘桥南。亭左右余基宽长一丈五尺,距墓五里许,题"濂溪周元公之墓道"。今废。②

◎潘兴嗣

仙居县太君墓志铭

故贺州桂岭县令、赠右谏议大夫周府君之配郑氏,其先成都人,左侍禁讳灿之女,兵部郎中龙图阁直学士讳向之妹。府君讳辅成,春陵人,祥符九年进士及第。居官有清节,夫人左右之,衣弊饭疏,忻忻如也。性慈惠,平居喜为阴德事。生男曰惇颐,女曰季淳,嫁进士陆若逾,一岁而亡。惇颐幼孤,自立好学不群。府君既没,夫人挈其孤归舅氏,舅氏爱之犹己子。既壮,行义名称,有闻于时。夫人寿五十五,景祐四年七月十六日卒,因葬于润州丹徒县龙图公之墓侧。后二十年水坏墓道,惇颐以虞部郎中为广南东路提点刑狱,乞知南康军,遂迁夫人之榇,窆于江州德化县庐阜清泉社三起山,熙宁四年十二月十六日也。夫人赠仙居县太君,有幼孙二人,曰寿、焘,皆爽迈,与群儿异。族孙蕃,孝敏好学,力干襄事,志识殊远,善庆之余也,周氏其兴乎。虞部君语予曰:"吾后世子孙,遂为九江濂溪人,得岁时奉夫人祭祀,无憾矣,子为我铭。"

繇约而起,其祉则蕃。厥蕃维何,不在其身,在其子孙。③

周茂叔先生墓志铭(熙宁六年)

吾友周茂叔讳惇颐,其先营道人。曾祖讳从远,祖讳知强,皆不

---

① 《嘉靖九江府志》卷三,天一阁藏明代方志丛刊本。
② 《同治德化县志》。
③ 《周敦颐集》,岳麓书社2007年版。本卷以下未标明出处者同出此书。

仕。考讳辅成，任贺州桂岭县令，赠谏议大夫。

君幼孤，依舅氏龙图阁学士郑向。以君有远器，爱之如子。龙图公名子皆用惇字，因以惇名君。景祐中，奏补试将作监主簿，授洪州分宁县。君博学行己，遇事刚果，有古人风，众口交称之。部使者以君为有才，奏举南安军司理参军。转运使王逵以苛刻莅下，吏无敢可否。君与之辨狱事，不为屈，因置手版归，取诰敕纳之，投劾而去。逵为之改容，复荐之，移郴令，改桂阳令，皆有治绩。用荐者迁大理寺丞，知洪州南昌县。其为治精密严恕，务尽道理，民至今思之。改太子中舍，佥判，覃恩改虞部员外郎，通判永州。今上即位，恩改驾部。赵公抃入参大政，奏君为广南东路转运判官，称其职，迁虞部郎中提点本路刑狱。君尽心职事，务在矜恕，虽瘴疠僻远，无所惮劳，竟以此得疾。恳请郡符，知南康军，未几，分司南京。赵公抃复奏起君，而君疾已笃，熙宁六年六月七日卒于九江郡之私第，享年五十七。

君笃气义，以名节自处。郴守李初平最知君，既荐之，又赒其所不给。及初平卒，子尚幼，君护其丧以归，葬之。士大夫闻君之风，识与不识，皆指君曰："是能葬举主者。"君奉养至廉，所得俸禄，分给宗族，其余以待宾客。不知者以为好名，君处之裕如也。在南昌时得疾暴卒，更一日一夜始苏。视其家，服御之物，只一敝箧，钱不满数百，莫不叹服。此予之亲见也。尝过浔阳，爱庐山，因筑室溪上，名之曰濂溪书堂。每从容为予言："可止可仕，古人无所必，束发为学，将有以设施，可泽于斯民者，必不得已，止未晚也。此濂溪者，异时与子相从于其上，歌咏先王之道，足矣。"此君之志也。尤善谈名理，深于易学，作《太极图》、《易说》、《易通》数十篇，诗十卷，今藏于家。母郑氏，封仙居县太君。娶陆氏，职方郎中参之女。再娶蒲氏，太常丞师道之女。子二人，曰寿、曰焘，皆补太庙斋郎。以其年

十一月二十一日,窆于德化县德化乡清泉社母夫人墓左,从遗命也。寿等次列其状来请铭,乃泣而为之铭,铭曰:

人之不然,我独然之。义贯于中,贵于自期。谆谆日甚,风俗之偷。乃如伊人,吾复何求。志固在我,寿则有命。道之不行,斯谓之病。①

◎ **蒲宗孟**,字传正,阆州新井人。皇祐五年进士。历翰林学士兼侍读、知汝州等。

濂溪先生墓碣铭(熙宁六年)

始,予有女弟,明爽端淑,欲求配而未之得。嘉祐己亥,泛蜀江,道合阳,与周君语,三日三夜。退而叹曰:"世有斯人欤,真吾妹之敌也!"明年以吾妹归之。

周君世为营道人,始名惇实,避英宗藩邸名,改惇颐。曾祖从远,祖智强,皆不仕。父辅成,贺州桂岭县令,累赠谏议大夫。母郑氏,仙居县太君。君少孤,养于舅家。郑舅为龙图阁学士,以恩补君试将作监主簿。自其穷时,慨然欲有所施,以见于世,故仕而必行其志,为政必有能名。初从吏部调洪州分宁主簿,未几南安狱上,屡覆。转运使荐君为南安军司理参军,移郴州郴县令,又为桂阳令。分宁有狱不决,君至,一讯立辨。邑人惊诧曰:"老吏不如也!"南安囚,法不当死,转运使欲深治之。君争不胜,投其司理参军告身以去,曰:"如此尚可仕乎!杀人以媚人,吾不为也。"转运使感悟,囚卒得不死。自桂阳用荐者言,改大理寺丞,知洪之南昌。南昌人见君来,咸曰:"是能辨分宁狱者,吾属得所诉矣!"君益思以奇自名,屠奸剪弊,如快刀健斧,落手无留,富家大姓,黠胥恶少,惴惴怀恐,

---

① 《全宋文》卷1513,第69册。

不独以得罪于君为忧,而又以污善政为耻也。江之南九十余邑,如君比者,无一二。改太子中舍,金书合州判官事,转殿中丞,赐五品服。一郡之事,不经君手,吏不敢决;苟下之,民不肯从。蜀之贤人君子,莫不喜称之。今资政殿学士赵公为使者,小人阴中君,赵公感,比去,尚疑君有过。嘉祐中,转国子博士,通判虔州。赵公来守虔,熟视君所为,执君手曰:"几失君矣,今日乃知周茂叔也!"英宗登极,迁尚书虞部员外郎。虔大火,焚其州,改通判永州,转比部员外郎。今上即位,迁驾部员外郎。熙宁元年,擢授广南东路转运判官。三年转虞部郎中,提点本路刑狱。君以朝廷蹟等见用,奋发感厉,不惮出入之勤,瘴毒之侵,虽荒崖绝岛,人迹所不至处,皆缓视徐按,务以洗冤泽物为己任。施设注措,未及尽其所为而君已病矣。病且剧,念其母未葬。求南康以归。葬已,君曰:"强疾而来者,为葬耳!今犹欲以病汗麈绂耶?"上南康印,分司南京。赵公再尹成都,闻君之去,拜章乞起君。朝命及门,疾已革。熙宁六年六月七日卒。卒年五十七。

　　嗟乎!茂叔命止斯乎!先时以书抵宗孟曰:"上方兴起数百年无有难能之事,将图太平天下,微才小智,苟有所长者,莫不皆获自尽。吾独不能补助万分,又不得窃须臾之生,以见尧舜礼乐之盛。今死矣,命也。"其语如此,呜呼!可哀也已。初娶陆氏缙云县君,再娶吾妹德清县君。二子寿、焘,皆太庙斋郎。君自少信古喜义,以名节自高。李初平守郴,与君相好,不以部中吏待君。初平卒,子幼不克葬。君曰:"吾事也!"往来其家,终始经纪之。虽至贫,不计赀恤其宗族朋友。分司而归,妻子饘粥不给,君旷然不以为意也。生平襟怀飘洒,有高趣,常以仙翁隐者自许。尤乐佳山水,遇适意处,终日徜徉其间。酷爱庐阜,买田其旁,筑室以居,号曰濂溪书堂。乘兴结客,与高僧道人跨松萝,蹑云岭,放肆于山巅水涯,弹琴吟诗,经月不返。及其以病还家，犹篮舆而往，登览忘倦。语其友曰："今日出处无累，正可与公等为逍遥社，但愧以病来耳！"君之卒，四月十六日，二甥求吾铭，将以其年十一月二十一日葬君于江州德化县德化乡清泉社。吾尝谓茂叔，为贫而仕，仕而有所为，亦大概略见于人，人亦颇知之。然至其孤风远操，寓怀于尘埃之外，常有高栖遐遁之意，则世人未必尽知之也。于其死，吾深悲焉。故想象君之平生，而写其所好，以寄之铭云。铭曰：

庐山之月兮暮而明，溢浦之风兮朝而清。翁飘飘兮何所琴，悄寂兮无声。杳乎欲诉而冥问，浩乎欲忘而难平！山巅水涯兮，生既不得以自足，死而葬乎其间兮，又安知其不为清风白月，往来乎深林幽谷，皎皎而泠泠也。形骸兮归此，适所愿兮，攸安攸宁。

按：朱熹曾删节此文中"自其穷时，慨然欲有所施，以见于世，故仕而必行其志，为政必有能名"，"君益思以奇自名，屠奸剪弊，如快刀健斧，落手无留"，"先时以书抵宗孟曰：'上方兴起数百年无有难能之事，将图太平天下，微才小智，苟有所长者，莫不皆获自尽。吾独不能补助万分，又不得窃须臾之生，以见尧舜礼乐之盛。今死矣，命也。'其语如此"，"君自少信古喜义，以名节自高"，"生平襟怀飘洒，有高趣，常以仙翁隐者自许。尤乐佳山水，遇适意处，终日徜徉其间"，"乘兴结客，与高僧道人跨松萝，蹑云岭，放肆于山巅水涯，弹琴吟诗，经月不返。及其以病还家，犹篮舆而往，登览忘倦。语其友曰：'今日出处无累，正可与公等为逍遥社，但愧以病来耳'"，"吾尝谓茂叔，为贫而仕，仕而有所为，亦大概略见于人，人亦颇知之。然至其孤风远操，寓怀于尘埃之外，常有高栖遐遁之意，则世人未必尽知之也。于其死，吾深悲焉"等段落，虽为尊者讳，于其情性风貌则不免有所隐没焉。

◎孔文仲,字经父,临江新喻人。累起居舍人,擢左谏议大夫。
墓祭文
呜呼!童蒙之岁,随宦于洪。论父之执,贤莫如公。公年壮盛,玉色金声。从容和毅,一府皆倾。公贰永州,尝以旅见。公貌虽衰,不以忧患。主簿江西,公使于南。视公如得,岂进之贪。二十年间,再觌长者。虽云不屡,意则输写。庐山之麓,是曰九江。皆非土人,来寓其邦。此愿彼期,终为邻里。如何今归,乃吊公子。

呜呼!公之平生,耻不名时。壅培浸灌,厥闻大驰。有文与学,又敏政事。绝今不比,伊傅自视。出其毫纤,以惠百城。千里之足,寻尺于征。民瘵已瘳,自病易州。谓宜复骋,遽掩一丘。公之于人,惇笃久长。有志无年,孰闻不伤。况如不肖,辱公知厚。通家之密,中外之旧。再拜墓下,矢哀以词。情长韵短,续以涟洏。

◎孔武仲,字常父,临江新喻人。历礼部侍郎、知洪州等。
祭周茂叔文
呜呼!先君之壮,实难取友。逢公豫章,握手欢厚。二十余年,不知其久。险夷之途,道义同守。盖公之行,坦坦其诚。仁于鳏寡,信于友朋。不戚于贫,志气内足。不挠于势,廷争面触。施之吏治,或猛或宽。视俗张弛,民讴翕然。既敏以明,学问又笃。纵横驰骤,瀚漫潴畜。先儒论撰,嵌崎诘曲。独纂圣微,浸酿醇熟。有书可传,万世之读。惟愚不肖,幼也侍侧。公故怜之,以勉以饬。称誉所长,以灌以植。确如一朝,不见厌斁。公之始终,明白纯备。宜享遐年,显大当世。如何不幸,缠疾艰蹇。苦瘴日侵,遂以没地。报酢如此,孰晓天意。庐山之阴,松柏苍苍。归厝其丘,日吉辰良。悲号一诀,万世之长。宁不我顾,有酒盈觞。追怀平生,曷日而忘。①

◎ **何子举**,婺州永康人。淳祐七年进士。曾知赣州。
濂溪先生墓室记(宝祐三年五月)

先生世家舂陵之濂溪,今以故里名行于溢,盖袭舂陵旧耳。自先生讲道此邦,距今几二百年,流风所渐,民醇俗鲁。其为士也愿而文,过化之盛,非止家藏书、人诵言而已。邦人瞻仰有祠,学聚有堂,墓道有表碣,阙而未举,惟春秋之祭,俎罍班榛荆,衿佩濡露雨耳。

宝祐癸丑,制帅陈公梦斗以南豫学子典郡事。二年间,恩浃和集,以公于己者公于人,克臻暇裕于缩迫中,将以余力起废坠,乃諏急先,命理掾鸠工,筑室墓右,逾时告成。萃宾僚相祀,妥厥像于中,冠屦肃穆,光霁洋洋如生也。竣事,命某有以识。

夫《图》、《书》之妙,中天日月,天下见道,即见先生。室之筑特以寄瓣香、勺齐之敬耳,尚何言以藻绘斯道?抑某反复左丞蒲公宗孟铭先生墓,不能不扼腕于仲尼日月也。其言曰:"先生疾革时,致书某:上方兴起数千百年无有难能之事,将图太平天下,材智皆图自尽,某独不能补助万分之一。又不能窃须臾之生,以见尧舜礼乐之盛。今死矣,命也。"嗟乎,有是言哉!先生之学,静虚动直,明通公溥,以无欲为入圣之门者也。穷达常变,漠无系累,浮云行藏,昼夜生死,其所造诣,夫岂执世俗、恋荣偷生之见者所可窥其藩?言焉不择,左丞尚得为知先生者?然则先生之道,岂固信于来世,而独不知于姻亲者哉?按左丞,党金陵者也。方金陵倡新法,毒天下,熏心宠荣者,无虑皆和附一辞,所其其不然,惟特士醇儒未可以气力夺。左丞所云"兴起数千百年无有难能之事,吾独不能补助"者,得无影响

---

① 《全宋文》卷2195,第100册。

借重,为新法厚自扳援者耶? 牟叔遐征里粟,议者难之,遂借其说于子产。徐逢吉以河内寇为平民,预引更生之对实其事。自古贸乱是非,往往一辙。若左丞者,设易箦之言,坚金陵无复忌惮之心,腾自欺之舌,诬先生于无从究诘之地,其为毁墓求合,罔世塞道,又罪浮于臧仓者也。因辩识末,以质于当世君子。又一年五月既望,后学金华何子举撰并书,建安翁甫题额。

二、历代修祀

【纪事】延祐二年,大儒吴澄寓居江州,祭先生之墓。

◎吴澄,字幼清,抚州崇仁人,人称草庐先生。至治三年拜翰林学士。

祭周元公濂溪先生墓文(延祐二年)

呜呼! 悟道有初,适道有途。先生之图,先生之书。昭示厥初,维精匪粗。坦辟厥途,维约匪纡。人生而静,所性天性。物感而动,所用天用。未量布帛,分寸在度。未程重轻,铢两在衡。风虽过河,水弗兴波。形虽对镜,镜弗藏影。动而凝然,静而粲然。唯一故直,唯一故专。道响绝弦,千数百年。学要一言,洙泗真传。有性无欲,有一无二。猗嗟效勋,久莫克至。先生之道,万世杲杲。展拜墓前,如亲见焉。庐山峙南,大江流北。仰之弥高,逝者不息。①

按:据《吴文正年谱》,延祐二年十月,吴澄从建康回江州,寓濂溪书院,南北从学者百余人。十一月庚寅,祭周元公墓。

---

① 《全元文》卷522,第15册。

【纪事】正统元年七月十七日,顺天府推官徐郁奏请褒修周敦颐祠墓,优恤其后裔。奏上,下六部都察院议,如所奏,从之。"其墓在九江府德化县,原系异省,程途远隔,子孙往彼祭谒,经过府州县、巡司、驿递等衙门,依礼供给廪食,应付船马、人夫。"①

【纪事】景泰七年,周敦颐十二代孙周冕授翰林院五经博士,还乡以奉周子祀事,且致祭于九江。

◎周冕,《明史·儒林传》:周冕,先贤元公周子十二代孙也。其先道州人,熙宁中,周子葬母江州,子孙因家庐山莲花峰下。景泰七年,授冕翰林院五经博士,子孙世袭,还乡以奉周子祀事。卒,子绣麟袭。卒,子道袭。卒,子联芳袭。卒,子济袭。卒,从弟汝忠袭。卒,子莲应袭。

九江致祭

惟我鼻祖,宋儒先觉。克承邹鲁,以启河洛。壮则游宦南康,终则安厝庐岳。历代加赠,有功道学。迨至圣明,崇德象贤,子孙袭爵。冕等今承檄召,来自乡国,祀守先陇,孝思惟则。远具脯醢,肃将牲帛。馨竭衷忱,致陈幽宅。神若永存,庶知歆格。以鼻祖妣陆氏、缙云县蒲氏、德清县君侑食。尚飨。②

---

① (明)李桢:《濂溪志》卷五,《濂溪志八种汇编》,湖南大学出版社 2013 年版,第 176 页。

② (明)李桢:《濂溪志》。

◎雷复,字景易,湖广宁远县人。正统元年进士。成化间巡抚山西。

谒九江墓

慕生先生之乡,旷望乎百世之下;履先生之墓,□慨乎有世之前。前乎百世绝学,赖先生以继;后乎百世斯文,赖先生以传。生意犹存,蔼蔼庭交之草;春风尚存,亭亭手植之莲。呜呼!庐山苍苍,九江汤汤,先生之风,山高水长。[1]

【纪事】弘治二年,知府童潮修葺濂溪墓,创祠堂一所于墓前,绘像其中,又别建爱莲堂三间,室前凿三池,植莲于内,前祠门一所,匾曰濂溪先生墓,外又置民田地山塘四十七亩一分零,给付本郡道纪司,收其所入,以供祀事。继任知府陈哲更置腴田十亩以相之。

◎童潮,字信之,慈溪人。成化十一年进士。知祁州,弘治初知九江府。

濂溪先生墓祠堂记(弘治二年)

宋濂溪周茂叔先生墓在郡城南清泉乡栗树岭之下,迄今五百余年,所谓濂溪书院,则在其北,相违五六里许。春秋释菜之事,多行于书院,而墓则罕谒焉。潮莅郡,展礼于书院,因至墓所,林木覆蔽,榛棘丛生,不能别视,乃命役人剪薙以入,而墓塚累然始见。按年表,宋熙宁辛亥,先生闻母仙居县太君郑氏墓为水所啮,乞知南康军,改葬庐阜清泉社三起山,次年壬子,上南康印绶,就庐阜书堂定室归之。又次年癸丑,先生不禄,就葬仙居县太君墓左,配陆氏缙云

---

[1] (明)胥从化:《濂溪志》。

县君、继配蒲氏德清县君墓皆在是。於乎，先生之碧，既化于斯，神岂远乎？曷不于此祀之？于是庀材命工，创祠堂一所于墓前，堂凡三间，尸先生像于中，扁曰宋元公濂溪周先生，祠中又别建爱莲堂三间，室前凿三池，植莲于内，本其所爱也。前祠门一所，匾曰濂溪先生墓，外又置民田地山塘四十七亩一分零，给付本郡道纪司都纪蔡玄微掌领之，收其所入以为祀事之需。此皆出于公帑之羡者，毫发不渔于民也。数年春秋祭祀，皆牲于其中，祭毕瘗于墓而归。潮惟先生本道州人而簿分宁，知南昌，又知南康军，皆我一方之地，而又没于此焉，则此地亦为先生之阙里也。先生发伊洛之源，上继洙泗千载不传之绝学，而太极之图，易通之书，直与六经相表里，其功之大，自孔子以来未有也。先生已从祀孔子庙庭矣，兹坟墓所在之地，学先生学而禄于斯者，可忘其功而不为立祭田祭所以报其本乎？礼，乡先生，尚祭于社，先生没于此地而祭于此地，岂曰过乎？志有朱子祠堂记、画像记，载先生事实甚详，末学敢赘言以蹈潘氏铭墓之讥？聊取建堂置田年月，记于石上，使后有所考云。①

◎陈哲，山阴人。成化八年进士。据《嘉靖九江府志》卷五，弘治间任九江知府。弘治二年，童潮任知府，之后为张咨，张咨之后即为陈哲。

濂溪先生祭田记

祭以崇德报功，匪细事也。祭或无田，牲杀所须，笾豆筐实之所供，奚自乎出？出无常所，则趋苟简事文，具祀或有时而废矣。夫自秦汉而下，士不知道，先生起自舂陵，始倡鸣之，其有功德于民生甚大。虽从祀庙庭，为天下通祀，然九江实过化之地，且体魄斯藏如阙

---

① 《嘉靖九江府志》卷十六，天一阁藏明代方志丛刊本。

里、考亭然者。其可废祀事、趋苟简乎哉？此先守童君潮祭田所由置也。顾惟田止二十亩，地如之，所入无几，予恐祀事或趋乎苟简，谋诸同寅二守陈君垲、通府李君文、推府蔡君昂，相与更置腴田十亩以相之，庶几可以无虑矣。或曰："昔阙里有赐田，考亭有祀田，皆勒其田形界至于石，以为久远计，所以重祀事、重斯道也。兹坚珉在庭，镌者俟命，可无一言以记之？"予曰："然。"遂书此以付从事。其田若地之形势、四至，并守庙者姓名，则列诸下方云。①

【纪事】弘治十年，江西按察司佥事王启呈详巡抚江西都御史林俊，修理书院，筑濯缨、爱莲、光霁、交翠四亭，于道州查取周敦颐之裔孙周纶来守祀事。

◎查取后裔赴九江守墓公檄

江西按察司佥事王启呈详巡抚江西都御史林公俊，为崇奉先贤，激励风教事，本职于弘治十年，巡历至九江府，据府呈详：宋儒周元公先生，世家道州，因过浔阳，爱其山水之胜，遂筑书堂于庐山之阜，今在本府德化县十里许。至于其没，又葬于栗树岭下，仅去书堂五里许。先生之母与其夫人皆葬在内，则先生之魂魄固安于是矣。虽极崇奉如孔庙、阙里，亦不为过。自宋郡守潘慈明重修书堂，朱文公曾为之记。及文公出守南康，先生子孙自九江奉《爱莲说》墨本于文公，则知当时曾有子孙。至我朝代巡徐杰、项璁，副使焦竑、陈玠，两次修葺祠院，今皆圮坏，其子孙亦无一人为守祀事，惧无以奉先贤而光文治。今欲修理书院，并筑濯缨、爱莲、光霁、交翠四亭，以致景行之私，或买田数顷，或量拨白鹿洞租谷数百斛，请先生子孙一

---

① 《嘉靖九江府志》卷十六，天一阁藏明代方志丛刊本。

人来守祀事等因。

奉院批：行江西提学道计议停当具覆。

江西提学副使邵宝议曰：……（另见正德丙寅邵宝题奏）

院批：俟分巡道沈副使议到再议。

分巡道副使沈议曰：修建书院、祠堂应行。南昌、吉安、抚州、临江、饶州五府，丰城、进贤、新淦、吉水、泰和、余干、金溪、新喻、乐平、安仁十县各掌印官，于存留三分数内捐十之一，送九江府买材鸠工，则官不费而民不劳。其查取子孙守墓，应咨湖广布政司，用心查取真派子孙，供费县食而来云云。

湖广布政司行永州府道州查取周子真派子孙，供费县食，前往九江守祀。弘治十六年七月二十一日起送庠生周纶前往九江府德化县守元公墓。①

【纪事】正德元年，江西提学副使邵宝奏请朝廷赐以春秋二祭定式，令有司以时行事，并于邻近拨给田数十亩，以为裔孙守墓之赡。

◎钦赐崇祀

正德丙寅，江西等处提刑按察司提督学校副使邵宝奏：

臣切照九江府德化县南莲花峰下，有宋儒周惇颐墓，其东北数里有濂溪书院，亦为惇颐建。臣始视学至九江，考检志传，特诣吊谒，见得墓虽仅葺，而书院久荒，重兴慨叹。比者知府刘玘、高友玑等，因分巡佥事王启等，区画委属，时加修理，墓与书院渐次就完。

---

① （清）吴大榕：《道国元公濂溪周夫子志》卷十一，《濂溪志八种汇编》，湖南大学出版社2013年版。

又奉巡视都御史林俊、行布政司林泮等众议,于湖广道州取其裔孙周纶迁来守奉,三四年间,臣屡至吊谒,起敬生慕,大非旧比。盖圣明崇儒重道,化被中外,而监司、守令奉行惟谨,臣窃庆之。谨按周敦颐生于有宋,上契列圣,下启群儒,语其时贞而后元,论其地大而将化。开人之功,万世永赖,无庸赘述。乃若九江之地,生寓精神,没藏体魄,实与故里相类。顾百年以来,墓与书院久废初复,而祀不在典,诚为未称。惟昔范文正公生于苏而葬于洛,二处皆有祠祀,崇名相也。岳武穆王生于相而葬于杭,二处皆有祠祀,崇名将也。我国朝于复心勋德,礼数加隆而至于如此,识治君子皆以为当,况道学大儒如惇颐哉!惇颐之后,称大儒者曰朱熹,贯于婺源,产于建阳,祀祭之典二处兼举。臣愚窃谓惇颐之于九江,如婺、如建,当比其一。今墓与书院既各修理如故,蒙圣明重念周氏之学为世宗师,表章旷坠,实系观望,乞敕礼部查检朱熹婺源、建阳事例,就令书院赐以春秋二祭定式,拟祝行令有司以时行事。仍于邻近无碍田内拨给数十亩,以为裔孙守墓之赡。非特为一方斯文之观,实天下万世志幸也。臣承乏教事,钦承敕谕,以崇正学为要,惟兹祀事,实其一端,虽惧烦渎,不敢不请。臣无任战栗之至。奏。

奉圣旨:是。[①]

◎九江墓祭(宪文)

惟公阐明道学,上稽古先。指授图书,下开统绪。功绍六籍,名垂两间。体魄攸藏,光霁如在。兹维仲(春、秋),荐事有期。国典肇称,司存是寄。骏奔敢后,向往弥深。尚飨。

---

① (明)李桢:《濂溪志》卷五,《濂溪志八种汇编》,湖南大学出版社2013年版,第177页。

按：《嘉靖九江府志》卷八记载：周濂溪祠，在庐山之麓，旧为书院。国朝正统初，有司肖濂溪先生像于内祀之，后荒芜。弘治间大新之，典仪俱备，事详书院并墓志。时提学副使邵宝奏于朝，其疏曰：……上可其奏，令春秋祭如仪，以程颢、程颐配之。颁祭文曰："惟公阐明道学"云云。

【纪事】正德六年，九江知府李公重建缭垣，增饬庙宇。七年，知府宋君复修葺之，增田二十亩以供祀奉。

◎廖纪，字时陈，河北东光人。弘治三年进士。嘉靖三年任吏部尚书。

重修濂溪先生墓记（正德七年）

濂溪周先生墓在九江郡南十里许，其境最幽胜。先生世为湖广营道人，任南康郡守时，爱庐山风景，不殊梓里，筑书院于山之麓，时与二程先生讲道其间。熙宁四年，迁封仙居县太君郑氏母夫人之窆于清泉社莲花之岑。越明年，先生卒，附于夫人之左。夷考先生，应五星聚奎之运，崛起于宋天禧间，毅然继孔孟之绪，倡道学之功，泄造化之机，发圣贤之秘，历吏治之事，具载前人，朱晦庵有记，胡五峰有序，潘南丰有志，赵清献公辈有题辞，见诸名世大儒手笔居多，后学不敢复僭赘也。呜呼！溯先生之墓，肇自熙宁六年，逮今五百四十余年。此墓委于榛莽，谒者多叹息。二年，九江守慈溪童公集石修治，耸然可瞻仰。正德辛未，今守蔚州李公重为缭垣，增饬庙宇，规制虽秩，然而墓之礓瑰尚罅，马鬣尚缺，埏埏尚有凸凹，潴潦氲豢，又或灌溉而蹂躏，浸弊若此，乌足妥先生之神灵哉？

正德壬申春，户部主事靖州宋君来司国计，谒文庙之明日，往拜先生墓下。因览山川，寻故考实，谓瞻仰有像，展礼有庙，修荐有树，环卫有垣,供祀有田,守祀有十三代孙纶者,墓犹如此,揆先生神灵,或未妥也。由是宋君慨然任起废之责任,捐公廪,陶甓数万,佣工经营,越两月毕,行释菜礼告成。于是罅者塞,缺者完,凸凹者夷,灌溉蹂躏者泻而禁,种种完固,山川改观,足成庙貌,而允妥先生神灵矣。君又谓祀有田,第未赡,厥子孙复券置墓前田二十亩,以赡守祀。夫宋君是心也,怀贤向道,即晦庵朱先生每历郡县,辄访先生祠墓,汲汲表章而尊崇之,使天下知圣贤道在天地,自不可一日忘者欤?呜呼!濂溪先生道在万世,崇比阙里,亦不为过。但世之宦游者,举因陋就简,习常安故,如宋君之住意尊崇者,能几何人?继自今始,凡读濂溪先生书,仰其人当思踵其迹,诵其言当思践其行,穷则身体先生所谓学颜子之学,达则力行先生所谓志伊尹之志。相与勉之,何患圣贤之道不明不行也哉?谨书此,以告来学云。①

按:"蔚州李公",指李从正。《嘉靖九江府志》卷七:李从正,字时中,山西蔚州人。由举人历任礼部郎中,正德间升九江知府。练达有为,不沮权势。

◎**傅楫,字定济,泉州南安人。弘治中授行人。**
重修祠堂增置墓田记
　　皇明正德辛未春,予游九江之匡庐山,父老辈欣欣然指顾曰:"腋庐而峰者,为莲花峰;颐峰而岭者,为栗树岭。"宾庐距峰之岭而肖,主厥墓者,营道周濂溪先生也。窆左母太夫人郑仙居县君者,从遗命也。去墓下三十步有祠,志铭颠末于祠之下者,先生友行潘君兴嗣也。去祠七里有濂溪,不他名而仍营道濂溪者,先生不忘故里心也。溪上筑室,榜以濂溪草堂者,先生来二程讲道处也。堂下撰

---

① (明)胥从化:《濂溪志》,《濂溪志八种汇编》,湖南大学出版社2013年版。

记寿石者,南康太守仲晦先生也。厥土坂德化清泉社,隶九江府,相远仅十里许。数百年来,兵燹继至,朝代交谢,有墓无祠,有祠无祀,有祀无子孙奉守之。我国朝相传一博士公,仅奉守营道祠祀者。庚戌,浙东童公潮始置祭田,越戊午,陈公哲增置之,高公友玑亦然。癸亥,都宪莆田林公俊始柬营道博士公,求分派为奉守主。又明年,提学副使锡山邵公宝,奏准例朱仲晦两下祀事。自兹祠有,祀有,而奉祀者兼有之也。祠如式,祀额羊一、豕一,春秋行也。奉守者为先生三十八代孙伦其人。逮今又十年,岁有常祀,祠宇不葺,神将何栖? 奉守有人,祀田寖废,额办何自? 间有二三君子雅重怀之,或艰于岁时之不登,或阻于去就之靡常,或缓于志力之不勇,悲夫!

正德庚午春,新安汪公渊来同知府事。明年春,汪公惠以朝觐北上,兴举罔克就。公一日喟然叹曰:"我辈学者,赖先生之南,明道德,由礼义,牧郡土,位大夫,此事不为,更为何事?"遽振衣而起,相视墓所,计工审力,附山求材,琢石树墓,大书"濂溪先生"四字,刻于土,深近寸许。复增置祭田如后数,丘亩于碑之阴,殷勤斡旋其间,不减家事。呜呼! 汪公之心,其林、邵诸公之盛心乎? 伦征记于余。余不揣固陋,特述父老公论以实之,俾后之君子苟克奋起是心者,有所仿焉。①

【纪事】嘉靖三十八年,江西巡抚何迁命九江知府朱曰藩修葺濂溪墓,增置门堂,翼以两封,又于濂溪祠侧构号舍二十四间,以处诸生之来学者。

---

① 《濂溪志八种汇编》,湖南大学出版社2013年版。

◎朱曰藩，字予介，号射陂，江苏宝应人。嘉靖二十三年进士。曾任九江知府。

九江府重建濂溪书院碑（代作）

正其谊不谋其利，明其道不计其功，仲尼之家法也。周子曰："万世王祀夫子，此在后人追崇素王之功，教思无穷耳，乃夫子何与是哉？"夫子之言曰："人不知而不愠。"又曰："遁世不见，知而不悔。"此其下学上达，自得于知天之妙者，方且声臭俱泯，外物曷足以尚之。濂溪先生者，世家道州营道县濂溪之上，卒葬九江，故九江建濂溪书院以祀先生，礼也。书院在府治之东一里许，予历九江，首谒先生，入书院，升其堂，睹厥庙貌不足以妥先生祀事，重令所司建之，时嘉靖己未十月朔日云。越明年，庚申三月，来书院，渐报成事，乃择九江诸士子读书书院中，俾学官董之，以讲周子之学。乃周子何与于是哉？自孔颜以来，以迄周子、二程子，道统明已。程氏门人记二先生语曰："昔授学于周茂叔，每令寻仲尼颜子所乐何事。"而明道又曰："自再见周茂叔后，吟风弄月以归，有吾与点也之意。"由是上溯孔门千载绝学，始有端绪，回曰不改，夫子曰在中，所谓乐则行之，忧则违之者也。夫子许回曰："唯我与尔有是夫！"信哉！先生幼孤，为母舅龙图学士郑公珦所器，郑公名子皆用惇字，因以惇名先生。先生博学行己，问道甚早。尝作《太极图》、《易通》、《易说》数十篇，后以郑公奏，试仕至广南东路提点刑狱公事。先生为政精密严恕，务尽道理。在南安，年少不为守所知，在合州，为人所谗，不为赵公抃所知，先生处之超然也。大抵先生出处本意，不卑小官而乐于求志。在九江，筑室溢浦，以濂溪之名寓之，谓友人曰："可仕可止，古人无所必。束发为学，将有以设施，可泽于斯民，必不得已，止未晚也。此濂溪者，异时与子相从于其上，歌咏先王之道，足矣。"先生此志，所谓"人在不知而不愠"者邪？"遁世不见，知而不悔"者邪？宋黄庭坚氏亦谓先生胸中洒落，如光风霁月，孔颜真乐，端在是矣。而陆子静则曰："后来明道此意却存，伊川已失此意。"矧至今日，君子弗求自得，动辄高于古人，曰："圣夫！"谓吾有志于圣可也，谓挟圣以自大，不可也。始乎为士，终乎为圣人，中间至之之方，宜何如哉，而讵曰"予圣"？譬之论乐曰："声依永。"非有所安排布置而然也。若谓圣可以安排布置，不几于永依声乎？圣门之学不如是也，要在求志以验其所得之实。为书院成，因令有司行释菜礼以祀先生，并以说诸士子之来游者。①

◎ 余文献，字伯初，德化人。嘉靖甲辰进士。除兵部主事，仕至浙江参政。有《九匡集》。

修濂溪墓祠记（嘉靖）

往嘉靖戊申岁，今楚郡何公在南都时，同署多问学于公所，固各有所劘，总之不离无欲之旨云。已而语献曰："顷适君九江时，南出谒濂溪先生祠，稍转而东谒先生墓，亦有祠寺。守者曰：'道国祔葬母太君左，二夫人亦祔。'予低回四睇，薘薘而封者一耳，何也？"献曰："闻先生少孤，母郑氏依舅氏，葬润州；润苦水，先生乃改今所。吉水罗君曰："先生既祔母左，二夫人必祔姑矣。太君窆当在中。"公曰："吾意良与罗君同。"公又曰："相传先生雅爱匡庐，故依依而终老焉；即如此，营道非邱垅地耶？"献曰："方先生之甫构堂也，语友人曰：束发为学，将以施设泽民，必不得已，止未晚也。此顾依依匡庐者耶？谱谓先生有兄砺奉于邱垅，又次丁留江州，则先生之志又曷尝一日忘营道耶？"公曰："吾意与君同。"献因问公以先生之学本旨安在？公曰："本旨在无欲。夫古今言学者，人人殊矣，百家皆

---

① （明）朱日藩：《山带阁集》卷二十九，《四库存目丛书》集部110册。

有欲，惟圣学无欲，应物变化，胸中常一而不有耳。嗟乎，此岂见解而以意摽剥者哉！故先生之蕴，虽图书不能尽其意，如或出或处，或去或终老而不返。大率此可见者耳。是足以尽先生乎？"献曰："乃今知公时时论无欲者，本诸此。"丁巳岁，上拜公都御史，抚我江土。己未冬，下郡守朱君曰藩经纪墓祀，通判邵元、推官杨徽、知县林时芳相继课护之，乃增置门堂，翼以两封，泐者完，桥堕者甃，漫漶者腰，三阅月，工告成，公皆有题。题正堂曰："斯文中兴。"呜呼，制亦稍备矣。又正祠左侵地五丈，构号舍二十四间，以处诸生之来学者。公题其堂曰："无极。"无极即无欲之体云。公以言抵献曰："君实土著濂溪之滨，且往年语墓制亦有自今宜纪之。"献执书叹曰："士尝恨靡有所闻，献得闻教于公，所业已十年往矣，循习犹故吾也。今而后，宁复冀有尺寸进乎？诗曰：景行行止。我实不行，终将安止哉？"以故论次往昔所闻，以志吾悔，亦以告来者，使知公事先生之学在本原，匪直在崇重云。公所著有《友问集》，羽翼周子之学甚力，士多传，不具记。①

◎ **何迁**，字益之，号吉阳，德安（今湖北安陆人）。嘉靖二十年进士。曾任九江知府，后又巡抚江西。

谒元公祭文

呜呼！先生之学，妙契先天。图书之善，大道彰焉。以继往圣，以开后贤。混沦再辟，永衍正传。庐山之麓，祠墓森然。春秋祗荐，仪典相沿。迁夙志圣学，仰慕有年。兹倅是邦，益激惓惓。卜吉展拜，薄陈豆笾。谁其配之，明道伊川。呜呼！先生往矣，神弗俱湮。

---

① 《同治德化县志》卷十一，台湾成文出版社 1970 年版。

冀牖我明,冀鉴我虔。尚飨!①

【纪事】乾隆三十年,学使周煌清查濂溪墓田,且增置之。

◎周煌,字景垣,涪州人。乾隆二年进士。曾任江西学政。

增置濂溪祠墓田记(乾隆三十年)

濂溪先生生于道州,卒于南康,前明学使者邵宝疏曰:九江之地,生寓精神,没藏体魄,与故里相类。九江实南康军也。乙酉夏,余从星子赴浔郡,欲展谒先生祠墓,而驺从未省所在,相距数里,未得一至焉,至今犹以为恨。按志,墓在德化乡郑太夫人墓左,两夫人祔墓,下有祠,去墓七里石塘桥有湖,湖上为濂溪草堂,自宋及明,屡有修建并著祀典,咨取道州正派供祀,置祭田。其始自道州来者曰周纶,乃先生十三世孙,不数载仍归道州,所有遗业,日就芜没。承袭祀生周士爵稍加清理,嗣世微弱,遂使祭田湖港,悉被侵渔,寥落之感,不独在士类也。试毕,稔知德化教谕周鸿基躬先倡率,经理湖港界址,赁赁有责,因其余力,修葺祠墓,刻期竣事。余深嘉之。因念旧田为数无几,周氏子孙卒不能以有立。爰输廉俸若干两,嘱九江太守温葆初为之增置民田,而署抚军明公竣庵,见志中载有拨给田四五十亩之语,檄守查实以闻。于是得现管田四亩五分、私售田六十七亩二分,详请筹项取赎,则有从前误认民田价买管业之生员夏熙、郑美羹皆悔悟输公,无有吝色。既允鸿基所请,给匾扬励,余亦以是年任满将行,得太守报知己,增置八亩一分,其地在墓旁黄田湾,与前明巡按张公、监司林公捐置之田相近,乃益叹先元公之灵爽

---

① 《濂溪志八种汇编》,湖南大学出版社2013年版。

式凭,若有神助,而贤太守之克董厥事,以不愆时日为不可泯也。今而后缮修有资,祭祀有赖,饔飧有继,世世承袭,俾炽尔昌。高山景行之思,其引之勿替也乎。四为刻其始末于石,其契券并存九江府,以杜异日占卖诸弊。至于有基勿坏,式迪前光,是所望于后裔之贤者不少。①

濂溪祠墓田檄文

乾隆三十年巡抚明山、学使周煌檄:

查濂溪祠墓田地,以资后裔养赡。

时知府温葆初禀:据署知县吴士淳查明,正德间碑载增置田三十亩零七分,监督宋置田二十亩,万历间按院张置田三十亩七分,均后裔各立户名,分管典卖,仅周世奎等现管田四亩五分,山地十八亩。查缴典卖田契九亩,实以年远兵燹,无从根查,后裔俱赤贫无力,须筹项归赎。至现在同姓甚众,有并非嫡裔而诈降者不少,应传唤祀生查明世系,另立谱籍钤印,以杜混冒等因。

禀奉批司妥议转饬县府勘详:署县吴士淳查清濂溪祠田计七十九亩七分,并遗赤松船头一湖在防厅,岁纳课银五两九钱六分,应同石塘铺祠左碑载,乾隆二十九年前,令周千里、教谕周鸿基清出濂溪湖,设法取息,一体办理。其田亩各处,有原存原佃,其余异宗异姓,俱乐捐归祠业。饬教谕勘明圩墩,绘具图册,另佃取约存学,照亩纳租粮,立濂溪总户,以杜侵冒。每岁除完粮办祭修理之外,查照嫡裔户册,按名给租。至捐田土民,俱慕义争先,并请嘉奖。详奉藩司钱琦批据,查出祠田七十余亩,土民俱各乐输,殊可嘉尚。但嗣后假手祀生,恐有侵渔;交儒学,又必假手学书、门斗,难保无弊,即饬在于嫡裔中合选端悫

---

① 《同治德化县志》卷十一,台湾成文出版社1970年版。

之人，公同办祭散息。至如何理发，不致再有典卖之处，妥议另详。是年学使周煌捐银一百六十两，添置黄田湾田一亩八分，印契存府，周煌有记勒碑儒学。其田俱给嫡裔养赡守墓、嗣经知府温宝葆初详覆濂溪祠田，查明嫡裔业经县学传集切邻绅士，择报端悫之人，公同收租办祭散息，每岁底令出族内并无盗卖甘结，由学送查。田湖如有更换，公同报学，不得私换承佃以致复行典卖。祠墓已经前令监修完固，每岁田租约存钱二十千贮学，后需修费，由学协同祀生并经管者公同支领，不敷，以本年之租扣补，仍造工料册，详送余谷，该学公同按嫡裔印册户口给发，不许私销。详司核转。

奉巡抚吴绍诗批：如详。另立濂溪户名，嗣后典卖者同买田之人一体治罪，田追完祠价，银入官府，仍将各产业坐落地名数目，勒石墓侧，以垂永久。并饬将每年该祠收支各项数目，造册报销缴，其田产坐落数目及捐田士民并监理，选报绅士名姓，俱勒碑阴，奉饬送胙。又石塘铺分路墓道碑亭，左右余基，宽长一丈五尺，其前教谕周鸿基清出濂溪湖，兴筑闸坝，召佃取租，一切事宜，另有详案碑记，故不具述。①

【纪事】咸丰五年，湘军将领罗泽南督师浔阳，修复濂溪墓。

◎罗泽南，字仲岳，号罗山，湘乡人。以剿太平军积功升知府，加布政使衔。

重修濂溪先生墓记（咸丰五年）

浔城东南莲花峰下，周濂溪先生之墓在焉。咸丰五年春，泽南

---

① 《同治德化县志》卷十一，台湾成文出版社1970年版。

与李子续宾督师浔阳,往谒之。其中为郑太君墓,乃先生所自卜者,先生没,衬于其左,右则陆、蒲两夫人也。历年久,墓圮,因与李子购陶甓与石重修之,命监生李兰亭、外委谢维德、先生二十二世孙周文珍董其事。不一月,告成。吾道之兴废、世运之盛衰所由系也。孔孟既没,圣贤不作,天下之士不驰骛于功利,则陷溺于虚无,古人修己治人之学,无复为之讲求。六朝五代攘夺频仍,生民之祸至此已极。无他,圣学不明故也。先生生千载下,奋起边方,不由师承,默契道体,图太极,著《通书》四十章,以示天下后世,孔孟之道灿然大明,其所以为世道人心计者,至深且远也。向使天下后世之士,尽能学先生之所学,求合乎仁义中正之道,以之修身则身修,以之治世则上有礼下有学,又何至贼民纷起,重贻斯世之忧也哉?救乱如救病,养其元气,邪气自不得而入。感怀时事,兴念斯文,盖不禁有味乎先生之道,且深有望于学先生之道者也。距墓西北五里许,为濂溪书堂,先生爱庐阜山水之胜,结庐于此。道光二十九年,圮于水。兵火频惊,不暇为之修复,尚有俟乎后之君子。咸丰五年乙卯春二月,湖南后学罗泽南谨撰。①

◎ **曾国藩,字伯涵,号涤生,湘乡人。官两江总督、直隶总督等。**
周子墓地
周子墓地发脉于庐山莲花峰,东行至江滨绕折,迤逦皆平冈,绕至西头入脉结穴,系钤穴。两穴水沙环抱甚紧,坐北向南,近案为一金星,远朝即莲花峰,所谓回龙顾祖也。溪水从右流出,微嫌右手外沙太少耳。墓为咸丰五年罗罗山所修,坟顶结为龟形,约六尺,径一

---

① (清)罗泽南:《罗泽南集》,岳麓书社2010年版。

丈四五尺。(《求阙斋日记》)①

◎何之曙,名作贡,字之曙,号仍门。德化贡生。同治四年殁。

周俊薰复兴濂溪祀事记

　　祖龙一炬,孔孟之道几晦。经有笺与注,汉儒之功也。有疏与正义,唐儒之功也。而研精微,洞本源,俾天下万世从事于心与身,宋儒功尤伟。其根芽实肇自濂溪。濂溪,营道人。宋营道,今道州也。官南康军,二程子皆受业。过庐山莲花峰下,触知仁山水之乐,因营道故居有濂溪,即名其地曰濂溪。迄今太夫人及公与夫人墓、书院墩故址皆存。守墓有嗣孙,春秋有官祀,朝廷敬礼至厚,独手泽无一存者。赖公九世孙铅德,当伪汉窃据江州时,抱公所作《太极图》逃之王仙乡居焉,今土人尚名周家边。其孙文显迁居清塘燕窝里,显子四,长孟嘉,次端,次雄,次甫,嘉之后居清塘,甫之后仍守田庄,端、雄之后,丁口繁而庄落星散。俊薰集嘉、甫二公后告之曰:"太极一图,永存清塘,诚惧其失。"八月中秋日,当公诞期,惧亵图二辱先贤也,陈图展祭,齐集子姓,肃衣冠。戎马屡经,祭金告罄,复为十会,谅力捐谷,众皆谐而其举遂成。夫以濂溪之道德,阐孔孟,开程朱,其心一圣人之心,其身一圣人之身,其不可磨灭,固不在图之有无也。且其图首列性理一书,藏之秘府,散于庠序,有井水处皆见之,知其解者鲜矣,睹此原本,即能了然于心与口乎?顾以大贤留此手泽,是衡岳洞庭、匡庐鄱湖之神灵所呵禁而拥护者,而周氏子孙能奉以为宝,洵不愧大贤后矣。②

---

① 吴宗慈:《庐山志》,江西人民出版社1996年版,第87页。
② 《同治德化县志》卷十一,台湾成文出版社1970年版。

【纪事】光绪九年,兵部尚书彭玉麟率湖口镇总兵丁义方修茸濂溪墓。

◎彭玉麟,字雪琴,衡阳人。官至两江总督等。
重修周子墓碑记(光绪癸未)

　　濂溪周子,吾楚道州人也,墓在江西德化县栗树岭下。光绪七年,玉麟巡阅江海,道出浔阳,率同湖口镇总兵丁义方、知县胡传钊等往谒。墓经湘乡罗忠节公泽南、李忠武公续宾于咸丰乙卯重修。时当戎事方棘之秋,工尚未足以经久远。玉麟因蠲金为倡,属丁君营度其事,易陶甓而石,周缭以垣,闭闳其墓门,历一周星蒇事。考宋熙宁辛亥,先生闻母仙居县太君郑太君墓在润州为水所啮,乞知南康军,改葬庐阜。越岁壬子,上南康印绶,就庐阜莲花峰书堂定室居之。又越岁癸丑,先生殁,就葬太君墓左,配陆氏缙云县君、继配蒲氏德清县君墓皆祔。地在德化栗树岭,有省志可据,盖即宋德化乡清泉社地也,而罗记误以莲花峰为先生墓所,今宜改正。再考嘉定九年,蜀使者魏了翁为先生请易名典,诏谥曰元。明弘治三年,九江知府童潮于墓所建祠,题匾额曰"宋元公濂溪周先生祠"。及嘉靖甲寅,修墓者则题曰"宋知南康军濂溪周先生",继修者则题曰"先贤濂溪周子"。漏谥不书,而知南康军似不若先贤之为重,然谥亦不可漏也。玉麟因阐罗山所重之意,增题"元公"二字于碑,其于古礼庶有合乎!

　　先生发伊洛之源,继洙泗之学,所著《太极图说》、《通书》与六经并垂不朽。后之人苟不明乎中正仁义之道,以之修齐治平,而徒致力于先生之墓焉,末已。愿同志者过墓生钦,扩充其志,读先生书,仰止先生之懿行,庶几不负先生之教也。

　　工既成,爰志其颠末,且以发明先生之大者勒于碑。至修墓诸君姓名、捐资数目,例得泐石于后。时在光绪癸未春三月,太子少保、兵部尚书衡阳后学彭玉麟谨撰。①

◎ 捐廉修墓

宋先贤周濂溪先生墓在九江府城东关外谭家坂,岳武穆太夫人墓在府治西关外沙河,历朝以来,皆派地方官春秋祭祀。但深山穷谷中,每有牧竖樵童践踏其上,非所以示桑梓之敬恭,表名贤之邱垄也。彭雪琴宫保往来长江,目击心伤,命湖口镇丁军门邀水师各营官,捐廉修葺,他若九江镇军、九江关道及府县各官,均捐廉襄事。刻下军门已派两哨员弁,督率工匠,修理围墙约三里许,青石打脚,火砖盖面,高约二丈余,并于墓前修葺祠宇,规模宏敞,从此庙貌千秋,丰碑十丈,陇冈表上,可识姓名,柳季墓旁,永无樵采矣。②

◎ 树犹如此

先贤濂溪墓距九江约十里许,历年既久,庙貌无存,断碣残碑,几于不可辨认。上年经彭雪琴大司马饬弁督工,在四围葺造墙垣,以免樵夫牧竖之阑入,又造书院两幢,使后生小子讲论其中,得以追想先贤遗范,又访濂溪嫡裔看守塚墓,饬地方官春秋诣墓致祭,所以报千秋之俎豆,树百世之仪型,过其地者,不徒慨想濂溪,而尤缅怀大司马不置。墓旁松柏拔地参天,大可合抱,皆千百年物也。正月间,因大雪积压,厚冰团结,枝干俱已打落,致将书院两幢打倒,惟人口无恙,濂溪有灵,能无隐痛?③

---

① (清)彭玉麟:《彭玉麟集》,岳麓书社2008年版。
② 1882年10月17日《申报》。
③ 1887年2月27日《申报》。

【纪事】光绪十一年,乡绅修复濂溪墓前桥梁。

◎浔阳琐记

庐山莲花峰下有周濂溪夫子之墓,墓前数十武,溪水潆洄,清流可鉴,板桥横焉,而风霜剥蚀,行者患之。乡绅刘君康侯、王君焕林,捐资重修,适德化县金雨卿明府因公过此,见而恻然,亦捐鹤俸,以襄斯举。筑登削凭桥工,遂于上月杪告竣。此后谒濂溪墓者,不致欲渡无梁矣。①

【纪事】民国二十四年,九江县鲍县长、濂溪后裔周宗良发起修葺濂溪墓。

◎重修濂溪先生墓

宋儒周惇颐先生,字茂叔,世家道州营道县濂溪上,尝著《太极图说》、《通书》等数十篇,合形上形下之学,一以贯之,伊川、明道两先生均出门下,实为道学之宗。先生生于宋真宗天禧元年,卒于神宗熙宁六年,年五十七,葬于江西庐山莲峰下。丘墓年久失修,九江县鲍县长任公为昭扬先贤、保存古迹起见,发起修葺,虽有提倡赞助者,终无成议。闻此次红卍字会赈济队赴赣救济,适为濂溪先生后裔周宗良会长督队,鲍县长偶与谈及,极为感动,周君慨允独任复修,约计四千元,鲍县长已规划具体办法,翘日兴修,并拟于墓前修路,以通马路。从此九江又增一名胜,亦佳话也。②

---

① 1885年1月5日《申报》。
② 民国二十四年一月一日《申报》第四张,作者署名冠吾。

三、江州濂溪祠

【纪事】乾道二年,知江州林栗祠祀周敦颐于州学。淳熙元年,知州周某于州学空隙之地创建濂溪先生祠宇,以二程配祀。

◎林栗,字黄中,福州福清人。绍兴间进士。曾知江州。
江州州学先生祠堂记
始予读河南程氏兄弟语录,闻周茂叔先生道学之懿。其后阅苏端明、黄太史所作濂溪诗,而想见其为人。及来九江,前武学博士朱熹元晦,自建宁之崇安以书至,曰:"濂溪先生,二程之师也,身没而道显,岁久而名尊,今营道、零陵、南安、邵阳,皆已俎豆泮宫,江独未举,顾非阙与?"予闻之矍然。适会先生之曾孙直卿来访,敬请其像与其遗文,并《通书》、《拙赋》而读之。曰:"此之谓立言者也,可无传乎!"亟鋟诸板,而绘事于学宫,使此邦之人,知所矜式。既成,将揭其号,乃按其文字,考其所谓濂者,其音切义训,与廉节之廉异矣。廉之训,曰清也,俭也,有检俭之义。又如堂之有廉,箭之有廉,截然介辨之义也。濂与廉,同其音,似廉而不类。又有里参翻者,含鉴翻者,其训曰薄也。又曰大水中绝,小水出也。予异焉,曰:"是安取此?"问其人,曰:"先生之子求诗,鲁直避其从父之讳改焉。"呜呼,有是哉!儒者之学,本于文字义训,而谨于正名。毫厘之差,千里而谬,不可忽也。东坡云:"先生本全德,廉退乃一隅。因抛彭泽米,偶似西山夫。遂即世所知,以为溪之呼。应同柳州柳,聊使愚溪愚。"则固已不足于廉矣。又将转而为濂,则由俭以趋薄,由清以绝物,殆为陈仲子之操乎!地以人重,人以名高。因讳避之讹,以成声画之舛,遂使先生之德,与是溪之名,俱蒙薄绝之累,将非后死者咎与!予是以正之。夫山川风气,民之所禀而生也。故家遗俗,民之所熏而习也。先生之道,传于二程,其所成就夥矣。而庐山之下,濂溪之上,未有闻焉,或由此也。夫自今而后,吾知九江之士,清而不隘,俭而不陋,辨而不争,严而不厉。有检敛之美,而不流于薄绝。既以独善其身,又思以兼利天下。见《中庸》之门户,入诚明之阃奥,其必自是始矣。先生名惇实,避英庙二名,改颐。其官阀行治,流风遗书,则有蒲左丞所为墓志,泊诸儒先纪述详矣,予无所赘其辞。乾道二年二月二十六日,左承议郎、权发遣江州军州事兼管内劝农营田事、长乐林栗记。①

◎谢谔,字昌国,号艮斋,新喻人。宋代经学家。绍兴末年举进士。累官监察御史、御史中丞。

重建祠记

谔为曲江周史君记濂溪祠堂之三年,史君剖符九江。九江,又濂溪之居也,前守长乐林公,尝祠先生于学之庑,规模庳陋,非所以示尊敬之意。史君乃即学之隙地创建祠宇,又以明道、伊川配,以淳熙元年春正月落成。谔也摄宰豫章之奉新,距九江三百里,且知史君之训民也,整军也,礼其德且贤而器其才;而能也,穷达也,郁屈纾也,愁吟欣也,事大小剧易,序以理也,则规规然致意于老师先生而谨祠之。史君之于斯也,非祠也,君子之教也,不必家置一喙也,启其敬焉可也。谓夫老师先生之尝出处笑语于此屋焉,而形像之,安妥之,仿佛乎见闻而迎送之。为盡篡俎豆,为牲酒馨币,为进退荐献,为跪起仰伏,为赞呼诵祝,如是如是,凡以帅而纳诸敬。敬则不

---

① (宋)周敦颐:《周敦颐集》,岳麓书社2007年版。以下本卷未注明出处者同。

忘，不忘则安，安则能化，能化则神祠之义，恶可已也。古人夸循吏之美者，曰所居民富也，谓其在彼无恶，在此无斁常久者也。盖富，非教也，为易也。史君所居，非止富也，教也。噫！道无乎不在，以心而会道者，亦无乎不在。或以史君祠濂溪为二郡之遇，曾不知濂溪固不止乎二郡。而史君之心岂亦止二郡之为拘，特因二郡而见耳！必究其道之所在，心以会之，又安有此疆尔界耶！以谔之尝预记也，不可于此乃默。抑古人所谓大书特书，屡书不一；书者，执笔当未艾也。史君名字见前记。是年二月朔，临江谢谔谨记。

【纪事】淳熙三年，知江州潘慈明新建濂溪书堂，是为濂溪先生祠堂。范成大《吴船录》："郡守潘慈明伯龙新作周先生祠堂及小亭于溪上。"朱熹为之作《江州濂溪书堂记》。淳熙十四年，知江州王溉与德化令黄灏修葺之。绍熙元年，江西提举黄维之作铭，其后德化令王观之又新造祠宇。

◎ **王溉**，庐陵人。曾知江州。

谒祠祝文（淳熙十四年）

维宋淳熙十四年，岁次丁未，十一月戊戌朔，十六日癸丑，奉议郎权知江州军州兼管内劝农营田事借紫王溉，谨以清酌庶羞之奠，敢昭告于濂溪先生之祠曰：

孔孟既远，道蚀专门。天佑后人，未丧斯文。先生挺生，阐示道原。吐辞立象，统接典坟。濂溪之堂，公之河汾。溉幸假守，敬慕清芬。首瞻晬容，即之若温。流风余训，得于见闻。治己治人，遵用格言。阳德既升，君子道尊。躬率诸生，来荐蕨蘩。风谊用劝，习俗以敦。春秋主祠，敢逮诸孙。庶几遗教，千载犹存。

◎黄维之,初名伟,字维之,后以字为名,更字叔张,号竹坡居士,永春人。绍兴二十七年进士。历江西提举。

祠堂铭

绍熙初元冬十一月丙辰,黄维之祗谒濂溪先生之祠堂。始堂之成,朱熹为之记而无其铭,于是铭之。铭曰:

濂溪之水,清且漪兮。先生之德,不磷不缁。康庐之峰,秀而峙兮。先生之道,无成无亏。先生之存兮,学者之师。无极而太极兮,泄天之机。死不可作兮,吾谁与归!敬瞻其容而思其人兮,亦足以发吾道心之微。

【纪事】江州烟水亭,建于北宋,周敦颐之子周寿赋名。绍兴四年,知州沈祖德重建,绍熙五年重修,此后历代均有修建。顺治十七年,巡道崔抢奇复修,建五贤阁,祀奉周敦颐等五贤,至今不废。

◎余禹绩,上饶人。淳熙二年进士。绍熙间为江州州学教授。

江州重建烟水亭记

出城南三百步,旧有亭,扁曰烟水亭。其址临道旁,跨于甘棠李渤湖之间。庐阜崒崔,倚于东南。林峦周遭,中护一水。山泽通气,呈巧献奇。行道之人,咸可寄目,蔚乎泽国之伟观也。考验图册,而开迹弗详焉。故老相传,濂溪先生之嗣子司封郎官寿所赋名。时则绍兴元符间也,去今百余载矣。中更名故,亭宇倾圮。废而兴,兴而废,莫为永图。十年以来,腐甍败甓无存者。且其地暴于水,日就罅缺,孰能治而新之?

绍兴甲寅春,吴兴沈公祖德,以列卿之望来莅兹郡,治荒剔蠹,殆阅三时。教条事绪，亦既整整有法。乃访城邑观台之故，而于修旧起废有志焉。里自凡籍亭名十有三，而其泯弗存者，什七八九。公怃然念之，亦自谓致力，宜知所见先后。惟甘棠一湖，荡漾空阔。岁每祝圣人寿，群纵水族圉洋其中。而亭其涯，实为缙绅会之地。是独非其所当急者，置之勿问可乎？退自经画，计费六十万。乃以属德化县令沈埴，愿缩县计之合输于州者，以助之。董事饬工，悉以诿令。考极相方，受成于公。乃季秋命役后筑堤，并湖拓基承宇，未浃辰日已立，既逾月而成。飞列牖，隆栋巨楹。朱扉华表，运甍接高。深广俱十六步，亭左益附其四楹。登临眺览，地不遗巧。烟霏涵润，水光接空。林木丛生，鸥鹭翔集。心舒目眩，恍在烟雾中。公既自喜，乃延辑宾，佐觞以落之。客或慨而言曰："今夫天地之间，山川之广，达观伟践，若此景者不少矣。而物换星移，率不过数十年，远者百年。"葵麦春风，四首易感。惟有功而传，则深久深著。盖吾邦庾公白公之所遗风流光景，至今犹未泯也。是尚可以岁计之哉？始公来，文书烦壅，帑庾无储。克勤于理，宵兴听讼。率漏下未尽四刻，而寮众奔走，亦莫敢有懈意。既又罢燕乐，纪他用以惜民力。公上之供，赖以不匮。浚池堑，抵潦涨。里闾利害，悉兴悉除。今又以余力经理斯亭，追复昔人之旧观。则公之规范，可谓炳炳卓卓。而斯亭又待公而传，岂其兴起固自有数耶？金愿斫石以昭不朽。公曰可，乃命书其事云。绍熙甲寅孟冬望日记。文林郎充江州州学教授余禹绩撰。记序。

按：烟水亭，在九江市区甘棠湖中。顺治十七年，巡道崔抡奇修复之，且建五贤阁，奉祀周敦颐等名贤。

【纪事】嘉定四年，知江州赵崇宪大修濂溪祠，又为诸生讲论之所。

◎**赵崇宪**，字履常，余干人。淳熙八年进士。曾知江州。

到任谒祠祝文（嘉定四年）

奉天子命，来守此邦。厎职之初，拜谒祠下。敬惟先生，道德之懿，百世师仰。崇宪晚学，尝诵遗言。比宰南昌，实先生昔年弦歌之地。今又来官于濂溪之故里，遗风余烈，凛然如在。方将尊其所闻，施于有政，惟先生尚鉴临之。

辞庙祝文（嘉定四年）

窃惟先生，道阐不传之秘，以惠后学。数十年间，士习卑陋，罕能发挥讲明，推之于用。而钻研六经之疏义，寻绎百氏之训诂，方且从事词章以钓名，第根柢不立，随试辄败，先生之学殆几乎废矣。崇宪奉天子训辞，来守是邦，用敢广先生之居，以招徕庶士，明先生之教，以正救末习。先生之道，庶几复兴，非特曰为士者之幸，是亦先生之意也。崇宪误将使指，驾言徂征，于其戒行，敢举以告。

【纪事】宋理宗景定五年，江州教授邓蛩英合祀周敦颐、二程、朱熹四先生于州学。

◎**王佖**，字元敬，号敬岩，婺州金华人。累官直敷文阁，出为福建转运副使。

江州州学四先生祠记（咸淳乙丑）

自夫子没而教不立，孟子没而学不传。群籍丧，微言绝，异端起，斯道泯，邪僻横流，义理晦蚀，历汉晋隋唐，迄于五季，盖千五六百年于此矣。至我朝文明启运，五星集奎，笃生英哲，绍厥统绪。濂溪元公周先生，挺然特出。独造道奥，由天所授，不待师传。建图立书,昭示后世。无极而太极之妙,实前圣所未发。《通书》四十章,发明至理,直见精微。明道纯公程先生、伊川正公程先生咸往受学,吟风弄月以归,真得所谓乐处。遂相与笃志,究极发挥,斯文之懿于是彰显,卓非前代之所可及。六飞来渡,道与之南,又生晦庵文公朱先生,阐幽发微,剖析至到,昔举其要,今敷而畅之,昔启其端,今会而通之,是理之奥,大昭明于天下,夫人皆得以目击而心迪之。其有功于斯世,垂宪于将来,端由于天,非人力之所能致也。

浔阳实元公寓里,虽本舂陵,以贫不能归。乐山川之美而卜居,因取故里之名而名其溪。后之人相与祠于学,又奉明道纯公、伊川正公以配焉。推其渊源,究其本末,的有深意,盖非周子表倡于先,二程子充广于后,畴克接承孔子、孟氏之传,使有志之士得以探讨而服行之?然庳陋狭隘,非所以称揭虔妥灵,且无以示学者崇向之意。而晦庵文公,羽翼前猷,指示后学,俾人不迷其方,厥德甚懋,而未之祠,得非阙欤!景定甲子,临川邓君蕃英,实典教事。以平日企慕之切,笃志修为之深,顾瞻有感,慨然改作,宏施而显设之,合四先生冠服,俨然前后相望,使来游来歌,起敬起慕。道统之盛,不待有言,固了然心目间,是岂寻常流俗所能为哉!

文公朱先生尝作书堂之记,曰此天之所畀,而得乎斯道之传者欤!何其绝之久而续之易,晦之甚而明之亟也,可谓的有以见其故矣。切谓孟子既远此道,如日昃之离,浸浸而入于夜。周子、程子之生,如夜而旦,有目咸睹。至于朱子,如日正中,轩豁呈露。非由天畀,谁能为之?於戏韪哉!祠成,邓君特以书来,告以修建之意,以佖尝读四先生之书,俾记其事。自惟浅拙,何足以承,然远意不敢虚辱,姑诵所闻,且记君有志斯道作兴来者之意,因书以复之,但深僭逾之惧。咸淳乙丑,维夏闰五,朝议大夫、直华文阁、两浙东路提点刑狱兼提举常平义仓茶盐公事王佖记并书。朝议大夫、新除右文殿修撰、沿江制置副使兼知江州兼江西安抚使兼屯田使赵日起题盖。

【纪事】元武宗至大四年,廉访副使刘宗说、江州路总管完颜释、府判张毅建于濂溪墓建祠祭祀。

◎陈黄裳,眉山人。大德末授江西等处儒学副提举。
周濂溪先生祠堂记
　　古之为治者,先化而后政。《诗》、《书》,道之宗也;《礼》、《乐》,德之聚也;道德,仁之本也。君子于是观政焉。齐之以刑,斯为辅治。彼规矩然于簿书期会之末,而不得走《诗》、《书》、《礼》、《乐》之意,未之思耳。若稽古周元公先生阙里旧在江州之濂溪,日因宅为祠,为书堂,兵后寄祠府学之光霁堂,非礼也。至元二十八年,总管陈侯时举新作濂溪书院于府治之东,翰林学士姚公燧为之记。而先生之墓,在德化乡清泉社,乃立丰碑道左,大书曰宋濂溪先生周元公之墓,往来者必式焉。君子谓是役也,有关于风化甚大,然而墓亭未立也,墓祠未复也。诸生春秋来享,列俎豆野祭墓下。风雨则于民居蕆事,不称尊礼先儒之意。山长庐陵李敬德有志焉。
　　至大四年夏,廉访分司成都刘传之来审决滞狱,谓总管完颜侯曰:"崇化劝学,刺史责也。恭惟三月庚寅诏书曰:'国家内设国学,外设府州县学,作成人材,宣扬风化。钦哉!'元公祠宇,若有所待。我仪图之,惟侯其举之。"十月甲戌,侯相地兴工,府判张侯实赞其决,庶士竞劝,不日成之。贻书眉山陈黄裳曰:"此时举之志也,先化而后政矣。"侯请为立碑。嗟夫,先生之道大矣!祠宇之复美矣!敢赞一辞。
　　尝因出浔阳南门,沿乎濂溪,风乎五老峰下,至先生墓南,草色交翠,芙蕖如玉。想象池莲庭草,不觉身在光风霁月中,使人徘徊不能舍去。德之洽人也久矣，道高乎无极太极之初，而其本在乎无欲主静。学粹乎诚无为几善恶之妙，而其目在乎仁义礼知信。隐者其体，费者其用。求之图书，若高且远，而实不出乎日用常行之间。可以入德，可以学圣，非若异端有体无用者比。厥后二程氏、朱氏、张氏，或见而知之，或闻而知之。绍闻懿德，言使圣人之道，昭明于天下，而其功实自濂溪先生始，不在孟子下也。岂特舂陵、豫章、九江、京口、章贡、横浦祀之，将天下通祀之。《传》云："语大天下莫能载焉。"兹非是欤？陈侯，名元凯。完颜侯，名释。传之，名宗说。张侯，名毅。是年十一月戊戌朔谨记。将仕佐郎江西等处儒学副提举、眉山陈裳撰。

按：《嘉靖九江府志》卷十六有元人吕光发《重修学记》，亦曰总管陈元凯（字时举）于"濂溪、景星两书院改筑，一大新之，美哉轮奂，羽翼宫墙，邦人聚观，诧为盛举"。又云"崇周濂溪墓，修司马温公祀"。

【纪事】成化九年，江西佥事陈骐毁江州学庙之文昌像，肖濂溪先生像于祠中。

◎ 陈骐，字梦长，南海人。天顺元年进士。曾任江西佥事、云南副使。

府学濂溪祠记

学以孔子为宗，其道也。今制学必有庙以祀，欲学者宗其道以修身、正家而为出治之本，属望之意，不既深乎？何近世之士，徒诵孔子书而不师法孔子，故乃徼福于文昌，惑之甚矣。文昌魁前六星，未尝有肖像也，异端之徒，诬加其号，以幻惑天下之人心，又恐学士大夫排斥其非也，于是因其情，投其好而援之，若曰常情孰不欲登高科,縻好爵,多男子哉？于文昌谓其掌注禄嗣籍,则天下后世萌其侥幸之心者,皆信慕之矣。此其惑世诬民,奸情诡态,诚如此者。噫,愚夫愚妇惑之,固无足怪,奈何学者亦甘为所惑而不悟耶？孔子曰:"务民之义,敬鬼神而远之,可谓知矣。"然则人之知不知,系乎理之明不明,理明则见亲力定,富贵贫贱祸福生死,举不足以动其中,何异端之能惑？

虽然,理学之不讲也久矣,欲人之无惑也难矣。吾甚为是惧,故所至学庙有祠文昌者,悉毁而投之江,复揭其幻惑之状,明示诸子而指其学之所向。惜其膏肓沉痼,未遽释然,然亦余学力肤浅,不足见信于人也。成化癸巳夏四月,因谒江州学庙,见文昌像,亟命毁之。祠前有池,世传周子植莲于此,遂谋及郡守谢侯峻,肖濂溪先生像于祠中,书《太极图说》于祠壁,刻晦庵先生所书"光风霁月"四字于祠之楣。

於乎,先生大明孔子之道于千百载下者也,诸士子果能日究先生阴阳动静之旨归,缅想先生光风霁月之气象,优游涵泳,溯流寻源,于以明夫天地之所以覆载,万物之所以并育,圣贤之所以为圣贤,愚不肖之所以为愚不肖,与夫幽明之故,死生之说,鬼神之情状,无一不了然于胸中,则卓然不为异端之所惑,夫然后知所以诵法孔子,以修其身而推己及人者为有本,朝廷属望之意,亦庶乎无忝矣。多士其深念之,毋忽。

【纪事】弘治二年,知府童潮创濂溪祠堂一所于墓前,作《濂溪先生墓祠堂记》。

◎王启，字景昭，号学古，黄岩人。成化二十三年进士。曾任江西副使。

濂溪祠祭（弘治十五年）

洙泗迹逝，大义乖违。贤哲笃生，文明应奎。濂水之源一倡，月岩之光遂辉。意思发泄于庭草，道体灼见乎精微。阐百代图书之秘，启千载人心之迷。二程从游，道学复恢。伟哉有功于圣门，来今丕获乎依归。有祠翼翼，享祀维时。光霁如在，庶以慰吾人仰止之私。

◎李梦阳

九江谒濂溪先生祠告文

维正德六年，岁次辛未，秋八月，中顺大夫、江西按察司副使后学关西李某，以巡视事至九江府，乃八日乙酉，率郡之官属师生等，敢再拜谒赠道国周元公濂溪先生祠下，而以牲醴匹帛，修厥奠事。乃为言曰：

呜呼！孔亡孟殂，言湮圣逖；六经仅存，异端为敌。天产夫子，起自南夷；继绝开来，文不在兹。图书启秘，我明我聪；譬晦而旦，江河地中。呜呼！夫子贞履坦坦，道光迹幽，自彼鲁邹，匪我独遭。峩峩庐山，公游而栖；爰墓爰祠，百世是师。某沐馨研粕，年逾三纪，志锐质劣，无成内悔。文铎悉窃，言迈江邦，过公里阡，汗颜彷徨。式修厥明，以奠以祀。品丰于豆，我酒伊旨。谁其配之？二程夫子。浚深贯奥，敢忘本始。神格相予，造我髦士。尚飨。①

---

① 《空同集》卷六十四，四库全书本。

◎王立道,字懋中,号尧衢,无锡人。嘉靖十四年进士。授翰林编修。

祭周濂溪文(代外父作)

惟斯文之兴丧,实与世以污隆。慨微言之既绝,纷千载而尘蒙。谅有开其必先,乃征于星聚。繄夫子之挺生,盖早成而默契。极精蕴之沉郁,爰启秘于图书。言有至而弗尽,意独得而有余。若大明之始升,夜冥晦而复旦。若多途之迷方,指大道而群向。昔仲尼之真乐,惟颜氏其庶几,乃夫子之光霁,羌异代以同归。某也蚤服膺于圣教,幸假守于兹乡,睹河洛而思绩,入鲁阜而升堂。嗟庭草之已宿,览风月而慨然。聊寄辞于一奠,邈景行于前贤。①

◎薛应旂,字仲常,号方山,武进人。嘉靖十四年进士。曾任九江教授,主白鹿洞。

谒濂溪先生祠告文

嘉靖丁酉,夏五月,后学武进薛应旂以九江教授谒宋濂溪先生周元公祠下。时适有闽中之役,奔走道路,弗克酌水告虔。越明年,戊戌春正月人日,率僚友诸生,陈牲设醴,焚香奠帛,再拜稽首以告之。曰:

呜呼!斯道之在天下,昆仑旁薄,终始流行,固无间可息;而其存乎人者,则有绝有续,有晦有明。孔孟不作,异学朋与,悠悠千载,蹄驳纵横。先生一出,默契圣真,穷源探本,扬澜发英。二仪载启,日升月恒。建图著书,分明指出,而从容洒落,不立户门;心存民物,志切经纶,而出处唯义,不与世而浮沉。唯是入先生之堂奥者,谓道统之有在;而粗得先生之节概者,亦谓其超出乎风尘。於乎!先生

---

① 《具茨文集》卷七,四库全书本。

其真儒者之冠冕,后学之典刑,而渊源所渐,宜其遂得乎二程先生也。应旂无似,忝教江州,拜公祠墓,精爽神游。配以二程,风行海流,道其在是,安用旁求。仰惭俯愧,终身有忧,更愿诸贤,同懋前修。①

---

① 《方山先生文录》卷二十二,四库别集本。

卷三
宋代濂溪书院

【纪事】初,周敦颐筑室读书于濂溪之侧,名之曰濂溪书堂,岁久倾圮。南宋淳熙三年,知江州潘慈明重建濂溪书堂,以祀奉先生。嘉定四年,知州赵崇宪大兴土木,以濂溪书院为诸生讲论之所。淳祐十二年,刘元龙请赐御书"濂溪书院",自是人皆称濂溪书院。宋末,书院毁于兵火,嗣后所建,皆在别处,非复故址矣。

◎濂溪书院始末

濂溪书院始于周敦颐筑室读书之濂溪书堂。熙宁六年,蒲宗孟作《濂溪先生墓碣铭》,曰:"酷爱庐阜,买田其旁,筑室以居,号曰濂溪书堂。"其址在九江郡治南十里,朱熹《江州濂溪书院记》云:"因取故里之号,以名其川曰濂溪,而筑书堂于其上。今其遗墟在九江郡治之南十里,而其荒茀不治,则有年矣。淳熙丙辰,今太守潘侯慈明,与其通守吕侯胜己,始复作堂其处,揭以旧名,以奉先生之祀。""淳熙丙辰",实为淳熙丙申之误。淳熙三年丙申,江州太守潘慈明于周敦颐读书故址新建庭宇,仍曰濂溪书堂,以奉先生之祀,实则为濂溪先生祠堂,非书院也。朱熹《书濂溪光风霁月亭》:"淳熙八年,朱熹等人敬再拜于濂溪先生祠下。"又《答吕伯恭》:"替后只走山南山北旬日,拜谒濂溪书堂而归。"又《答刘子澄》:"濂溪书堂闻规摹甚广，鄙意恐不必如此。将来无人住得，亦只是倒了。不若裁写去也。"黄维之《祠堂铭》亦云："绍熙初元冬十一月丙辰，黄维之祗谒濂溪先生之祠堂。"范成大《吴船录》："泊江州。早出南门，去城百里，至濂溪。溪水阔寻丈，漫流荒田中，潴为小湖。郡守潘慈明伯龙新作周先生祠堂及小亭于溪上。""去城百里"，当作"十里"。郡斋士作《濂溪书院上梁文》："祠堂虽有，书院未兴。"可知当时书堂仅作祭祀拜谒之用，未成诸生求学之所也。然据王象之《舆地纪胜》，其季兄王观之已建书院讲堂数十间，招堂长而延诸生，或此后即遭庆元党禁，讲堂遂废，故嘉定时知江州赵崇宪兴建书堂，未知此前有故事焉。

嘉定四年，知江州赵崇宪于濂溪书堂之侧大修学宫，始为讲学之地。赵崇宪《濂溪书院成开讲祝文》："庐阜之麓，濂溪之湄，先生之书堂存焉。像塑仅设，室宇湫隘，无以兴起士心。崇宪奉天子训辞，来守此邦，用敢度其堂宇之左偏，广筑为学舍二十六区。"陈孔硕《濂溪书院记》："一日谒濂溪周先生祠，乃规祠旁地，筑宫其上，为讲堂、塾序，庖厮咸备。"濂溪祠与濂溪书堂合而为一，有书院之风焉。

赵崇宪大修学宫，然尚未改易其名，仍曰濂溪书堂。楼钥《答赵郎中崇意宪书》："蒙示谕濂溪书院，尤见政最之余，儒术润饰，甚休甚体。谨为写四字去。"可知当时已有濂溪书院之名，但不甚流行也。嘉定十一年，郡守丁焴循白鹿、紫阳诸书院成例，奏请朝廷为濂溪书院赐额，得允。自此，江州之濂溪书院为朝廷所认可。

淳祐十二年，前濂溪书堂堂长、承议郎监察御史刘元龙请赐御书"濂溪书院"，遵朱熹请御赐"白鹿洞书院"书额之故事也。皇帝允其请，御书濂溪书院匾额，知江州章琰作《书御书濂溪书院字石刻下》。咸淳年间，有刘元刚为濂溪书院山长，文天祥《知韶州刘容斋墓志铭》曰："差江州教授,兼濂溪书院山长。"

南宋之濂溪书院毁于易代之兵火。元武宗至大四年,陈黄裳作《周濂溪先生祠堂记》云:"若稽古周元公先生阙里旧在江州之濂溪,日因宅为祠,为书堂,兵后,寄祠府学之光霁堂,非礼也。至元二十八年,总管陈侯时举新作濂溪书院于府治之东,翰林学士姚公燧为之记。而先生之墓,在德化乡清泉社,然而墓亭未立也,墓祠未复也。十月甲戌,侯相地兴工,府判张侯实赞其决,庶士竞劝,不日成之。"可知南宋之濂溪书院及濂溪祠皆毁于兵火,至元二十八年,江州路总管陈时举遂别建濂溪书院于府治之东,非复地处城南之南宋濂溪书院矣。濂溪祠亦毁,别建祠于墓所,亦非故址矣。

【纪事】淳熙三年,九江守潘慈明复建濂溪书堂,以供祠祀,次年朱熹作记。

◎朱熹
江州濂溪书堂记

道之在天下者未尝亡,惟其托于人者,或绝或续,故其行于世者,有明有晦。是皆天命之所为,非人智力之所能及也。夫天高地下,而二气五行,纷纶错糅,升降往来于其间。其造化发育,品物散殊,莫不各有固然之理。而最其大者,则仁义礼智之性,君臣父子昆弟夫妇朋友之伦是已。是其周流充塞,无所亏间,夫岂以古今治乱为存亡者哉!然气之运也,则有醇漓判合之不齐;人之禀也,则有清浊昏明之或异。是以道之所以托于人而行于世者,惟天所畀,乃得预焉,决非巧智果敢之私所能臆度而强探也。《河图》出而八卦画,《洛书》呈而九畴叙,而孔子于斯文之兴丧,亦未尝不推之于天,圣人于此其不我欺也审矣。

若濂溪先生者，其天之所畀，而得乎斯道之传者欤？不然，何其绝之久而续之易，晦之甚而明之亟也？盖自周衰，孟轲氏没，而此道之属，更秦及汉，历晋隋唐，以至于我有宋，艺祖受命，五星集奎，实开文明之运。然后气之漓者醇，判者合，清明之禀得以全付乎人，而先生出焉。不由师传，默契道体，建图属书，根极领要。当时见而知之有二程者，遂扩大而推明之。使夫天理之微，人伦之著，事物之众，鬼神之幽，莫不洞然毕贯于一。而周公、孔子、孟氏之传，焕然复明于当世。有志之士，得以探讨服行而不失其正，如出三代之前者。呜呼盛哉！非天所畀，其孰能与于此？

先生姓周氏，讳惇颐，字茂叔。世家舂陵，而老于庐山之下。因取故里之号，以名其川曰濂溪，而筑书堂于其上。今其遗墟在九江郡治之南十里，而其荒茀不治，则有年矣。淳熙丙辰，今太守潘侯慈明，与其通守吕侯胜己，始复作堂其处，揭以旧名，以奉先生之祀。而吕侯又以书来，属熹记之。熹愚不肖，不足以及此。独幸尝窃有闻于程氏之学者，因得伏读先生之书，而想见其为人。比年以来，屏居无事，常欲一泛九江，入庐阜，濯缨此水之上，以致其高山景行之思，而病不得往。诚不自意乃今幸甚，获因文字以托姓名于其间也。于是窃原先生之道所以得于天而传诸人者，以传其事如此。使后之君子有以观考而作兴焉，是则庶几乎两侯之意也云尔。越明年，丁酉春二月丙子，新安朱熹记。①

按：朱熹又有《答张敬夫》云："近作《濂溪书堂记》，曾见之否？谩内一本，发明天命之意，粗为有功，但恨未及所谓，不谓所谓大心众生者，莫能总其所长而用之耳。"又有《答吕伯恭》云："《濂溪祠

---

① 《周敦颐集》，岳麓书社2007年版，以下本卷未注明者皆出此书。题目一作《濂溪先生祠堂记》。

记》荆州已寄来矣,已属子澄书而刻之。旦夕刻成,即寄。但所请窃望便况发明前贤出处之意,又高明平昔所以自任之重乎?非专出于鄙意也。"又有《答程正思》云:"《濂溪祠记》刻成已久,何为未见?今并新刻三种内去,先人小集一册并往。"

又《江州濂溪书堂记》一作《濂溪先生祠堂记》,以上述论之,则以《濂溪先生祠堂记》为是也。又范成大《吴船录》云:"泊江州。早出南门,去城百里①,至濂溪。溪水阔寻丈,漫流荒田中,潴为小湖。郡守潘慈明伯龙新作周先生祠堂及小亭于溪上。"亦曰周先生祠堂也。

【纪事】濂溪书堂有光风霁月亭。朱熹有光风霁月亭题志。

◎《同治德化县志》

光风霁月亭,朱晦翁建,在濂溪祠,后毁。佥事王启更建濯缨、交翠、爱莲、光霁四亭,自为记。旧刻王守仁诗碑于其后,兵备道顾云程又重建厅堂于亭之左右以课士,今废。②

按:朱熹仅作题志,实未尝建亭;又明人所建,皆不在此亭故址矣。

◎朱熹

书濂溪光风霁月亭

淳熙八年,岁在辛丑,夏四月六日辛亥,后学朱熹、刘清之、张

---

① "百里",当作"十里"。
② 《同治德化县志》卷七,台湾成文出版社1970年版。

扬卿、王阮、周颐、林用中、赵希汉、陈祖永、许子春、王翰、余隅、陈十直、张彦先、黄榦,敬再拜于濂溪先生祠下。惟先生承天畀,系道统,所以建端垂绪,启佑于我后之人者,厥初罔不在斯堂。用咸叹慕,低回弗忍去。熹乃复出所诵,说先生《太极图》,赞其义以晓众,咸曰休哉。退,先生之曾孙正卿、彦卿,玄孙涛,设馔光风霁月亭,祁真卿、吴兼善、僧志南与,熹敬书以志。

【纪事】淳熙十四年,知江州王溉与德化令黄灏修葺书堂。王溉《谒濂溪先生祠堂》诗序云:"有宋淳熙,岁承火羊,月临水鼠,阳生后之三日,郡太守王溉同贰车赵希勉、周梓款谒濂溪先生祠堂,陪礼者幕官吕虮、唐绍彭、朱光祖、邑令尹黄灏、广文应振、郡庠诸生六十有二人。"杜范《黄灏传》:"知德化县,首兴县学,葺濂溪周敦颐书堂,凡关于教化者,孜孜行之不倦。"

【纪事】绍熙初,王师古知江州,建拙堂及爱莲堂于濂溪祠侧。其后德化令王观之新造祠宇及书院讲堂,招堂长,选诸生,讲学其中。

◎《舆地纪胜》
王师古建拙堂及爱莲堂
及先生隐居庐山,有水经所居之前,亦以濂溪名之。后百余年,象之先君子守九江,为建拙堂及爱莲堂于祠之侧。又其后,象之季兄观之为德化宰,新造祠宇书院讲堂,为屋数十间,效白鹿书院例,招致名儒以为堂长,诸县举秀民以为生员。仍置田租以赡之,今不废。至今不废。①

按：据李勇先《〈舆地纪胜〉研究》，王象之之父为王师古（一名王师亶），绍兴二十四年进士，任袁州宜春县主簿，又任南剑州教授，隆兴间为青田令。淳熙八年知江阴军，绍熙初知江州，建拙堂及爱莲堂于濂溪祠侧。②

【纪事】嘉定四年，知江州赵崇宪大修书堂，为诸生讲论之所。真德秀《赵华文（赵崇宪）墓志铭》："其在郡国，以毓材为首务，于九江，则新濂溪祠，又为书堂以处学者，求周氏后之幼慧者三人，廪而教之。"

◎陈孔硕，字肤仲，一字崇清，侯官人，曾师事朱熹，淳熙二年进士，以秘阁修撰致仕。

濂溪书院记

嘉定四年，诏以吏部郎赵侯崇宪知江州事。一日，谒濂溪周先生祠，退询于众曰："吾州之士，读先生之书而修其业者谁欤？"曰："未之见也。""先生之后世其家而显于今者谁欤？"曰："未之闻也。"喟然叹曰："先生之功，在后学深长远矣，同宜得世祀，而修其业昌其后者犹阙焉，吾其图之。"乃规祠旁地，得之周氏，若他姓，易以地或布。筑宫其上，为讲堂、塾序，庖廥咸备。选秀民于五属县，县二人，廪食皆官给。又为之置储书之所，寝食之具，给使之徒，命吏治其赋，会其出内，使为士者参焉。选乡之善士主之，训以大学之事，而总于郡博士。复求周氏后髫龀以上可教者，别立小学之师以诲之。

---

① 《永乐大典方志辑佚》引《九江志》，中华书局2005年版，第1703页。
② 李勇先：《〈舆地纪胜〉研究》，巴蜀书社1998年版，第8页。

凡大小学之教事，皆有课程，大抵略于词章之习，而详于讲说、言行、起居之节，其所望于后之人者远矣。

既成，以书走介于闽，谓孔硕粗尝读先生书，请书其事。会仆起漕广右，道江西，见侯于豫章。侯述前请，仆谢不敏，而请不已。又数月，乃勉承命而言曰："昔夫子之道，其精微在《易》，而所以语门人者皆日用常道，未尝及《易》也，盖曰下学斯上达矣。方是时，先王之教法犹在，异端虽萌而未昌也。夫子殁，门人各以所闻传道于四方者，其流或小差，独曾子、子思之传得其正。子思复以其学授孟轲氏，斯时也，百氏之说昌矣。其易以惑人者，老庄杨墨，为甚浅而为功利、刑名、术数之说，犹足以动诸侯。售于世学者，乐其诞而逃焉。子思、孟子惧，故不得已，合下学上达之事，极其趣而备言之。于是始有性命、道教、尽心、养气之论。其言似蹴出于夫子所未尝及者，盖世殊事异，岂二子所得已哉。孟轲氏没，又旷千载而泯不传。有宋昌明，天佑斯文，濂溪周夫子出，始发明孔子易道之韫，提其要以授哲人。既又手为图，笔为书，然后孔氏之传复续。凡今之学知有孔氏大易之韫，《大学》、《中庸》七篇之旨归者，皆自先生发之。故曰先生之功，在后学深长且远者，以此也。自是洪儒相继，尊信其图与书，而演畅其说。或者乃疑太极之外不当更有无极，虽知有《通书》之粹而不敢议，然独议图非先生所作，其辩虽雄，而终归之以文害意，失其旨趣矣。夫太极也者，以为有物焉，则无形可指；以为无物焉，则是理已具。所谓无极而太极者，犹曰微而显云耳，初非二物次第而生也。及其为二气，为五行，为万物也，太极亦无时而不在，不以合而浑也，不以离而散也。后之学者，真能反而求之吾身，一原之妙，感而通之，酬酢万变之间，则知天地虽大，万物虽繁，未尝离而为二，尚何先后、本末、显微、精粗之间哉！以此正心修身，以此治家国，平天下，发为辉光，见为事业，高不为空寂所眩，下不为功利所沦,凡异说之颇僻而不中者,皆不照而自破矣。反身而诚,乐莫大焉。此孔子易道之蕴,《大学》、《中庸》七篇之指归,六经之原也;此周子所为著图书,有望于后之人者也;此赵侯所以即其地,建其庐,聚其徒,以读其书之意也;此孔硕所以受命而不敢辞者也。赵侯盖故丞相忠定公嫡长嗣,家有学。欲观其政,于此可以类推矣。"

嘉定六年,日南至,朝奉大夫、广南西路转运判官兼提举本路盐事、闽山陈孔硕记并书篆,朝奉大夫、江南西路转运判官提举学事兼权隆兴府、开封赵崇宪立。

◎郡斋士

濂溪书院上梁文

伏以道待人而后行,当明正统;党有庠而孙业,宜在西郊。侈轮奂之鼎新,觉宫室之益壮。用涓吉旦,肇举修梁。洪惟我宋文明之朝,实生濂溪贤哲之士。不由师授,探先天太极之精微;得自心传,蕴霁月光风之气象。弗除庭草,独爱池莲。明道得师,有吾与点也之意;伊川苦卓,犹子曰参乎之时。对羑君之名山,存先生之旧址。祠堂虽有,书院未兴。幸逢粉省之望郎,来作碧油之贤牧。主盟吾道,知化民成俗之方;振起斯文,建亲友隆师之地。垣墉作堵,匠石鸠工。堂备七寻,应许渊骞之在寝;墙高数仞,肯使韩庄之倚门。顿还洙泗之遗风,永作浔阳之胜事。上栋下宇,方观不日而成;春涌夏弦,更喜如云之盛。好相儿郎之伟,同赓孺子之歌。

东,楼观岩峣气象雄。知是黉宫今创始,暮春同咏舞雩风。

南,《大学》、《中庸》要饱参。悠久诚明存至理,须知太极自函三。

西,性学渊源赖指迷。从此四方承学士,道原正统属濂溪。

北,厦栋渠渠仍翼翼。来游衿佩得师资,端自贤侯谆诲力。

上,宫室广居犹大壮。吟风弄月诵《通书》,此乐元来无尽藏。
下,负郭百间新学舍。文风济济士彬彬,服我史君能教化。
伏愿上梁之后,景行前哲,启迪后人。诗书礼乐之克勤,孝弟忠信之是讲。穷居里闬,悟正心诚意之端;达在朝廷,尽尊王庇民之业。无忘训诲,永戴循良。

按:文中有"对羌君之名山,存先生之旧址",可知为江州濂溪书堂。"羌君",即"匡君",宋人避太祖赵匡胤讳而名匡山曰"羌山"。"幸逢粉省之望郎,来作碧油之贤牧",亦与赵崇宪先任太府监丞、秘书郎、著作佐郎兼权考功郎官等职而知江州之仕履吻合。楼钥《答赵郎中崇宪先书》:"蒙示谕濂溪书院,尤见政最之余,儒术润饰,甚休甚体。"亦称赵崇宪为郎中。"祠堂虽有,书院未兴",亦与陈孔硕《濂溪书院记》"筑官其上,为讲堂、塾序,庖厩咸备"之语合,故知此文为江州郡学之士因赵崇宪建濂溪书堂而作。

◎赵崇宪
濂溪书院成开讲祝文(二月八日)

孔孟既殁,天其将丧斯文乎?斯文之未丧,则我先生发挥讲明之功也。庐阜之麓,濂溪之湄,先生之书堂存焉。像塑仅设,室宇湫隘,无以兴起士心。先生之道,殆犹郁而未宣也。崇宪奉天子训辞,来守此邦,用敢度其堂宇之左偏,广筑为学舍二十六区。盖将选邦人之俊秀者,朝斯夕斯,以茂明先生之业。惟先生阴,惠我多士。相协厥居,克昌斯文。岂惟予末学丕遂徯志,异时人材辈出,将越我国家万年,实嘉赖之。

【纪事】嘉定五年至十一年,蔡念成任堂长,卓有建树。

◎蔡念成任濂溪书院堂长

蔡念成，字元思，号东涧，德安人，朱熹之弟子也。陈宓《与江东徐提举札》云："蒙喻白鹿士友今岁颇盛，至百余人，试后方散。胡堂长久辞去，以艰其代，遂留至试前始归。今代者见议招九江蔡念成者，其人在濂溪书堂，学生者师之，言议操存，端有可法，本同某过闽中，今辍其行。此人若来，学者必云集，非主盟斯道之笃，未遽及此。"

按：江东徐提举，即徐侨，义乌人，嘉定十一年冬除提举江南东路常平茶盐事。① 故此札不早于嘉定十一年，亦即嘉定十一年蔡念成尚在濂溪书堂任堂长也。又陈宓《南剑请蔡堂长念成书》："仰惟执事，蚤岁闻道于五夫，退处九江之上，孜孜矻矻，以淑后学为己任，学者宗焉。主濂溪之席者十数年，生徒济济。某顷在星渚，尝屈致白鹿，会不果来，至今恨之。"②又据《德安县志》记载，陈宓任郡守，建延平书院，聘请蔡念成任堂长。又李埴《留题书堂》云，于嘉定五年癸酉会晤蔡念成于濂溪书堂。可知蔡念成在濂溪书堂任堂长为时颇久，虽不必十数年，嘉定五年至十一年则可确知也。

◎蔡念成
通书志学章

圣希天，贤希圣，士希贤。伊尹、颜渊，大贤也。伊尹耻其君不为尧舜，一夫不得其所，若挞于市。颜渊不迁怒，不贰过，三月不违仁。志伊尹之所志，学颜子之所学，过则圣，及则贤，不及则亦不失于令名。

---

① 《宋集珍本丛刊》第七十册，第609页，《毅斋诗集别录》。
② 《全宋文》卷6962，第305册，第115页。

学必宗孔孟,尚矣。然居是邦而有先贤君子,后孔孟千余载而独得孔孟之传者,将天下万世之为学者实赖之。况在同邦而可不知所尊尚师承也哉!恭惟濂溪周先生,盖尝不彼是邦而辱居焉,迄今高山景行之思,其隐然于人心者未泯也。天相斯文,幸遇明师帅之临,欲与邦人士相励以圣贤之事,请于朝,肇新书堂,使凡有志讲学者,日从容俯仰乎其间。嘉惠之意,甚盛甚厚。而希贤名堂之义,顾独有取于《通书》志学之一章。抑尝伏读是章之言曰……云云。

夫濂溪先生,上接洙泗之统,下启伊洛之派,建图属书,阐发幽秘。其于天人性命之蕴,修己治人之方,固莫不毕举。而是章之言,尤切切于志学之云者,意者士莫陋于无志,莫病于无学。志则欲其弘大,学则欲其细密。不弘大则不足以为志,不细密则不足以为学。伊尹自任以天下之重,必欲尧舜其君,尧舜其民者,此可以验其志之弘大也。颜子从事于克己复礼之目,而不迁怒,不贰过,三月不违仁者,此可以见其学之细密也。今日共学于斯堂者,诚能以伊尹之志为志,则知人之有生,父乾母坤,同得其气以为形,同得其理以为性。故虽势在匹夫之贱,而视天下犹一家,中国犹一人,皆其胸中素定之规模矣。诚能以颜子之学为学,则知天理人欲同行异情,其始有毫厘之差,则其终有千里之缪。故凡日用动静之间,居敬以求其存养之固,穷理以致其察识之精,皆其日新不已之工夫矣。立弘大之志,充细密之学,循序而进,历阶而升。由士而贤,由贤而圣,由圣而天,皆在我耳,夫岂患其终难至哉!如此而后,庶几可以无愧于邦之先贤垂训立言私淑后学之功,无负于明师帅兴学宣化作成人材之意,顾不韪欤?凡我切偲之友,愿相与勉旃,毋忽。

按:据文中"恭惟濂溪周先生,盖尝不彼是邦而辱居焉"及"幸遇明师帅之临……肇新书堂,使凡有志讲学者,日从容俯仰乎其间"之语,可知讲论于濂溪书堂也。

《论语》孔颜所乐二章

子曰:"饭疏食饮水,曲肱而枕之,乐亦在其中矣。不义而富且贵,于我如浮云。"

子曰:"贤哉,回也,一箪食,一瓢饮,在陋巷,人不堪其忧,回也不改其乐,贤哉回也。"

昔程子之学于周子也,每令寻仲尼、颜子乐处,所乐何事。夫程子之世,去孔颜千五百余载,其时远矣,其人亡矣,何从而寻其所乐也哉。饭疏食饮水,曲肱而枕,箪瓢陋巷,人不堪忧,本非有可乐者也。然曰乐在其中,而视不义富贵如浮云之无有。曰不改其乐,而称赞其贤至于一再而不容已。其所谓乐者,果何所指也?以不可指名之乐,而令寻之于茫茫往古已没之圣贤,不几于诬乎?然濂洛渊源,上接洙泗,续道统之正传,寿斯文之命脉,以惠我后之人于万斯年之远者,其口传心受之妙,端有在于此,决非诬也。盖尝反复思之,抑程子有言,仲尼元气也,颜子春生也。仲尼无迹,颜子微有迹。夫元气浑融,故无迹之可求。春生发达,故微有迹之可验。欲寻孔子之所乐,当自颜子之所乐始。欲寻颜子之所乐,又当自其进修之迹始。颜子进修之迹何如也?观其发喟然之叹于一旦之顷,以孔子之道无穷尽也,则仰之而弥高,钻之而弥坚。以孔子之道无方体也,则瞻之而在前,忽焉而在后。然夫子道虽高妙,而教人有序。其博我也则以文,其约我也则以礼,故说之深而至于欲罢不能,力之尽而至于既竭,吾才然后卓尔有立。而所见为益亲,欲从未由而无所用其力。盖述其先难之故,后得之由,而归功圣人之善诱也。

然其所以为善诱者,则不出乎博文约礼而已。盖博文约礼,即《大学》之所谓格物、致知、诚意、正心、修身也;《中庸》之所谓博学、审问、慎思、明辨、笃行也;孟子之所谓尽心知性、存心养性,而夭寿不贰,修身以俟命者也。盖博文则有以穷古今,该事变,而开发其聪明;约礼则有以尊所闻,行所知,而检束其践履。自昔圣贤之所以为教法者,举不越此,而颜子之学于孔子,所以必以二者为言,而为之喟叹也。异时颜子尝问为邦矣,夫子告之以夏时、殷辂、周冕、韶舞,四代之礼乐皆帝王经纶制作之大者,非其得于探讨之素,何以能领悟于一问之余?则其博文之实可知矣。又尝问仁矣,而夫子告之以克己复礼之目,在于非礼勿视听言动,而回也即请事斯语,直以为己任而无疑,则其约礼之实可知矣。学者用力之地,要在恢拓弘大,以致其博文之功;持守收敛,以极其约礼之趣,则气质之昏不得以蔽其清明,物欲之累不得以屈其志操,而颜子之乐真可寻矣。颜子之乐可寻,则孔子之乐亦不殊心而得矣。孔颜之乐在我,则知周子之胸中洒落如光风霁月者,此乐也;窗前草不除去,与自家意思一般者,亦此乐也。程子之再见周子而吟风弄月以归,有吾与点也之气象者,此乐也;从容静观万物之自得,而与四时之佳兴同焉者,亦此乐也。周子以此乐而付之程子,程子复以此乐而望之后学。此乐之在人心,得于降衷,根于秉彝,不为孔颜周程而有余,不为后学而不足。诚能寻而得之,则处乎天地之间,而仰无所愧,俯无所怍,心广体胖,睟面盎背,素富贵而行乎富贵,素贫贱而行乎贫贱,素夷狄而行乎夷狄,素患难而行乎患难,果何往而非乐地也哉!故士不博文而局知识于卑污蹇浅之中者,不足以寻此乐,士不约礼,而肆躯壳于规矩准绳之外者,不足以寻此乐,是谓自弃于孔颜周程之教者也。凡我士友之共学于斯堂者,其亦反之于身而勉之,以仰称明师帅所以拳拳于世道人材作兴之盛心也哉。

  按:嘉定十一年,德安令马价改德安县之咏归亭为尊贤堂,绘周敦颐及二程像于其中而祀之。此事当与德安人蔡念成任濂溪书院堂长有关。长乐人林时英为之作《德安县三先生祠堂记》曰:大哉孔子之道，所以维天理，立人极。虽世未尝亡，而本统之传不能无断续，则是道不能无晦明。故自孟氏而下，杳无嗣响。我朝濂溪先生作《通书》、图太极，不由师授，遂继绝学。二程先生又从而广之，然后孔道复明。三先生之在天下，盖学者同所尊也。然浚源衍流，起人心之敬，一人心之趋，则自学道君子始。德安邑庠，旧有亭曰咏归，岁久不葺。嘉定戊寅，马君价来摄邑事，能栉垢搔痒，以瘳民瘼。锄荒剔蠹，以束吏奸。不两阅月，百废俱兴。于是邑上合辞，请新之。君曰："吾志也。然与其为游息之所，盍亦正趋向之源乎。"欢曰："善。"遂易亭而堂，改扁曰尊贤，绘三先生像于其中。俾升斯堂者，见其洒然如光风霁月，濂溪也；浑然如玉质金声，明道也；森然如规矩准绳，伊川也。莫不悚然慕，肃然敬。如亲抠衣拱，聆提谕，阐正学门户，而学者知所入焉。夫心与理一，苟此心无一日而不敬，则此理无一日而不明，由尊三先生而孔圣之道益尊矣，祠像云乎哉！虽然，学者不自正心诚意，谓能尊贤，骎骎流弊，必至驾伪翼虚，盗名欺世。此非三先生之心，抑非马君之所望于学者也，故为之记。

◎ **余宋杰**，字国秀，建昌人。朱熹弟子。据《宋史·李燔传》，朱熹殁，学徒解散，讲习之风颓败，李燔与余宋杰、蔡念成等率徒数十，联集讲会，惟朱熹书是读，每季一集，轮流主持，讲会不辍，往复问难，相告以善。

太极图说

宋杰闻之师说，无极而太极者，上天之载，无声无臭，而实造化之枢纽，品汇之根柢也。太极动而生阳，动极而静，静而生阴，静极复动者，是天命之流行也。一动一静，互为其根者，命之所以流行而已也。分阴分阳，两仪立焉者，分之所以一定而不移也。阳变阴合而生水火木金土，五气顺布，四时行焉者，有太极则一动一静而两仪分；有阴阳则一变一合而五行具，语其生之序则为质，语其行之序则为气也。五行一阴阳，阴阳一太极，太极本无极者，推本而言之，以明其浑然一体，莫非无极之妙也。五行之生，各一其性者，以无极之妙，未尝不各具于一物之中也。无极之真，二五之精，妙合而凝，乾道成男，坤道成女，二气交感，化生万物者，无极二五，混融无间，以类凝聚，阳健成男，阴顺成女，而人物之始，以气化而生者也。万物生生变化无穷者，气聚成形，则形交气感，遂以形化，而人物之生变化无穷者也。惟人也得其秀而最灵者，阴阳五行，气质交运，而人之所禀独得其秀，而其心最为灵者也。形既生矣，神发知矣，五性感动而善恶分，万事出矣者，形生于阴，神发于阳，五常之性感物而动，而阳善阴恶，又以类分，五性之殊，散为万事者也。圣人定之以中正仁义而主静，立人极焉，故圣人与天地合其德，日月合其明，四时合其序，鬼神合其吉凶者，圣人全动静之德，而常本于静也。

盖人禀阴阳五行之秀气以生，而圣人之生又得其秀之秀者，是以其行之也中，其处之也正，其发之也仁，其裁之也义，动静周流，而其动也必主乎静，此其所以成位乎中，而天地、日月、四时、鬼神有所不能违也。君子修之吉，小人悖之凶者，圣人全体太极，不假修为而自然全备，未至此而修之，君子之所以吉，不知此而悖之，小人之所以凶也。故曰立天之道曰阴与阳，立地之道曰柔与刚，立人之道曰仁与义。又曰原始反终，故知死生之说者，三才之别，各有体用之分，其实则一太极也。阳刚，仁者，物之始也；阴柔，义者，物之终也。能原其始而知所以生，则反其终而知所以死矣。此天地之间，纪纲造化流行，古今不言之妙。圣人作《易》，大意不出此也。大哉《易》也，斯其至矣者，《易》之为书，广大悉备，然语其至极则此图尽之也。

右濂溪先生《太极图说》，宋杰闻之师训，大略如此。其详则见于解义，晚学盖未能尽究其精微之蕴也。然尝试读之，切有感焉。

自开辟以来,人文肇见,如河图授羲,龟书畀姒,其大本大原,盖出于天。是故群圣代兴,阐发幽秘,天人之际,昭晰著明。使当世之人知上帝所降之衷,悉民所秉之彝,以故教化兴行,习俗粹美。万世之下,式瞻盛际,光明卓绝,不可企及。粤自孔孟既没,道学不传。秦汉以来,人心溃溃,不知天之所付,人之所受,无非性命之全体。是以气禀得以拘之于前,物欲得以锢之于后,醉生梦死,举世沉迷。千余年间,人道盖几乎熄矣。至于我宋,天佑生贤。有濂溪夫子者,出不由师传,默契道体。建图立象,根极领要,指陈造化,如示诸掌。于是天道隐然而忽彰,人心暗然而骤明。举凡天下之人,皆知天地之果为万物父母,而斯人果为万物之灵。尽其性则为圣人,顺而修之则为君子,逆而背之则为小人。开万世生民之耳目,续下古圣贤之坠绪。所谓再造斯文,一正人极。故自是以来,先觉大贤,因得以广大推明之。启迪后人,永世无致。盖自孟氏以来,昉见夫子,其有功于名教,可谓至矣。士生此邦,去夫子之世为未远,接天子之居为至近。又幸遇贤邦君属意斯文,嘉惠后学。即夫子之故居,鼎新书堂,嘉惠后学,教养多士,使得以致高山景行之思,厉希贤学圣之业,甚盛举也。宋杰旁郡诸生,闻风踊跃,深愿一睹盛事。兹蒙不鄙微贱,呼而进之,且俾与诸友共讲所学。自顾虚庸,何敢当此。恳辞弗许,辄诵所闻夫子《太极图说》与夫平日尊慕感慨之诚如此。睦我同志,日处斯堂,愿考夫子之迹以观其用,察夫子之言以求其心。加主静无欲之功,造诚立明通之域。达而在上,则施泽以加乎民;穷而在下,则修身以见于世。庶于夫子之垂世立教,邦君之建学育材,两无所负,岂不休哉!区区浅陋,未能有进乎此,惟先达之贤,后来之秀,并有以教之。

按:黄榦《与李敬子司直书》云:"年事寖晚,筋力益衰,亦欲求闲耳。本留濂溪,以热甚蚊多,遂迁太乙观,俟得请,却过山南也。"

可知黄榦亦曾讲学于濂溪书堂。李敬子即李燔,寻其文义,时当在山南白鹿洞书院讲学。

　　【纪事】嘉定十一年,应知江州丁焴奏请,朝廷为濂溪书院赐额。

　　按:刘元龙《请御书濂溪书院四大字奏状》:"近年以来,如白鹿、如紫阳、如鹭洲、如宗濂等书院,是特沿其流而衍其派者也,莫不并蒙赐额,均拜敕书。矧江州濂溪书院,乃元公晚年卜筑之地,阐明理学,归宿于斯。光霁洒落之标,今犹可挹。矧书院鼎创亦四十年,虽蒙赐额,而宸翰龙光,犹未之及,庸非阙典欤!"章琰《书御书濂溪书院字石刻下》:"嘉定六年,郡守臣赵崇宪于堂之旁益以书院,始聚五邑士而教之。又五年,郡守臣丁焴循四书院比,始即濂溪之名奏请为额,距于今天笔焕扬,典文大备,又三十余年矣。"据此可知,嘉定十一年,郡守丁焴循白鹿、紫阳、鹭洲、宗濂四书院成例,奏请朝廷为濂溪书院赐额。

　　【纪事】嘉定至宝庆年间,李埴、安公直、魏了翁、家大酉皆过书堂而留题焉。

◎李埴,字季允,眉州丹棱人。官至枢密院事。
留题书堂
　　眉山李埴,敬谒濂溪先生之祠,与先生五世孙淡、蒲塘蔡念成晤语久之。同来者普慈、冯继,丹棱程锬,埴之子镛侍。嘉定癸酉孟夏朔。

◎安公直，蜀人。嘉定间在世。

留题书堂

尊贤重道，兴废振坠，以扶立世教，兴起人心，此为政之先务也。秦汉以来，功利日胜，义理不明，祠所不当祠，于其所当祠者，忽焉不问。惟忠定丞相守成都日，创横渠张先生祠，市田以赡其后人，至今蜀士咏思不已。今江州史君，恪守先训，鼎新先生祠宇，为周氏后人立学，一用忠定公遗规。蜀人安公直祗拜祠下，伏读史君奠谒之同，盖躬行先生而有得者，与俗吏庸夫视时之好尚而为兴废者相千万也。三叹之余，书于拙堂。从游者，嘉定释师戒。嘉定癸酉季秋七日。

◎魏了翁，字华父，号鹤山，学者称鹤山先生，蒲江人。庆元五年进士。仕至兵部、工部侍郎，权礼部尚书。

留题书堂

嘉定十有五年秋七月庚申，临邛魏了翁及眉山蔡震龙、李从周，合阳谢子钦，资中侯季任、杨约，太华李材，眉山张肇、程立之，临邛高斯谋，剑阳张资深，会于濂溪书堂，以易名得请告于元公室。江山风月，仪刑如在。同游之士各适其分，充如也。了翁之子近思、约之子晖侍。

◎家大酉，眉山人。庆元元年进士。累迁工部侍郎。

留题书堂

眉山家大酉补外西归，敬拜元公周先生于濂溪之上。游泳久之，想象秤纯公吟风弄月时气象，尚庶几万一焉。宝庆三祀仲秋上浣。

【纪事】端平元年,九江守赵善璙大修书院,并请增江州贡士名额。

◎赵善璙,字德纯,歙县人。嘉定元年进士。曾知江州,官至中奉大夫。

书濂溪书堂谥告石刻下

嘉定庚辰,有诏赐濂溪周公谥曰"元",从蜀使者魏侯了翁之请也。越明年秋,以命书及贰付元奏。请旨授先生之后又十二年,善璙来守九江,寻访其家,始克燎黄于祠下。深惟蜀在千万里外,先生佥书合阳时,其行事不甚较著。而嘉祐百五六十年之后,一旦表出褒异,上继去圣,下开来哲,昭然如日月之明,亦足以见百世之师,闻者莫不兴起。而上之阐扬风厉者,何其盛也,刻庐山之阴,有濂溪书堂在焉。盖先生自舂陵来,授业于斯,已而长吏增辟其宇,置堂长弟子员。宜其浸灌培植,声生气长,视他邦尤盛。而寖寖废坠,过者太息,独非吾徒之耻哉?有如褒章美谥,所以昭上休德,则揭而祠之,诚风教之首,而顾阙典若是,可乎?善璙不敏,幸以承学诸生,滥长斯土,徘徊遗躅,仰止高山。于是更治其书堂,缮修其祠墓,肄习有庐,祭荐有田,乃十一月癸亥,爰举燎黄之典,用牲于隧,率州宾属拜焉。既会事,又谋所以经纪其子孙,以承祭祀。或谓:"是举也,示邦人以上德,不可无以诏来者。"善璙尝窃诵朱文公所为先生祠堂记,推原道之出于天而托于人,既已根极端绪,至于谥"元"之议,更定于太常考功之手。其发明先生所以寻坠绪于旁搜远绍之余者,亦既开百圣而不惑矣,虽欲有言,无以出讲闻之外者。若夫记谥告之本末,以宣布公朝崇儒重道之大指,使无愧于学士大夫相与兴起之意,则善璙不敢辞。孟子曰:"去圣人之世,若此其未远也。近圣人之居,若此其未甚也。然而无有乎尔,则亦无有乎尔。"与我同志者勉诸！端平甲午日南至，守臣赵善璙立石希贤堂，拜手恭书。

◎ **吴昌裔,字季永,四川中江人。嘉定进士。端平中,拜监察御史。**
留题书堂
潼川吴昌裔、东平刘震孙、率涂仁、范大淳、袁埍、苏廷畦,祗谒先生祠下。濯缨溪流,仰高庐阜,油然有发,泛舟而还。昌裔之子概汇、犹子寅、震孙之子儒珍侍。端平改元孟秋吉日。

◎ **冯去疾,号磊翁,都昌人。嘉定十三年进士。淳祐八年提举江西常平茶盐。**
江州贡士增员记
端平元年春,诏增天下郡国贡士员有差。逮嘉熙元年秋,旨江州增额二人,恩至渥也。初,诏下,郡守赵公善璙言曰："九江为郡最古,地望于今犹重。国家中兴逾百年,文治洽于承平,士彬彬盛矣。而三岁大比,贡额褊仄,至不能具六经。其为士者耻之。敢援明诏以请阁。"弗下,已而陈公垲以本道帅节行州事,乃申言曰："是岂惟士之耻,抑长吏之责也。诸侯不贡士,若古有辟不举孝不奉诏,汉论以不敬,魏□率岁察而秀异者不拘,唐二礼,公羊、谷梁《春秋》殆绝,则训诱胡可因循,所由来旧矣。且诏之而不言,言之而不力,将何以奉宣德意,兴起文教? 甚非好德贤贤之谊也,敢重以请。"会赵公必愿在省闼,慨然曰："是为周子所居之乡,而吾先君吏部公旧所临州者,非耶! 有无极太极之说,故其人至于今善穷理;有光风霁月之韵,故其人至于今务躬行;有巧劳拙逸之戒,故其人至于今不务利而计功;有志伊尹、学颜子之教,故其人至于今能希圣贤而不失于令名。此濂溪先生之遗风,而先吏部公所为筑书堂而风厉之者也。虽微端平之诏,郡国之请,犹将张之,况诏书具在,而二侯之言可覆不诬耶!"遂撼前奏,白于朝,以有今诏:"惟国家以科举取士,有革有因,大较以言扬而已。以言取士,既已失之。考言惟华,其失逾远,自唐之世已然。儒先大人盖尝发愤抗议,思所以革之而未能也。然自设科以来,名公巨卿、才大夫皆此涂出,而上所尊异者,亦惟曰进士云。然则贡员之广狭,所关远矣。今一郡五邑之大,三四千士之众,所增者才二人,通旧额惟十人。视环州数郡若番、若洪、若南康,犹为褊也。而化得下究,读《礼》、《春秋》者,不雍于上闻。此上之恩,二邦君前后奉行诏书之勤,而赵公名父子加惠江人士之德也。"云云。继自今进而献艺于有司,不窘于贡员之褊仄,而克展尽其平日之所长。退而讲学于书堂,既有以待有司之求,又能探讨服行,卓然脱于俗学异端之惑,而异时足为天下国家之用,顾非赵公名父子所望于尔江州人士之意,抑非尔贤师帅之所以教者哉!

【纪事】淳祐初,吉水人刘元刚任濂溪书院山长。

◎ **文天祥**,字履善,又字宋瑞,自号文山,庐陵人。南宋末仕至右丞相。

知韶州刘容斋墓志铭

咸淳四年四月十二日,容斋先生刘公元刚卒于家,年八十有二。先生官至郡守,死之日,几无以为敛。附于身者称家之有无,乡党之士莫不高先生之风而哀其志焉。

先生字南夫,一字南强,世为吉州吉水县人。治毛氏《诗》,早为乡校知名士。嘉定十年,入太学,后六年登进士第,授迪功郎,信州永丰县主簿。升从政郎,调静江军节度推官。丁外艰,服除,差江州教授,兼濂溪书院山长。自故丞相董公槐,今丞相江公万里以下,举亲民五员,淳祐五年班见,以通直郎知抚州崇仁县。

平生居官,所至清谨,家无余赀,萧然环堵。四方学者,执经问字相继于门,先生诱掖恳恳,不啻父兄之遇子弟。尤工为文章,虽游戏之笔,鲜不奇古。江湖之士,得品题一语,足自表于其徒。与人尽恭应接,终日无倦意。客至,雅言之外,谈玄演空,闻者往往忘去。世人以声利为门户,先生恶之如恶恶臭。登第垂五十年,郡县官吏知敬先生,不见其可畏。出入不设车徒,间步行井陌中,不以为苦。甘心屡空,以至死而不悔。噫。此真所谓善人长者矣。①

【纪事】淳祐六年,知江州贾似道大修书院,给赡其濂溪子孙,修其墓祀,咸淳六年冯梦得追记其事。

◎冯梦得,字景说,自号初心,将乐人。嘉熙二年进士。咸淳六年为礼部尚书。

江州濂溪书院后记

周公作而善治,可以开百世之运。孟子生而真儒,得以兴千载之文。圣宋肇基,奎钩效祥,耆辅硕学,项背相望。由孟子而来千四百有余岁,能以斯道为己任者,昔元公也。由周公而来二千有余岁,能以天下为己任者,今魏公也。乔木故家,典刑如存,气汇感召,律吕相应。庐山之阳,濂溪之滨,元公书堂在焉。异时遗墟旧址,芜秽不治。青苹白鸥,无与同乐。潘侯慈明,始复作堂其处,揭以旧名,而奉厥祀。赵侯崇宪,又规创书院,聚生徒其侧,以郡博士主之。贵寓察院刘公元龙请于朝,先皇帝亲洒宸翰,书濂溪书院四字扁于门,所以表章崇尚者甚至。式闾封墓录后之举,则未之闻。淳祐六年,

---

① (宋)文天祥:《文天祥集》卷十一。

今太傅平章魏公，开梱溢府。元公之五世孙择之者，膝行以请曰："惟先君元公，得不传之学以授二程，而道以大明。迄今二百载，于其子孙弗振，洵之子无责焉耳。澹之后无传，余为沆之次子，曰振之者，余季也。湛之子一之，涛之子成之，是皆有志于学者，而未有以赡养之。又惟先君无恙时，荣筑室少府岭下，其肯曰：予有后，弗弃基，弗念弗庸，以质以鬻。今殆为他姓所得，思欲更葺数椽辟燥湿寒暑，以奉吾亲，讵可得耶！"

公恻然，亟命山长潘君之定订其支派，为之纤悉经纪，胪为四位，以择之嗣。澹后奉孀母叶氏以居，索所质鬻之地，官代为酬直，拓隘展狭，增造楹舍，仍给没官田三百亩。会魏公易镇上流，又拨军资库不省钱壹拾万缗，为市良田八百亩。若位得二百，给据立石，禁典卖，蠲二税，比成之等，置到皇甫等田八十四亩，余更饬属县买补元数，以成初志。他如修筑墓墙，开填书院溪涧等费，为钱肆阡三百缗有奇。由是而元公之庐肯堂矣，坟有识矣。尔后魏公入相，天子进位，辩章军国机事之暇，犹眷眷不忍忘。且援褒录勋贤后嗣之典，授成之以初品官，俾主德化之学，掌元公祠。其始自今钦千世世，魏公之有大造于元公者，善藩善饰云乎哉！

咸淳己巳，太府少卿李侯繇池阳改牧，款谒祠下。顾瞻左右，昉建祠堂，则朱文公实记之。再创书院，则陈北山实记之。至于悯流泽之湮微，伤诗书之废坠，扶植于开梱之始，纲维于移镇之日，官其后嗣于秉钧十年之后，使元公之传，绳蛰继志，则魏公之德，卓乎不可几及。稽之郡乘，未之纪录，大惧阙典，不远千里，属梦得为记。

夫莫为于前，虽美弗彰；莫继于后，虽盛弗传。元公不繇师授，默契道体，为往圣继绝学，其视孟子承三圣，距诐放淫以私淑人心者，同一学也。魏公不负所学，再造王家，为万世开太平。其视周公相成王，制礼作乐，使大治荣华者，同一道也。然君子之泽，五世俛弗克绍,孟子盖深惜之。今魏公存录贤者之裔,而营道源流之盛,以彰以传,实得周家崇德象贤之意,可不尚乎?可不纪乎?

侯名舆,字伯舆,同庆人,学问有本,经纶有方,乃能加意于此,可谓知所先矣。诗曰:赫赫师尹,民具尔瞻。又曰:高山仰止,景行行止。梦得载赋二章,而书周公孟子之说以复之,是为记。时庚午闰十月四日也。

显文阁直学士、朝议大夫、知建宁军府事、兼管内劝农使节制左翼军屯戍军马、兼福建路计度转运使、兼本路劝农使、将乐县开国男食邑三百户、赐紫金鱼袋冯梦得撰。中奉大夫、权尚书吏部侍郎、兼权给事中、兼同修国史实录院同修撰、兼侍读、分宁县开国男食邑三百户、赐紫金鱼袋章鉴书。端明殿学士、朝散大夫同签书枢密院事、兼权参知政事、同提举编修敕令同提举编修经武要略、缙云县开国伯食邑七百户食实封一百户、赐紫金鱼袋赵顺孙篆盖。

【纪事】淳祐十二年,前任堂长刘元龙及知江州章琰请御赐濂溪书院匾额,帝允其请,遂建御书门屋。

◎刘元龙,江州人。淳祐间任赣州通判权知军,后为监察御史。
请御书濂溪书院四大字奏状
承议郎监察御史兼崇政殿说书刘元龙状奏:臣恭惟皇帝陛下潜心圣道,游意艺文,内而上国明伦之区,外而先贤垂教之地。凡有关于风化,悉宠畀以奎章。所以粉泽皇猷,表章儒学者,亦既渥矣。窃惟先儒元公周颐,续斯文之正统,为吾道之宗师。渊源所渐,士风聿起。近年以来,如白鹿,如紫阳,如鹭洲,如宗濂等书院,是特沿其流而衍其派者也,莫不并蒙赐额,均拜敕书。矧江州濂溪书院,乃元公晚年卜筑之地,阐明理学,归宿于斯。光霁洒落之标,今犹可挹。矧书院鼎创亦四十年,虽蒙赐额,而宸翰龙光,犹未之及,庸非阙典欤!臣昔尝滥长斯堂,窃有志于此,而当路无与敷陈者。今幸密侍清光,亲逢嘉会;敢申蚁恳,上紊燕闲。愿分云汉下饰之光,垂贲风月无边之地。伏望圣慈,特御神札,作濂溪书院四大字赐江州,标揭院额,于以发挥正学,崇厉儒宫。使元公之教,因奎璧而增明;而斯道之光,与日星而俱焕。其于风教所系,实非小补。仍乞下臣此疏,札本州照会。候御书到日,涓吉迎奉装揭,不胜斯文之幸。伏候。

敕旨:照得儒臣周颐,高远清旷,悠然自得。太史黄庭坚,谓其胸中洒落,如光风霁月。江州濂溪书堂,盖其晚年卜筑之地。若上之人表显而宠光之,所以风士习,美道化,岂不盛哉!陆月贰拾陆日,三省同奉圣旨,依右札付江州。淳祐十二年六月某日。

谢赐御书表

臣元龙言:七月二十七日,承邓阁长传奉圣旨,以臣奏请特降御书濂溪书院四大字赐江州者。无极太极,易通演伊洛之传;大书特书,宸画照濂溪之上。仰惟四大字之扁,实垂千亿载之辉。圣恩诞颁,吾道增重。臣元龙实惶实惧,顿首顿首。

窃以木铎不振之后,道仅传于孟轲、子思;说铃益肆之余,学粗闻于董生、韩子。爰暨我宋,乃生周颐。以天挺贤哲之资,应奎聚文明之运。探索乎一理二气之妙,发明于四有十篇之书。本之刚柔善恶而立言,定以中正仁义而主静。程氏受其微旨,朱熹集厥大成。顾池莲净植而濯清,与庭草自生而交翠。实元公晚年筑室之所,为溢浦今日立教之规。遗像俨如高风,镇在遭逢上圣。嘉惠昔贤,肆褒表于门间,用亲题于标榜。龙翔凤翥,岂徒夸楷法之精;鱼跃鸢飞,实尽出陶钧之妙。见者皆肃,昭然发蒙。恭惟皇帝陛下道冠百王,心涵三极。笔正本乎心正,艺成由于德成。凡行义之有开,殆崇奖之几遍。遂挥神翰,增贲溪堂。臣早尝游此读书,晚又专其讲席,粗寻颜子之乐处,颇识曾点之咏归。致身清时,执经翠幄。愧无裨于圣德,乃误被于隆知。写为昭回云汉之章,自天拜赐;揭诸吟弄风月之地,与日俱新。臣无任感天荷圣,激切屏营之至,谨奉表称谢以闻。臣元龙实惶实惧,顿首顿首,谨言。

淳祐十二年八月某日,承议郎监察御史兼崇政殿讲书臣刘元龙上表。

◎章琰,字子美,号立庵,太平人。父辈迁居润州。宝庆二年进士。曾知江州。

江州谢表

臣琰言:伏蒙圣慈,以御书濂溪书院四大字赐本州,臣谨率阖郡官僚同诸生迎奉祗受,望阙尉恩,昭揭书院讫者。五星奎聚,开濂溪正学之源;四字天颁,侈庐阜寓居之地。庆绵道统,欢动儒绅。臣琰惶惧惶惧,顿首顿首。

窃以鳌断有初,鸿蒙既判,繁主张纲维之所寄,皆后先还作之是资。画卦造书,由伏羲而肇始;合仁与义,至孟轲以无传。慨遗响之莫闻,仅如线之不绝。天开圣宋,日振斯文。先臣周颐,钟秀春山,实天禧戊午之岁;徙居溢浦,在熙宁壬子之年。爱风月之无边,从丘园之自号。于焉筑室,于以著书。凡阴阳动静之根,与明通公溥之要,微则密探于造化,显而有补于治功。多从是塾以讲论,用广其徒之传授。至如白鹿,有若紫阳,标榜虽殊,源流则一,彼已久垂于象纬,此犹未被于龙□。□□怅之从容,思皇猷之显设。儒臣有请,天子曰俞。伟汉章宸藻之飞腾,到云岑岸竹之寂寞。几年欠阙,一旦辉煌。俾两仪四象大业之生,益彰体用;视九畴五福庶民之锡,允协训彝。此盖伏遇皇帝陛下精一执中,文思光宅。乾旋坤转,莫穷运用之机；日就月将，尤笃缉熙之益。傥关世道，悉轸渊衷。或褒表于先儒，或录存其后裔。皆以示斯人之趋向，抑惟阐此极之会归。遂能臻政教于清明，犹不靳昭回于贲饰。敢期偏垒，遽沐殊荣。臣适忝郡符，钦承天笔。萃鱼跃鸢飞之士，瞻鸾翔凤翥之文。莫不盥手争摹，洗心欲镂。俯思仰称，实践真修。师道立则善人多，已共识推崇之旨；贤材用而天下治，愿永观作成之功。臣无任瞻天望圣，激切屏营之至。谨奉表称谢以闻。臣琰惶惧惶惧，顿首顿首，谨言。

　　淳祐十二年九月某日，朝散大夫秘阁修撰、主管沿江制置副司公事、兼知江州主管江西安抚司公事、提举南康军兵甲事、节制蕲光黄州兴国寿昌军马臣章琰上表。

书御书濂溪书院字石刻下

　　淳祐十二年，皇帝更新大化。臣护戎江上，宅于是邦。秋有诏颁，畀御书濂溪书院四大字，赐江州三小字，俾臣奉以昭揭，盖可御史臣刘元龙所请也。

　　濂溪，本臣周颐舂陵所居故里。熙宁间以母仙居县太君墓啮于水，力疾乞守南康，以偕改葬。毕事上印分司南京。后追爱康庐山水，因堂其下而家之，表以故里名，示不忘父母邦之意也。年深沦废，越淳熙四年，郡守臣潘慈明，因故址始复为堂。嘉定六年，郡守臣赵崇宪于堂之旁益以书院，始聚五邑士而教之。又五年，郡守臣丁焴循四书院比，始即濂溪之名奏请为额，距于今天笔焕扬，典文大备，又三十余年矣。惟臣颐，斡道秘于圣远言湮之日，孔孟而降，无能先之者。今天下书院虽多，莫匪演其学。然往往不出于儒先之表建，则本于后学之企思。至于身亲其间，以家为学，鸣斯道以终其身，则濂溪学之沂泗矣。根荄芽甲，同本大化，天下之道，畴非帝王之道哉？雨露所被，云汉昭回。搢绅学士，固有以仰见皇帝陛下通变善治,求仁必世,用心之的矣,讵徒以恩荣为侈哉！顾臣职兼教化,愧未能宣畅大德,与夫人共由圣道之中。矫首鸾飞凤翥,照映草莱,用以识君父嘉惠儒臣之盛心云。具官臣章琰谨书。

◎ 陈纬
御书门屋上梁文

伏以剑佩铿锵,萃见濂溪之学；门闾高大,益昭云汉之章。非徒耀于众观,盖欲彰于君赐。于皇圣世,丕阐斯文。在新安则锡以紫阳之名,于南康则赐以白鹿之扁。于以觉人心而开天理,于以继绝学而兴太平。矧我元公,最先诸老,得抽关启钥之妙,斥同门异户之非。动而阳,静而阴,理明阖辟；及则贤,过则圣,人识指归。濯缨乎滋浦之滨,筑堂于莲峰之下。宛存旧址,独欠高闳。幸逢皇上之右文,每睠儒先之卫道。谏大夫为天启齿,庸新凤翥之华；明师帅兴学厉贤,特侈鸠工之助。鼎新轮奂,观改规模。御书揭而《通书》有光,屋极建而太极并立。巍巍乎宫墙数仞,洋洋乎宗庙百官。紫烟峰屹若在前,惟仁者静；景星湖泓然居左,乃圣之清。物与思以俱新,地因人而越胜。爱莲堂上,各求所学之精。翠草亭前,尽得其门而入。辄陈韵语,同举修梁。

儿郎伟,抛梁东,龙章新渥为元公。卜吉筑虹得天助,云开晴日上帘栊。

西,考亭伊洛出濂溪。诸贤会得图书意,孰谓斯文不在兹。

南,雨后前山觉胜蓝。寒雁又成书塔字,行观山色著青衫。

北,入门杰阁云霄逼。静中万物倚栏看,生意周流满三极。

上,此香一瓣谁饭向。乡坡郡帅有功多,会使斯堂成大壮。

下,朋来仰止如嵩华。入门志学便伊颜,尽为先生增道价。

伏愿上梁之后,皇猷天广,名教日尊。冠峨峨而圜门,屦沓沓而满户。伊颜志学,人皆入自得焉;尧舜君民,谁能出不由此!

【纪事】咸淳六年,以江州乃濂溪所居之地,增贡额二人。

◎方逢辰,字君锡,号蛟峰,淳安人。淳祐十年进士。曾任江东提刑、江西转运副使。

江州咸淳增贡额记

三代而后,士大夫鲜有开物成务之心,富贵其身而已。孔孟而后,士大夫鲜有学为圣贤之心,华藻其言而已。欲士勿徒事华藻,志富贵,当自讲明体用之学始。

皇上即位之六年,以江州为濂溪周元公故里,增贡额二人,从守臣请也。岁二月,曾侯具其事来告,曰比圣君元臣,以人文化天下之景铄,请子记之。且以郡之寓公博士诸生书来,曰元公生舂陵而卜筑于庐山之阴,则江为元公之里。《图》、《书》之教流行宇内,实自江始。昔理皇亲洒书院之扁以表之,今皇上搜访元公之后而官之,甚盛甚休。鸢飞鱼跃,莫不洗心以承休德。而三岁大比,贡额独狭。且江与南康邻也,南康终场二千六百有奇,而贡额十有七。江终场三千一百有奇,而贡额十。所以宽啬不同者,康为考亭朱子过化之地,守臣援此以请,遂增至斯。江为元公之里,而未有援此以请者。侍郎恕斋吴君革检、详山泉蒙兄弟,郡人也,一以白于州,一以州申白于朝。遭值明时,圣君元臣,方以斯道为己任,朝请而夕报,可经义词赋各增贡一人。命下之日,多士欢震乎庐山,咸愿勒石以对扬熙代遐不作人之休。窃惟今天下士之群试于礼部者,雷动云合。而国有缓急,欲求一十以当任使,即难其人。今国家于元公之里而增贡二人者,岂曰东南立国所少者文章士哉?此其微意在科举外。极

图一书,从天地万物之起处起。天地以阴阳五行造化万物,而以其真精凝聚而为人者,欲何为哉?天高地下,万物散殊,不能以自理也,故以太极寄之于人。所谓太极者,夫岂高虚不可致诘之物哉?只在方寸间,只在事事物物间。戴天履地而为人,穷则当讲明斯道而实践之,以无愧乎人之形;达则推之为政,使日用事物各得其理。又推而使人人皆知之,而皆由之扶持斯极,使之足以撑天拄地,此则为人之职分也,此则天地万物之所利赖者也。世之士,以清谈为高,问钱谷则曰不足知也,问甲兵则曰不足学也,问狱讼则曰簿书期会也,为筦库则曰尘埃也,为簿尉则曰箠楚也,为县令则曰鼎镬也,听其言则圣贤也,而不知日用事物之间,皆不足以屑吾意,则元公之所谓太极者,何所寄哉?自其为士也,辨之不明,践之不实。及其为官也,所学非所行,所行非所学。穷则只以华藻其言,达则只以富贵其身。天地万物于斯人何赖焉。圣君元臣,于元公之里,明示表章,益将使士知所向学。元公之学,体用兼该,知行并进。它日出为天下国家用,必有能行,其开物成务之学者,岂曰增二士云乎哉!朝议大夫、集英殿修撰、江南西路计度转运副使方逢辰记,朝议大夫、依旧直宝文阁、特授改差知江州军州事、兼管内劝农营田使节制军马借紫李舆书,资政殿大学士、通议大夫、提举临安府洞霄宫王爚篆额。

卷四
元明清濂溪书院

【纪事】宋元明清,朝代更迭,江州屡经兵燹,濂溪书院亦毁而复建,迁徙靡定。夫濂溪书院者,不过一读书之地耳,然仆而复起,传诵不绝,岂非周元公灵爽不昧,而仁义之心未泯乎。

◎ 元明清濂溪书院纪要

南宋末,濂溪书院毁于兵火。至元末,江州路总管陈时举别建濂溪书院于府治之东,当在城内或城东不远处;而南宋之濂溪书院在城南,故知非一也。濂溪祠亦毁,遂建祠于墓所,濂溪祠亦非故址矣。

元朝之濂溪书院复毁于元末兵火。王直《户部右侍郎南阳焦公宏神道碑》:"九江濂溪书院久废,人侵轶其地,公复之,建祠宇以起兴。"此正统初之事也。然据桑乔《庐山纪事》卷十,明代之濂溪祠"在石塘桥西北黄土岭麓",处濂溪书堂故址,非元朝之旧也。正统以后,濂溪祠屡有兴复,然空有书院之名而无其实。正德末,始有诸生肄业其中,然时有时无,终明一代而不足称盛,故桑乔《庐山纪事》止记濂溪祠而不记濂溪书院,过往者亦难究其详。如弘治初年,知府童潮作新书院与祠堂,其《濂溪先生墓祠堂记》云:"宋濂溪周茂叔先生墓在郡城南清泉乡栗树岭之下,迄今五百余年,所谓濂溪书院,则在其北,相违五六里许。"又《大明武宗毅皇帝实录》卷十一:"江西按察司副使邵宝奏:九江府德化县莲花峰下有宋儒周惇颐墓,其东北数里有濂溪书院,岁久荒颓,近者守臣重加修葺。"或曰书院在濂溪墓北五六里,或曰书院在濂溪墓东北数里,皆耳食之词,其实则濂溪祠与濂溪书院皆在一处,在濂溪墓西北六七里许。

嘉靖间,陈洪濛于城内丰储坊建濂溪书院。至清,丰储坊之书院为兵所占,遂废。

延及清代,明代之濂溪书院亦毁于兵火。《同治九江府志》云:"国朝顺治乙酉,兵毁。"顺治间,榷使崔抡奇复建,曰:"祠享之所,旧有书院,圮而不治,是亦儒者之羞也。"崔氏所修复,乃城内丰储坊之书院,非明代之濂溪书院也。康熙十一年,巡抚宋荦于濂溪港修复书院,自云近于先生读书之濂溪书堂,实则已南移数里,非宋明两代濂溪书院之故址。乾隆二十年,知府董榕又迁之于莲花峰下,是为莲花峰濂溪书院,后因此地涧水潮湿,风雨飘摇,肄业学子不能安居,屋遂倾圮。乾隆五十年,知府初之朴又于世德坊建濂溪书院,时谓之新濂溪书院。延续至清末,改为濂溪中学堂。

总而言之,濂溪书院故址,自宋以后迁徙不定,元朝一处及明朝陈洪濛所建,清朝三处(宋荦、董榕、初之朴建),皆非南宋之旧也。

【纪事】宋末书院毁于兵火,濂溪书院寄于府学。至元二十五年,免除濂溪书院租税。二十八年,江州路总管陈时举新建书院于府治之东,见陈黄裳《周濂溪先生祠堂记》。

◎《通制条格》卷十七
蠲免濂溪书院租税
至元二十五年八月初九日,江西行省咨"江州路府学、景星、濂溪叁学岁收子粒,除纳税粮外,所存不足养士,惟恐荒业。照得近钦奉圣旨节该:江南立学校呵,怎生属学校的田地属官也。如今师傅每根底、学文书的孩儿每根底种养(着)吃的田地与他每呵,怎生。麽道有,奏呵,那般者。麽道,圣旨了也。钦此。拟合钦依蠲免。"都省准拟。①

◎徐明善,字志友,号芳谷,德兴人。至元二十六年使安南,历江西儒学提举。

送马贵权江州德化主簿序

故丞相马公之犹子贵权君,尤廉之一也。至大庚戌,君尝州教授秩满,与君有雅故者适柄,用欲擢君,而忘君名之下一字,则以上一字为君名,任太常寺太祝,君不就,遂调江州德化簿以归……按志,江州治德化,而濂溪周元公故宅距城十里,元公初为分宁主簿,有狱久不决,一讯立辨,众口交称之。凡居是官者,所当师仰也。元公率性备德,廉特其一尔。故黄太史云:"溪名不足以对茂叔之美。"今君既尤廉矣,居元公之官,未远元公之世,而又近元公之居,为政精密,严恕务尽道理,亦景行之而已。庐山虽高,可企而齐;濂溪虽清,可澄而匹也。②

◎赵汸,字子常,休宁人。元末为商山书院山长,明初曾参修《元史》。

黄楚望先生行状(节选)

先生讳泽,字楚望,其先长安人,唐末有官于蜀者,知资州内江

---

① 《通制条格》卷十七。
② (元)徐明善:《芳谷集》,四库全书本。

县，曰舒艺，卒，葬资州，次子师明留居，后遂为资州人。考某，字仪可，以孝友闻，累举不第，随兄骥子官九江，蜀乱不复能归，因留家九江，而贫日甚矣。先生生有异质，日诵数千言，年十二三即尽通当代进士经义论策之学。内附国朝，年十六矣，慨然以明经学古、笃志力行自励。年二十余，始旁通古今史志、别集，诗文皆不习而能，诗尤超迈清美。久之于周程张朱之书有得，作颜渊仰高钻坚论以自勉。是时行省巨公犹有尊贤敬学者，屡以书院山长之禄起先生，教授江之景星、洪之东湖，考满即归，闭门授徒以为养。先生卒于至正六年丙戌某月某日，得年八十有七，以郡人王仪甫所归棺殓。九江学者盖少，先生又深自韬晦，不求闻知，唯待人接物，则无贵贱长幼，一致其诚，故死之日，远近闻者，莫不哀之。

先生雅自慎重，其学未尝轻与人言，以为其人学不足以明圣人之心志，不以六经明晦为己任，则虽与之言终日无益也。学士李公溉之使还，过九江，请先生于濂溪书院，会寓公缙绅之士，躬定师弟子礼，假馆庐山，受一经之学，又将经纬先生家，为子孙计。先生谢曰："以君之才，辍期岁之功，何经不可明。然亦不过笔授其义而已。若予则于艰苦之余，乃能有见，吾非邵子，不敢以二十年林下期君也。"李学士为之叹息而去。或谓："先生幸经道已明于己，而又阂于人，如此岂无不传之惧乎？"先生曰："圣经兴废，上关天运，子以为区区人力所致乎？"①

【纪事】明初，周敦颐后嗣周启宗于濂溪书堂故址建濂溪书屋，以为读书之所。

---

① （元）赵汸：《东山存稿》，四库全书本。

◎**唐文凤**,字子仪,号梦鹤,歙县人。永乐中荐授兴国知县。

濂溪书屋铭

濂溪书屋者,周启宗氏修读之所也。屋在庐山之下,昔宋周茂叔家于舂陵而老于庐阜,因取故里之号以名其川水为濂溪。其水发源于莲花峰下,洁清绀寒,下合于湓江,而筑书堂于其上。今其遗址去九江郡治之南十里,久荒芜不治。至淳熙丙申,郡守潘慈明、通守吕胜己复作堂其处,仍揭以旧名,而祠以祀之。太史黄鲁直尝为之序云:"茂叔人品甚高,胸中洒落,如光风霁月。"酷爱濂溪,退居乞身而老。于是二程每游从而问道焉。明道曰:"吾再见周茂叔吟风玩月而归,得吾与点也之意。"伊川曰:"吾再见周茂叔论道,遂厌科举之习。"此周子之道,得二程子传之而益振。后又得张子、朱子绍之,其道大明于天下后世,至今余风遗韵,沾溉未泯,则斯道之所寄有在矣。今启宗为其绪胤,构书屋而揭书堂之旧名,俾其子孙知有其祖,景行而不忘也欤?予既为记之矣,而启宗复征予以言,遂为叙而铭之。铭曰:

道丧千载,孔孟失传。五星聚奎,笃生大贤。周子起矣,程子绍焉。大道复明,如日行天。继以张朱,人文昭宣。德贯今古,学开后先。峨峨庐阜,峰濯青莲。舂陵水名,移于兹川。汤汤其流,涓涓其泉。濂溪是扁,栋宇飞骞。山川如昨,人世几迁。闻孙踵武,后四百年。乃建书屋,经史精研。道探其微,理钩其玄。遗编青简,旧物青毡。绳绳弗泯,惟尔勉旃。我作铭诗,篆刻华璇。有严对越,终日乾乾。①

【纪事】正统初,御史徐杰、项瑢,副使焦宏、陈玠建濂

---

① (明)唐文凤:《梧冈集》卷九,四库全书本。

溪祠于濂溪书堂故址,编修刘江为之记。

◎王直,字行俭,号抑庵,泰和县人。永乐二年进士。累官翰林院修撰等。

户部右侍郎南阳焦公宏神道碑(节选)

正统己巳五月二十一日,户部右侍郎焦公以疾终于家,年五十八。公讳宏,字克明,世叶人。壬子(宣德七年),升江西按察副使。己未(正统四年),升江西右布政使,尤喜兴学舍,奖进士类。九江濂溪书院久废,人侵轶其地,公复之,建祠宇,以起兴士人。郡邑中有寒峻不得齿丁学,公罗而致之礼,遣为弟子。有与乡荐而贫不能赴春官者,公皆厚礼送之,由公而成名者众。①

按:嘉靖间,桑乔撰《庐山纪事》,卷十记濂溪祠云:"濂溪祠者,周元公先生之书堂也,在石塘桥西北黄土岭麓……至皇明正统初,御史徐杰、项璁乃……建祠焉,名曰濂溪祠。编修刘江为之记。其后提学副使邵宝为之请著祀典……嘉靖中,知县廖士衡修。后数年,巡抚都御史何迁辟祠旁地,迁其人,筑室若干楹,选郡邑弟子员讲习其中,九江守朱曰藩董竣其事。其水今人呼为濂溪港。石华表在祠东南,有傅凤翔'宋濂溪先生'扁。祠旧有先生遗像,朱晦翁为记,像今不存。"黄土岭,其名迄今尚存,其地在今长虹大道与十里大道交汇处附近。

【纪事】弘治间,都御史林俊、布政使林泮、佥事王启命知府刘玘、高友玑相继修饬,创濯缨、爱莲、交翠、光霁四亭于堂之东西,前为仪门,堂后为寝、为廊房,立坊牌于祠

---

① (明)焦竑:《国朝献徵录》卷十。

之道左,匾曰濂溪书院,王启仍为四亭记焉。①

◎王启
佥事王启记

弘治壬戌冬,启行郡至九江,再谒周元公先生墓并濂溪书院,恋恋不能去,若有所失。因遍访旧志,得其尤大而不可废者四:先生濯缨有溪,种莲有池,窗前草不除去,胸襟洒落如光风霁月,今此不复可见。我怀先生,愿言筑亭,曰濯缨、曰爱莲、曰交翠、曰光霁,四者粗迹,果足以知先生哉?先生手授有图,图不尽意;先生教人有书,书不尽言;则曷从而知先生哉?先生之道,一传二程,再传张朱,而后先生之道,复不得其传矣。然则道丧千载之后,不由师传默契,道体人品何高哉?抽关启钥,以开我人,其功何大哉?为政精密,故随处皆有遗泽;雅爱山水,故今庐山之麓,有先生书堂,栗树岭下有先生墓。而近年以来,芜秽不治,虽书院亦就倾圮,而何暇所谓四者?启既图推先生理书于堂,乃命郡守刘玑主其事,分命通判杨卿监督,德化县典史许璋责其成,庶几先生之心之德如在。若乃私淑诸人,以致高山景行之意;惜乎正学不传,兼以资禀凡庸,其何敢与于此哉?然则名亭者,启也;作亭者,玑也;玑既任其事,又与启言,必如阙里美观,请濂溪子孙一人守祀事,始为得宜。启尤大之。至于旧志所载,宋郡守潘慈明所重修者,既有文公为之记;国朝监察御史徐杰、项璁,按察司副使焦宏、陈玠凡两修,皆当亦有记而未暇参考,谨此识之,以俟来者。②

按:明代桑乔《庐山纪事》卷十云:"濂溪祠者,周元公先生之书

---

① 《嘉靖九江府志》卷十,天一阁藏明代方志丛刊本。
② 《嘉靖九江府志》卷十,天一阁藏明代方志丛刊本。

堂也,在石塘桥西北黄土岭麓……(祠有)光风霁月亭。亭后毁,弘治中,佥事王启更建濯缨、交翠、爱莲、光霁四亭,自为记。今亦废。"

【纪事】正德元年,江西提学副使邵宝奏著祀典。户部主事郑汝美(弘治十一年到任)建廊舍,塑像于中。户部主事邹鞁(正德十六年到任)即堂东隙地构号舍,以便生徒肄业,岁久多圮。户部主事祖琚(嘉靖四年到任)砻石刻《太极图说》,树之寝。明年,副使谢迪协同知姜辂尽易倾腐而大新之,浚莲花池于前方,五亩许。巡抚何迁复辟基地,增筑学社。万历癸巳,兵备道葛寅亮重葺。①

◎ 桑乔,字子木,江都人。嘉靖十一年进士。曾巡按山西、畿辅。因弹劾严嵩,谪居九江二十六年而卒。

濂溪祠

濂溪祠者,周元公先生之书堂也,在石塘桥西北黄土岭麓……祠有莲池。先生作书堂时,于堂前凿池种莲其中,名其堂曰爱莲,且自为《爱莲说》。池不知处,而今祠后亦有池,莫知所由始。池久涸,芜秽不治。兵备副使谢迪乃更凿池于书院西,广可五亩许,欲迁祠于其上,池成而不果迁,故池与祠不相当云。②

---

① 据《嘉靖九江府志》卷十及卷五"秩官表",天一阁藏明代方志丛刊本;《同治九江府志》卷二十二,台湾成文出版社1975年版。

② (明)桑乔:《庐山纪事》卷十,《豫章丛书》史部三,江西教育出版社2002年版,第556页。

◎《明实录·武宗实录》卷十一
邵宝奏请祀典
正德元年,江西按察司副使邵宝奏:"九江府德化县莲花峰下有宋儒周惇颐墓,其东北数里有濂溪书院,岁久荒颓。近者守臣重加修葺,自道州取其裔孙伦来,属之守奉。然必正其秩祀,赡以闲田,庶久而不坠,实表章先儒,风励后学之盛典也。"礼部覆:"请如朱熹婺源例,每岁春秋令府县官即书院致祭,仍给田五十亩,以为修葺祠墓之资。"从之。

【纪事】嘉靖十四年,黄敏才于江州刻六卷本《濂溪集》。黄敏才,字性之,云南晋宁人。任九江府同知,废举而奸革,筑庚楼矶,浚龙开河,大利于民。①

◎王汝宪,嘉靖时人。
嘉靖江州本《濂溪集》序
先生生于营道,而卒于江州,故郡世有先生之墓祀焉。或者谓先生贫不能归,遂终于此,非知先生者也。先生雅志林壑,不为世故所窘束,凡游历所在,遇佳山水,辄盘桓数日而忘去留。当时请移南康军也亦以此。尝过江州,止庐山之麓,酌溪水而甘之,即不忍去,遂构书堂,而揭故里之名名之。观其语友之辞,移太君夫人之穸宅幽江上,则先生书揭于此室,皆预定之意也,岂为贫之故哉?贫固先生所素安也。

呜呼!先生平生所历山水多矣,而平泉庄雅构直与莲花峰对焉,则知庐山之高、溪水之清,动静循环相为流通而不穷者,皆先生

---

① 江燕、文明元、王珏点校:《新纂云南通志》八,云南人民出版社2007年版,第225页。

之神之所寓也。然则天作斯山得人,非有所待而能神。是集之刻,所以载先生履历之详,而并系之以文。文也者,所以稽其道也;历历也者,所以论其世也。先生之始终本末一以贯之者,庶可考而会其全矣。宪,江人也,仰止高山,光霁在目,能无兴起之思邪?因僭言之,以幸私淑。

嘉靖十四年乙未孟秋,赐进士出身蓬峰山人王汝宪识。①

◎林山,新宁人。

嘉靖江州本《濂溪集》跋

刻《濂溪集》者何,重道教也。盖道在天地间,因而修之以立教者,圣贤也。是后天地而生者,不可无孔、孟;后孔、孟而生者,不可无周子。周子,道之寄也;图书,道之会也。其历代之追尊,崇道也;儒先之论赞,羽翼乎道也。故曰人能弘道。然则编是集者,周子世孙伦也;正之者,郡博左子序也;刻之者,郡贰黄子敏才也;跋之者,新宁林山,是岁乙未秋七月戊辰也。②

【纪事】嘉靖年间,兵备道陈洪濛在城内丰储坊都察院左建濂溪书院。祠头二门、无极堂及像堂计四重,像堂中濂溪先生,两旁程明道、程伊川先生。左旁书室五重,右旁四重,诸生肄业其中。后空地,袤长十丈余,莲池一。巷口建濂溪先生书院坊。天启末,因东林党禁毁天下书院,改名曰周子祠。明季改署为戎府,自是至清代未见诸生就读其中。因偪近镇府,清代多为兵丁假居。顺治间,权使

---

① 祝尚书:《宋集序跋汇编》第1册,中华书局,2010年版。
② 祝尚书:《宋集序跋汇编》第1册,中华书局2010年版。

崔抡奇见书院倾圮,与督兵赵光祖同新之,立先生之裔以奉祠事,于督关使者岁支银六两,以时修治。康熙年间亦有修复。嘉庆五年,知府何道生勘丈空基,行县移营各处备案。清朝同治年间,濂溪书院坊尚存,书院名为周子祠,亦存。①

◎ **黄云师**,字非云,一字雷岸,德化县人。崇祯十三年进士。历任吏、户、刑、兵四科给事中,明亡后隐居庐山莲花峰下,专心著述。

濂溪书院记事

书院奉周元公而二程先生侍坐,其像设甚古,见者肃然起敬。因居戎府左,丁亥之秋,有欲毁像以广其宫者,问左右曰:"周濂溪何人?"曰:"古大贤也。"曰:"彼不过能作几句诗对耳,今何能为!"将鸠工撤像。是夕,见三冕而朱服者坐寝堂上,严毅不可逼视,自是畏其神,不敢议毁。世传真净禅师住归宗,元公往与之游,因结青松社,又名寺左之溪曰鸾溪,此妄说也。元公与真净往还,或偶然寄迹,必以松可配莲,鸾名配虎,递因模仿,此即真净不为,而谓元公为之乎?且元公门庭高峻,王介甫闻风归向,三谒而三辞之,冀折其少年果锐之气,而谓其学远公、渊明于形骸之外,则又过矣。予因书院及之,使后人知元公大贤,不可或亵,而书院之日就芜没为可惜耳。②

按:文中所云丁亥,即顺治四年。据"居戎府左"之语,可知所记为丰储坊濂溪书院。

---

① 见《同治九江府志》卷二十二所叙。
② 《同治德化县志》卷二十二,台湾成文出版社1970年版。

◎ **崔抡奇**，字正谊，河南夏邑人。顺治四年进士。十八年任九江关督。

重修濂溪书院记

圣人之学，见于经者，始于尧舜，而大者著于孔子。孔子既没，百家并兴，孟氏起而正之，天下既陷之人而复归之，孔氏亦已难矣。孟氏以来，去圣益远，世益下，天下相安于固然，而不复知有所谓圣人者。奇说异术，更为前人所不及见。当是时，溯微言于二千岁之间，究极天人之旨，倡明绝学，务以圣人为归，岂非孟子之所尤难者哉，则濂溪先生是也。孟子有辟邪之功，而先生有表正之力。迨至程张朱，衍其绪，大其传，圣人之学，光于日月矣。要其手辟草昧，率先于吾道之途也，何人也哉？由此观之，宜其尸祝先生者，遍天下也。浔阳为先生游居之地，祠享之所，旧有书院，圮而不治，是亦儒者之羞也。时有京兆赵大将军镇兹土，游其地而叹曰："是余之责也！且使先生俎豆歇绝，无所归咎。余适建牙于其侧，他日将毋曰：此军士之故欤！"乃疪其俸以修之。予以为将军位列元戎，奉国忘家，其贫不下于儒者，而乃勤心于儒者之所不为，予增一愧矣。因少蠲以佐不逮，而更请于将军，以为浔之籍，先生之裔在焉，求一人立于此，以奉祠事，使于督关使者岁支银六两，以时黝垩其宫墙，洒扫庭宇，亦所以恢宏似续将军之意于无穷也。将军既不以予为谬，而更求记于予，余不文，安能发明先生之学于万一，而终不能辞一言以告将来也，曰先生者，孔子之大宗也，而将军亦斯道之干城也已。[①]

---

① 《同治德化县志》卷二十二，台湾成文出版社1970年版。

◎方孝标,桐城人。顺治间进士。累官至内弘文院侍读学士。

重修濂溪书院记

　　有宋元公周茂叔先生,自舂陵来居庐山莲花峰下,因取其故乡之号以名川曰濂溪,学者称濂溪先生。故江州有濂溪墓,在城南栗岭。有濂溪书院二:一在庐山之麓,宋淳熙间知军州事潘慈明所修,而朱文公为之记者;一在城内丰储坊都御史署左,明季改署为戎府。国朝初有某帅来,欲撤祠以广其垣,感夜梦,止。康熙癸丑,大将侯官李公致辞,慨然欲修之。予友谈公青雪已为之记。乃更属余言,予不敢辞。

　　慨思道统,自伏羲、尧、舜、禹、汤、文、武、周公以至孔子,皆有传。邹孟氏没而传失。战国乱之以纵横,汉唐乱之以黄老、释氏。虽董仲舒、刘向、扬雄、王通、韩愈辈悉力扶持,而精矣未醇,醇矣未大。求其不假师傅,默契理要,阐图书之奇,抉造化之秘如先生者,千余年一人而已。故先生所承者,伏羲、尧、舜、禹、汤、文、武、周公以及孔子、孟子之道;先生所肯者,亦即伏羲、尧、舜、禹、汤、文、武、周公以及孔子、孟子之堂构也。后儒所肯者,又先生之堂构也。先生以其一身为古今之堂构,而所居所葬,乃无一堂祠先生,岂非贤士大夫之羞欤?

　　或曰:"先生不重藉乎此也。"夫先生固不重藉乎此,而世之藉以重者则在此。《礼》曰:"入墓思哀,入庙思敬。"夫哀、敬何关于墓与庙,而思必藉乎入者,何也?且以所闻某帅夜梦事甚怪,夫其先生果神欤?抑某帅虽不知先生,未尝不自知其心。当其欲撤,人心也。欲撤而不敢遽撤,道心也。两心相战而不能自决者,梦所由来也。向使无此祠,则某帅终不知有濂溪,而侈暴之心何由止?由此观之,顾不重欤?

　　或曰:"先生不言军旅,李公为此迂耶?"不然,孔子曰:"我战必克,祭必受福。"夫祭与战,吉凶异事而并论,何也?古者折馘受俘,必在太学;凿门受钺,必祃大旗。盖军旅之克敌制胜者,在谋与勇,而所以能克敌制胜,在三军之心与三军之气。昔狄武惠之破昆仑关也,师畏其险。武惠操百钱祷胜负于道旁神祠,且许以腾报。一卜而百钱皆阳,三军欢呼奋勇,一日下十余寨。还视其钱,固反覆皆阳文,本无阴也。斯岂非神道设教者乎!李公儒将,治军严明,幕中多文儒,暇则较射游猎,赋诗临池,嶷然古名将风,功名当不在狄公下。今复为此,其所以为三军明亲上事长之心,鼓直往无前之气者,岂不与必克、必受福之道同哉?

太守江子念鞠,亦欲于城南修阳明书院,未鸠工而余亦预为纪以赞之,同此意也。异日将见江州之百废俱举,文武为宪,顾不自兹一二事始欤!①

◎蔡瀛,字小霞,九江府德化县人。贡生。嘉庆十六年撰《庐山小志》。

濂溪书院

旧在濂溪港。明嘉靖间,兵备陈洪濛建于城内镇府左,天启间,改名周子祠。国朝乾隆间,郡守董榕建于庐山莲花洞。郡守初之朴改建今所。嘉庆初,郡守张敦仁、何道生,县宰蒲亨晋、陈昌祚莅任,历聘瑞邑曹孝廉加锽、周孝廉之莲、四川钟解元廷华、本邑谭孝廉昌期掌院。关督阿克当阿、郡守方体增置学产,重修堂宇。地虽屡易,仍旧名焉。②

---

① (清)方孝标:《方孝标文集》,黄山书社2007年版。
② (清)蔡瀛:《庐山小志》卷十,道光四年刻本。

【纪事】康熙十一年,巡抚宋荦、马如龙,知府朱俨,德化县知县杨文锡,德安知县伍伦瑞,瑞昌知县金世福,湖口知县周埏,彭泽知县端木象谦合捐,新建濂溪书院,有正院三重。乾隆十九年,德化知县高植修葺正院,复扩堂左,捐建学舍二重,计十楹,为生徒肆业之所。详垦白鹤乡毛家围荒田,用佐膏火。左基稍窄,德化监生郑枝枚捐地广之,长计二十四弓,前横八弓,后横五弓。① 此即濂溪港之濂溪书院也,然其地已非明代书院故址。乾隆二十一年,知府董榕移建于莲花峰下,濂溪港之书院遂废。

◎宋荦,字牧仲,号漫堂,河南商丘人。康熙二十七年巡抚江西。

濂溪港书院记

西江理学,必首江州,虞伯生所谓庶几邹鲁之盛者也。江州庐山,胜甲天下,茂叔周子自道州来,终老其间,用故里之溪名其水曰濂溪,而濂溪先生之名,遂与庐山并,理学之盛自此。始往余督摧虔州,尝渡彭蠡湖,庐山不及登,辄忆先生有祠墓在,以尘坌间阻,仰止徒殷,未得拜丁墓下。数年来,奉命抚江西,省会去江州较远,又簿书烟海,百倍于往昔,每讯守土官吏:"濂溪书院无恙否?"佥曰:"兵荒以来,倾颓已甚。"为慨叹者久之。夫先生爱庐山而终老,则江州即先生菟裘,而郡城又有墓隧,先生在天灵爽,实式凭焉。先生书院之废兴,即天下理学盛衰所关系也。理学一日不衰,先生书院不可一日废。矧此传道授业地也,千百年来绝学以留贻至今者,先生力也,庸可听其荒芜不治哉。江州书院在庐山之麓,先生自筑书院于

---

① 《同治九江府志》卷二十二,台湾成文出版社1975年版。

溪上,淳熙间,有司增修,紫阳朱子尝为文以记。正统初,改为祠,今则鞠为茂草,颓垣片瓦,无复存者矣。兴废起衰,非吾徒之事与?适江州守朱君俨,亦有同心,爰共捐俸,就故址庀材兴工,一更新之。窃闻先生语友人云:"束发为学,将以设施泽民,必不得以,止未晚也。"虽然先生设施未大张于世,而出南安之囚,辨分宁之狱,在合州则事不经手定,吏不敢决,民不肯从;所谓设施泽民者,大略可睹,安有不慊者伤功业之未竟焉?且祠墓相望,记曰:"过墓则式,过祠则下。"信乎,加敬古圣贤之祠墓,则无往而不敬也。又先生之道德未施,敬于民而民敬者,虽更历千百年何以易此?嗣是诸生来学其中,肃其礼仪,瞻其光风霁月而穷究诸先儒之旨趣,理学之兴,其在斯乎。余未能窥先生之学,既于此州书院废兴,关系理学之故,而江州有所凭依者,述之以为记。①

◎濂溪港小考

濂溪港之名始见于元朝。周敦颐《濂溪书堂》云:"潺湲来数里,到此始澄清。有龙不可测,岸木寒森森。吾乐盖易足,名濂朝暮箴。"元人陈世隆编《宋诗拾遗》,截取此段,名曰《濂溪港》②,或其时即有濂溪港之名,指周敦颐建书堂之处。土人常称溪流、小河曰"港",或濂溪港得名之始也。

明代嘉靖年间,桑乔作《庐山纪事》,卷十叙濂溪祠云:"初,先生在南昌之时尝过浔阳,爱莲花峰之胜,又其麓有水出自莲花洞,洁清绀寒,先生濯缨而乐之,因筑书堂于其上,而取故里濂溪之名以名

---

① 《同治九江府志》卷四十九,台湾成文出版社1975年版。
② (元)陈世隆编,徐敏霞校点:《宋诗拾遗》卷十三,第二册,辽宁教育出版社2000年版,第203页。

之。"又云:"其水今人呼为濂溪港。"可知宋之濂溪乃明之濂溪港也。桑乔居九江二十六年,稔知当地之事,记濂溪祠及宋之濂溪书堂遗迹,亦历历分明,当属准确。然《庐山纪事》卷八叙天花井又曰:"天花井北之水,径濂溪墓西北行,为濂溪港。"按发源于天花井之水,与发源于莲花峰之水,一北一南,虽终至于并流,而初非一水,故知明代之濂溪港,已歧而为二矣。

至于清代,则濂溪港之名又有移易。《江西通志》云:"瑞昌芦泉石旁大塅、梅溪、白龙诸泉,潴为赤湖,流为瀼溪,东流经九江城西,入龙开河,东通溢浦港,白乐天听商妇琵琶处;南通濂溪港,宋儒周元公所寓也。东流入浔阳江。"①仅云濂溪港为溢水支流,所言不误,而不知其详。清代顾祖禹《读史方舆纪要》卷八十五曰:"濂溪港,在府南十五里,自庐山莲花峰下导流而西北,合龙开河入江,以宋儒周子尝寓此而名。"而宋人所记之濂溪则在城南十里,清人往南移动五里,虽同为周元公之濂溪,则有上下游之分矣。又《古今图书集成》云:"双剑西南,为鸡公石山。再北为圭壁峰,或曰龟背峰。其西南为锦绣峰,又西南为莲花峰。三峰下有莲花洞。三峰之水西北行,经花山过新桥,为濂溪港。"又云:"三峰之北,有拨云峰。峰下有神泉,莲花洞水与龙门水合,径濂溪港出浔阳江。"又清人方体《华封桥记》:"濂溪港南源出莲花峰下,过龙垱,金竹庵水注之。又北至石船河,东源水来会。有水出双剑峰,由龙门、太乙观入河合流。入团波山,径濂溪书院,由龙开河入江。"②此三者所云之濂溪港,皆指周敦颐隐处之濂溪。然据清人蔡瀛《庐山小志》卷九:"花

---

① (清)李成谋等编撰,徐奠磐、刘文政校注:《石钟山志》卷二,江西人民出版社1996年版,第33页。
② 以上三条均见吴宗慈《庐山志》上册,江西人民出版社1996年版,第47页。

山,在拨云峰北,蛇冈岭之首,上有金明庵。"卷十云:"华封桥,在太平宫北,团坡山下,旧名新桥,明经历张汝翼建,一曰建安,又名乐善,当水口之冲,屡建屡决。国朝嘉庆间,郡守方体重建,改今名。"可知经花山、团坡山,过华封桥,即为濂溪港,清代濂溪港书院即在华封桥不远处,离地处黄土岭之宋代濂溪书院、明代濂溪祠尚有六七里许。故桑乔《庐山纪事》卷十记明代之濂溪祠,曰"濂溪祠东北八里所为九江府";而《读史方舆纪要》曰"濂溪港,在府南十五里",其里数有异也。

◎**高植**,字槐堂。乾隆二十年知德化县。

重修濂溪书院记

德化故有周子濂溪书院,自宋迄今,屡有建茸,近废,士几无所敬业。渔山董郡伯甫莅治,即以是为忧。会绅士以邑之毛家围荒地可垦田为书院膏火资请于县,郡伯闻而欣然,令勘查以报,且曰:"即为之母若考事之有待也。"考事谓郡宪意中所筹划故事。郡无学宪署,号舍缺焉,计五邑之童子应府试者,往返盘费应若干,府按邑而往试之,输其费以建考署,署成,且甚敞,甲他郡焉。董宪曰:"书院之兴,宜仿之。"试犹未也,故迫于心。而毛围之田适有合,遂旦夕期,有济急先务也。书院正宇三重,其中重势将颓,余为葺而整之。左右前侧,多草屋,夹互撤之,翼学舍于左,墙为十楹,经始于乾隆十九年,迄次年之春季而工小就焉,皆郡宪意也。今余以推升,将之松江,继任同寅额慎亭甚爱士,董郡宪既主议于上,而慎学以心力副焉,所以培是院者未有艾。第余以数载莅兹邑,经理欠及时,今第构讲习之所十余楹,堂虽整而式廓,丹腹尚未既,既歉疚于心,而渔山郡伯之设施,将以廓其宇而厚其资,俾群肄业于书院而规制无弗备者。未获勷事而快其成,以去尤憾于厥心焉。虽然,余则既迟之矣,慎亭故新铜也。既考事在迩,宪议将奉行,加以慎亭之爱士,其成事岂有待焉。夫以今日之所就,以为终事则已,仅以为始事,则无穷。志周子之志,学周子之学,其进修亦犹是夫。多士闻而咸憬然焉,曰:"有是哉!学问之道,知不足,则日进公之于书院也。且然,士知勉矣。"爰喜而志之,一以为院之券,一以为士之券,用两期焉,明始事业。毛围计可垦田一百五十亩,已具详,应并附载。其呈请者,绅士何登棣、陈奉兹、王安国、曹邦兴、舒秉钧、桂登峰、桂东泗、黄士钜、徐世桂、夏正经、张之溱、胡国磐、曹桓、蔡邦俊、张正礼、李嗣迪、何皓、陈继龙、曹家梓,督建者舒秉埙同夏锐、蔡谧、丁光辉、许文灿、蔡源、郑梅龑、范明德诸人,皆董郡宪之所奖,且厚望焉,例得附书。

【纪事】乾隆二十一年,知府董榕移建濂溪港之濂溪书院于莲花峰下,新筑讲堂斋舍、亭榭池沼,所需经费由九江府所属五县捐输,除动支外余银二千三百七十五两,每年生息,以作膏火。然本重息轻,不敷所需,二十四年,欲掣本置产,又迁延未果。嗣因莲花峰峰岭崇峻,山间涧水潮湿,四壁无墙,肄业诸生不能栖息,风雨飘摇,屋遂倾圮。二十八年,知府温葆初取前项典业之租为经费,并赁近成僧寮,设学延师。旋以教授宋五仁禀,改于府学教授诸生,每月于明伦堂考课,给以膏火,嗣后因之。莲花峰下之书院自是芜废,同治间遗址尚存。[1]

---

[1] 据《同治九江府志》卷二十二,台湾成文出版社1975年版。

◎ 胡宝瑔，字泰舒，江南歙县人。雍正元年举人。乾隆二十年巡抚江西。

濂溪书院碑记

气运之光，昌必升，儒以宗圣，其烝烝遂遂之象，若时雨将至，山川出云，絪缊泱瀼，上腾三霄，俄遍六合，有触石垂天而不可已者。盖斯文之在穹壤，当圣主崇尚实学之会，诰诫周详，列圣训谟，煌煌灿列，是以道畅群邦，风流万宇，而浔阳又为前贤过化之地，既沐浴恩波，更渐涵鸿，教固宜其克自振兴，风气日上也。自鲁邹已渺，圣绪绵延如线者，千有余岁，至周子出而绍统系，浚渊源，一时伊洛关闽，相望接迹，如日中天，斯固有宋大儒恢扩之功，而周子则吾道中兴祖也。其学不由师传，直契道妙，平生功业，柔不茹，刚不吐，睟与盎然，以合膏泽；沛然以流，虽未大竟其用，正如衮衣章甫之治，小试而声施烂然。至二程景从，传得吾徒，七十子不为多，二子不为少。晚而退居匡山，辟书堂，面云岭，乐溪水，莳芳莲，杖履游，殆如终老洙泗之上。

旧有濂溪书院，地居卑湿，荒莽不治，太守丰润董公既知其封内，欲迁诸爽垲者。予与学使钱唐张公、方伯华亭王公、观察长白苏公乐闻其事，咸称许之。太守爰远观于大壮，考卜莲花之麓，五峰攒簇，风气回环，双剑插天，香炉炤日，龙洞灵湫绕户，清声泪泪，江光隐见练浮。栏楯间度濯缨之桥，仰太极之庐，屹立崇祠，祀周子于其中。登光风霁月，生意洒襟，诸亭盘空，至乐处俯三莲沼，规沂雩之真趣，嗣吟弄之雅怀。讲堂斋舍，翼如秩如。经始于乙亥八月，阅一岁落成，诸生竞助工力。向之荒厓断碉，倏璇题华桷森矗于烟云杳霭之间。乃延明师，选英隽，以时弦诵。究图书精蕴，诚将追与点之微意，匪徒美文艺，盛科名已也。曩予抚楚南，为周子桑梓之乡；洎移兹土，泛湘江，下溢浦，拂庐峰之翠，怀窗草之墟，弭节过之，有余慕焉。今鼎新坛宇,仿佛神灵,启佑六百载之光华,克还其旧;从兹金口木舌,复驾所说。奉元亮之所称洁静精微之儒,而内浚道泽,外注言泉;治本立而风俗美,且与鹿洞、鹅湖同辉于斗牛翼轸之躔也。于是乎书。①

◎蔡瀛
莲花洞书院图
入界有石华表,刻"濂溪书院"四大字。沿溪斜上,逾濯缨桥,至院门,中为圣学门,左署"明通",右署"公溥"字。圣学门内为莲池,跨池为泮桥,直达立诚堂,堂右为师道堂,面耸层峦,烟环雾绕,故有"隐几看云岑"额。由立诚堂而上,为太极庐,又上为周元公祠,左为爱莲亭,右为交翠亭,又左为光风亭,又右为霁月亭,光风、爱莲之间为拙堂,有泉曰清泚泉。祠后倚山有堂,在山之半,曰圣蕴堂。山巅有寻乐亭,左为生意亭,右为洒襟亭。②

◎桑调元,字伊佐,号弢甫,浙江钱塘人。从学于余姚人劳史(余山先生)。雍正十一年进士。授工部主事,旋引疾归。《清史稿》:"调元主九江濂溪书院,构须友堂,祠余山先生,以著渊源有自。余山,史自号也。"

濂溪书院上梁文
莲花峰下,文光映南斗之旁;枫叶江头,教泽播浔阳之派。盈虚有数,逢人杰以地灵;风月无边,宜夏弦而春诵。心乎书院事,等诸建学为。先手厥易通道,乃可立人之极。必根源之研究,惟光霁之

---
① 《同治德化县志》卷二十二,台湾成文出版社1970年版。
② (清)蔡瀛:《庐山小志》卷九,道光四年刻本。

昭临。溯昔贤程邵张朱,并衍元公之脉;相此地阴阳动静,浑如太极之岩。气毓扶舆,地当爽垲。山重水复,用择名区。月吉辰良,爰升高栋。喜藏修之得所,睹开继之有因。一为文人无足观,非美斯爰,爰斯传乃艺而已;行有余力则以学,惟直则公,公则溥其庶矣乎。云霞遂以蒸蔚,后学从兹兴矣。庭草于焉交翠,先贤实式凭之。

儿郎伟,抛梁东,窗草芊绵生意融。旸谷一轮晴日丽,扶桑万道曙霞红。

儿郎伟,抛梁西,澄潭霁月映玻璃。元辰翠岫云成盖,寒夕璇霄气吐霓。

儿郎伟,抛梁南,美满光风映彩岚。坤轴自应蟠道系,离垣岂止盛朝簪。

儿郎伟,抛梁北,九派文澜动江国。含宏灏气洒襟怀,耀远奎光拱辰极。

儿郎伟,抛梁上,莲峰高峻同瞻仰。眼睇乾坤意转舒,手扪日月神尤王。

儿郎伟,抛梁下,濂溪清泚长涵泻。培士林中大选抡,铸人炉里新陶冶。

伏愿文峰光丽,学海渊澄,万笏钟灵秀,出晞贤之士;千冠萃美醇,摅载道之文。寻旧绪于图书,斯为至矣;发新知于师友,不亦重乎!期浚导乎蒙泉,共昭宣夫圣蕴。

为濂溪书院请题求宸翰

元公倡道,旧居庐阜之阴;书院育才,新建濂溪之上。惟开府事多师古,注心于食墨之先;亦分曹谋属金同,并力在鸠工之际。自去秋卜筑,方云构于岩阿;洎今夏落成,即翚飞乎霄汉。贤关乍辟,先标入道之门;圣蕴宏开,高拟传心之殿。濯缨桥畔,沂伊洛之源头;

太极庐前,寻孔颜之乐处。统周遭之丘壑,神则充周;列高朗之亭台,襟惟洒落。爰诹吉日,遂集生徒。祀事孔明虔骏奔乎,在庙德心;克广心于迈以从公,物有其容。礼成而退,青灯的䥽,并骈集乎斋房;绛帐翩翩,每环罗乎讲席。虹销雨霁,横天边之秋水晴川;龙洞云归,挂林杪之疏星淡月。泗滨春满,日可寻芳;三尺寒深,人思立雪。聚四时之光景,著万古之文明。睹雍容揖让以相先,喜游息藏修之得所。有吾与点意,依然吟且弄之;天机匪我求,童蒙美矣,静而清之道脉。龟趺屹立,穹碑照烛乎云岑,蠹简编摩,大序阐扬乎图说。昨者遥临荣戟,瓣香晋谒乎贤祠;今兹辰告訏谟,封事请颁乎御笔。以周子为道学中兴之祖,宜予表彰;以书堂为庭草交翠之区,当思振起。

洪惟圣人首出,契间出之英贤;独称茂叔生知,启学知之统绪。公乎入奏,求银榜之高悬;帝必曰俞,出乾文之丕焕。众之所望,今也其时。况前太守系出广川,在此地经营惨淡;仰大中丞时之安定,俾群伦鼓舞欢欣。垂厥千春,在斯一疏。将见云蟠五彩,护奎画以纷纶;气曜三辰,映璇题而灿烂。陟降先贤灵爽,挹光风霁月以无边;濯磨后学心思,比鹿洞鹅湖而有耀。清锵弦诵添和,潺湲流水之声;都雅章缝增辉,缥缈浮岚之色。成人有德,朗如玉山上行;童子寻师,煖在春风中坐。静则虚,动则直,于圣学其庶乎;德为蕴,业为行,以文辞者为陋矣。讲习深而咸思远绍,师道立则善人多;陶镕久以上应旁求,贤才辅而天下治。莲华峰峻,企前修而仰厥高山;竹叶杯香,告成事而酹兹清酒。光炳乎日星河岳,宸章扬厉以无前;群瞻夫文物声明,公德昭垂乎不朽。

濂溪书院学规

西江为先贤过化之地,白鹿洞学规揭示圣经要旨,规模宏大,节目精详，天下学校俱当奉为圭臬，愚更何庸缀语。第生平自省缺疚，或恐人亦蹈此，不惮苦口敷陈，大都宁为谨严，毋为通脱。局量不免于拘，而绳趋尺步，庶不至于颠踬。谨以素所致力之处质言之。

一、不欺

天人之道，一诚尽之。学问之道，一存诚尽之。无妄之谓诚，不欺其次也。为学自不妄语始，司马温公以此教刘元城，元城初若易之，及身体力行，始觉毕生难副。温公平生所为，无一事不可对人言，只是不欺而已。《中庸》言"诚者天之道，诚之者人之道"，与《论语》言"忠信"、《大学》言"诚意"，《孟子》言"至诚而不动者未有"，若合符节。孔孟后，道统中微，江都、昌黎延其绪，至周子为吾道中兴之祖，发图书之精蕴，总归一诚。诚者圣人之本；而思者圣功之本。思曰睿，睿作圣，自《洪范》发之；孟子直言思诚，而周子乃大畅其旨。妄人不知有思，能思则已向善，然必至通微而思之致，克尽《论语》言"再思"、"近思"，《中庸》言"慎思"，是就一事一理上立思之范；孟子、周子之言思，是举全体大用殚思之功；直至孳孳务实，乾乾不息于诚，无非一思之所蟠纬，而其益乃毕收。诸生生周子卜筑书堂之乡，流风余韵犹存，今又兴复濂溪书院。去先贤之世六百有余岁，近先贤之居不逾咫尺，咸思立起振拔。从不欺用功入手，勉勉循循，以求无妄之复，愚与诸生，其敢不勉乎？

一、事亲

人之于亲，生之膝下，喘息呼吸，一气关通。人有亲而不知所以事之，本实先拨，枝从而亡。莫说伦常道德，一齐破坏，即富贵福泽，亦无处盛载。孝子之奉其亲，视无形，听无声，缠绵恳挚，至于斯极。今有亲而寻恒视之，即不至十分悖逆，而澹澹若等闲，是何天性之恩之凉薄也。父母之于子，顾复肫肫，至子长成而身耄老，犹不稍替其恩勤；独子之于亲，区区孺慕瞻依，一往不可复追，由壮盛以泝孩提，渺然如六季想黄农之世,是可痛也。夫仁恩本乎锡类,忠可移君,顺可移长,妻子合、兄弟翕而父母顺,朋友不信非孝,伦理俱由是而笃极之,不敢妄断一树,妄杀一兽,仁爱之三坎斯盈。一出言,一举足而不敢忘父母;父母殁,思贻令名;必果终人子之身皆事亲之日也。诸生读书植品,思行道扬名以彰父母,无一时一事非事亲切务,毋妄茫昧此义,俾士子之于亲,反不如野夫村妇目不知书而至性激发,犹能爱重其所生也。

一、尊经

经者,圣人之心,热血洒在方策,水火所不能磨灭,佛老所不能混淆,坏屋故堆中,腾日月光,吐宝藏气,足以牖长夜之灵明,启群蒙之闻见,不可不尊奉之也。尊奉之者,匪徒咿唔佔毕夸博洽而已也。一生读圣贤书,须还叩己心,有几句得力处,方征实际;否则读完一经,依然旧日心情,旧日行径,直是懵然不曾开卷,良由尘俗塞其神明,无缘濯故见而发新机,虽读尽五车书,何益?即偶有触发,于我心有戚戚,随过随忘,块然故我,岂所谓学于古训有获乎?甚至澜翻佐其谑浪谬解,浚民脂膏,是谓侮圣人之言,尤君子所动色相戒痛心不忍言者。必一心凛承,终身佩服,虽浅近之语,有得于心,为真实受用;况经义炳炳烺烺,昭扬中天,照见自己幽隐病痛,消症结而砭膏肓,何快如之?身入宝山,触目见琳琅珠玉,何可空手回也?吾所谓尊,如尊德性之尊,拳拳服膺而弗失,是所望于同志。

一、攻文

文所以载道,言须有物,果有物充牣其中,虽风云月露之辞,何尝不感人心腑,为千秋不刊之述作?如八伯"光华"、"虬缦";《七月》"鬋发"、"载阳";"退鹢"、"陨星";"张弧"、"载鬼",亦不为怪,俱可阐明内圣外王之蕴。不然挟兔园册,繁称远引,摭拈累幅,祇目之为陈言而已。况时文代圣贤立言,谈道理各有阶梯,论天人各有分际，研精抉奥，丝毫不可逾越，非澄心体会圣贤语气，虽雕餙曼辞，去之愈远，况剿说雷同，恬不知恶乎？且时文自有轨范，先正名文具在，题出而情生，文成而法立，胸储数卷，腕运铦毫，勿横骋才情，须细循法脉，一切禅玄外道之论，不敢搀入其中。吾所谓攻，非徒专治，求精雅，宜驳去肤浮，透露精蕴，上者足以羽翼经传，明道觉世，次亦引人潜心考业，闭门造车，与轨合辙，不蹈师心自用之失。虽极变化，而不离乎宗，美斯爱，爱斯传，按之俱不诡于道，此固不可粗心浮气，袭取而得之也。

一、不浮

浮动之胸，名理不集，故圣人主静以主人极。静非杳冥寂灭也，先定之以仁义，中正则有主而实，无欲而虚，圣德之默成，圣学之深潜纯粹，胥在于是。主静即主敬之极功也。学者尔思憧憧不能澄定，外既波靡，内亦坐驰。故浮者多躁，镇之使安；浮者多矜，抑之使下；敛其飞扬跋扈之气，进之以优游涵泳之功，能重则学亦固，以约则失自鲜，然后德器成而志业确。但守蒙以养正之规，山下出泉，方静而清，不致汩乱；以之应事而虑精，穷理而疑析，研经作文，亦昭明而不翳，滂沛如流，身心何等快乐。昔程子见人静坐，便谓其善学。收摄心神，使归于宁静，乃能咀含理味。若征饮聚谈，露才使气，吾不愿诸生之偶蹈之也，尚其严重自爱。

已上五条，皆近里着己之言。愚少时游余山先生之门，教以立志，大存心细。今老而无成，忝主斯席，泝先贤图书昭示之遗泽，承群公振兴文教之盛心，务蕲与诸生勉于实学，文行交励，出处有光，师友并身，有乎道义，为天下尊且贵之。品其义至重，其聚至乐，毋以吾言为迂而忽之也。

【纪事】乾隆五十年，知府初之朴在世德坊之南新建书院，人称新濂溪书院。嘉庆五年、十年、十三年、二十二年皆有修葺，一时称盛。咸丰三年，毁于太平军兵火。同治三年，蔡锦青复建，于士林大有裨益。光绪二十九年，濂溪书院改为九江府立中学堂。

◎新濂溪书院

新濂溪书院在世德坊之南，乾隆五十年，知府初之朴买地创署，建奎阁以祀濂溪先生神位，追缉莲花洞旧业，取租息以资香火。嘉庆五年，巡道阿克当阿复加修葺，改门庭，捐俸延师。十年，巡道广惠踵增之。十三年，知府方体买南偏地，改大门以正午位，建监院厅于左，增学舍于右，复陆续置产，以裕膏火，立法经理书院，大有裨益，并有记。化邑杨廷贵、宋璧光、廖泰琦捐建学舍一十六间，置椅桌并重修奎阁。二十二年，知府朱荣又重修奎阁。咸丰三年，粤匪窜郡城，尽毁。同治三年，蔡公锦青摄关篆，筹款复建，前构魁星阁，中大堂，内讲堂，右启学舍四十间，为生童肄业所。其余隙地甚广，未暇葺修。周围筑短垣以清基址，城外置店屋数处，以所得租资为膏火费。并捐廉延山长，给奖赏，增课期，后之莅斯篆者，如俊质堂、景介臣两观察，先后继其志，废而复兴，于士林大有裨益。[1]

按：《嘉靖九江府志》卷二：世德坊，在府治东南岳飞池之左。

◎蔡锦青，号芥舟，惠州府归善县人。同治二年署江西广饶九南兵备道，榷九江关。

重修濂溪书院记

九江于豫章为下游，而匡庐五峰峙其南，江湖绕其东北蟺，澎湃

---

[1] 《同治九江府志》卷二十二，台湾成文出版社1975年版。

出云雾而浴日月。士生期间,类多清逸杰特、不可一世之才。当其处也,皭然不辱其志,则如翟道深、陶元亮诸贤;及其出而与人国事,则如周壮侯孟威、陶桓公者。义烈勋名,并轶前古,迄今千有余载,而数公之风流懿美,犹与山川里居相映发,过其乡者,未尝不俯仰徘徊,即所钓游而益想其丘壑之美焉。夫有其地,无其人,不足彰两间之蕴蓄;为之前莫为之后,则君子之泽易即湮沦。颜子曰:"舜何人也,予何人也?有为者亦若是。"抑为之有道,遗其本而袭其末,未见古人之能及也。盖士必泊然无营于一心,乃毅然有为于天下,或出或处,事无二致,使道深元亮以功名终于晋室,吾知其虽争光日月可也;使壮侯孟威、桓公不幸而老守山泽,吾知其必不与世俗隆污也。今郡县之有书院,以馆舍四方学者,非欲其徒习文艺而已,将使求志不苟,以待国家非常之用,意至深远。

　　昔周元公知南康军,因家于庐山,故九江旧有濂溪书院二。在濂溪港者,建于宋淳熙间,国朝乾隆二十一年,移筑莲花峰下,寻圮。在郡城丰储坊者,建于明嘉靖间,天启末废为周子祠。至乾隆五十年,郡守初之朴别建于城内世德坊之南者,今之濂溪书院是也。咸丰癸丑,粤寇陷郡城,毁焉。同治癸亥,余再摄巡道,籍其余产无几,捐俸倡诸官吏,得银四千两。乙丑二月,仍世德坊之故址而重葺之,阅月工竣,为银子一千五百两,所谓讲堂、寝室、学舍,悉视其旧。存二千五百两,属董事购产生息,所谓服修膏薪之费,视昔有增。今而后,浔之士得以砥磨于其中矣。毋以贫贱害所守,毋以辞章害所为,处则为懿士,出则为名臣,令世之人谓浔士果无愧厥前贤,无负于其地,此使者所日为望焉者也。董是役者,德化职员万树春,廪贡许国钧也。为之记。①

---

① 《同治九江府志》卷四十九,台湾成文出版社 1975 年版。

◎九江关道李亦青修复濂溪书院

九江濂溪书院三月初六夜发大风时,将景行堂吹倒,奎星阁以及横舍坍塌多处。该处绅董拟欲修葺,以经费浩大而未果也。九江关道李亦青观察,慨捐廉俸银四百两,交该绅等鸠工庀材,重加修葺。想日后丹垩一新,观瞻倍肃,诸生之弦诵其中者,孰不拜观察之赐也欤?①

◎濂溪书院生童无礼

九江濂溪书院由王信甫太守示期本月十八日甄别,是日黎明,与考诸生童纷纷拥入考棚,各据一席,静候太守点名。至八点钟时,太守始呵殿而至,饬教官面谕生童至龙门接卷。诸生童咸不肯遵命,太守乃亲自降阶,温语劝谕。诸生童仍不肯遵,有出言不逊者。太守怒,亲标朱谕,黏贴大堂,略谓今日闹考,例应停考,姑念此邦向系先儒讲学之地,本府谕令,点名给卷,鱼贯入场,原杜冒名重领等弊。兹竟敢喧闹,不遵场规,有辜栽培至意也。查不闹考者,不过千百人中一二人耳,其端正读书者,当必儒雅彬彬,动容中礼也。有愿在书院肄业者,务于明日齐集龙门外,听候本府点名给卷入场。特谕。谕后,太守即乘舆回署,诸生童无奈,各携篮楄散归。②

◎濂溪书院甄别生童

九江濂溪书院经曹朗川太守示期于初八日甄别五县肄业生童,届期各生童皆持考篮齐集考棚,听候点名给卷,进场为试。

---

① 1886 年(光绪十二年)6 月 4 日《申报》。
② 1887 年 5 月 17 日《申报》。

生题:"子曰加我数年"三章。

诗题:赋得雪花销尽麦苗肥。

童题:朝,与下大夫言,侃侃如也;与上大夫言,訚訚如也;君在。

诗题:赋得花发去年丛得丛字。①

◎聘请李烈堂主濂溪书院讲席

九江濂溪书院山长张莲舫明府于九月间归道山,曾列前报。现经九江府曹朗川太守聘定李烈堂大令大绪主讲濂溪书院。按李大令以名孝廉,历任四川、湖南等省知县,卓著政声,兹因年老,解组怡养林泉。此次延主讲席,彼都人士,必当争自濯磨,以无负春风化雨也。②

九江濂溪书院为五邑生童春诵夏弦之所,曹朗川太守绾府篆时,礼延李烈堂大令主讲席,春风化雨,善诱循循,以故诸生争自濯磨,人才蒸蒸日上云。③

◎濂溪书院恢复考课八个月

九江濂溪书院肄业生童,经崇济川太守甄别,于初三日发案,生卷共取百三十名,童卷共取百二十名。该书院向章,每年考课八个月,每月一道课,一府课,一师课,评定甲乙,赏给花红。嗣因经费不足,改作七个月。及诚观察、崇太守莅任,百废其举,尤以爱民恤士为心。乃出示晓谕,规复八个月旧制。德化县罗明府仰体宪意,与绅董罗、孝廉刚乾等通盘筹划,将存典银两购置产业,妥为生息,以

---

① 1889年3月17日《申报》。

② 1889年12月14日《申报》。

③ 1898年8月6日《申报》。

神膏火。讲舍中人,不当争自濯磨,以无负贤使君作人之意哉!①

◎聘请吴东万主讲席

九江访事友来函云:濂溪书院为阖郡生童肄业之所,本年由九江府孙景裴太守礼聘吴孝廉东万主持讲席,将来扶风绛帐,成就必有可观也。②

◎濂溪书院产业

前置产业

一、旧存生息经费九九钱二千四百七十五千文,捐置各产,自化邑周姓契卖田、苍玉户屯田外,余知府方续置。

一、贡院后墙园地屋基,租课七九钱二千四百文,暂佃徐等;莲花洞书院旧基地三处,共长八十五弓,上广三十弓,下广二十一弓;又荒田三小丘,共长二十弓,广五弓。

一、白鹤乡毛家围官荒田,勘丈直长三百十三弓,上横广二百七十一弓,下横广一百八十七弓,计二百七十一亩二分六厘六毛。

一、湖邑监生余廷优捐水田六开,租二石七斗,折九九钱二千一百六十文。

一、湖邑民妇周徐氏捐田六亩五分,崔礼器典田二十亩,共租四十四石,每年除完钱粮外,应交租折七九钱二十三千八百二十一文。

一、湖邑领借本七九钱三百七十五千文,又典王合水田三十七亩五分,租七十五石,每年除完钱粮外,应交租折七九钱四十五千文。

---

① 1893年5月8日《申报》。
② 1900年4月9日《申报》。

以上四项均由湖口县报解。

一、买化邑周姓所卖田、苍玉户赤松乡田家树林门首屯田一分十六股之七,范佃四琳,租课七九钱十五千文,徐佃三琳,租课七九钱九千文,每年钱粮三两三钱二分五厘,交田必年户交纳。

一、买张姓岳师门外房屋拆出基若干,移造书院后墙屋三重计九间,前至大街,后至院墙,左至官巷口,右至院墙空地,每年额租七九钱二十二千文。

一、买张姓西门外竹簰嘴店屋二间,前至官街,后至汛房,左至三公祠,右至官街,每年额租七九钱一十五千五百文。

一、买库书陈姓屋化邑县屋一层,正五间,厢房三间,东至县学莲池,南至康王庙街,西至书院墙,北至大街,额租七九钱二十千文。又县前屋三层共四间,东至书院墙,南至康王庙街,西至蔡姓屋墙,北至大街,额租七九钱九千文。又县前屋三层共八间,东至蔡姓墙,南至康王庙街,西至胡姓屋墙,北至大街,额租七九钱二十千文。

一、赤仁洲洪字十号洲,地一百四十亩九分一厘,暂租课七九钱三十四千一百零七文。

一、买桑落洲新洲南岸盈字一千四百号老洲地,长二百七十弓,广二百十八弓。又白沙地一千一百三十一亩六分七厘,租课七九钱一百二十千文,暂佃吴芦,课三两五钱。

一、又新洲北岸盈字一百四十四号,新淤草塌一片,东至宇字军洲二步墈,北至大江,南至一百四十四号老洲地,西至盈字一百五十一号洲地,租课七九钱二十四千文,暂佃杨吴成,科再议。

一、彭邑萧老湘寒字一十八号洲地,除汪又芹八十股之一在外,详明府藩变卖,得价九九钱七千八百六十串,春衣书院得三千一百四十四千文,濂溪书院得四千七百一十六千有零文。置买宋姓仁贵乡游家岭桃芳垅田三十七亩七分,租八十三石七斗九升,额折九九钱六十七千零三十二文，买熊姓白鹤乡石门桥田二十四亩一分，地一亩一分，租五十一石，额折九九钱四十五千九百文。

一、买李姓德化乡螺蛳墩田三十七亩八分，租七十五石七斗五升，额折九九钱四十八千文，内因傍湖有田数亩，未做有埂，照此折租，后有埂再议。

一、买余姓仁贵乡张家湾田二十五亩四分，租五十五石五斗，额折九九钱四十四千四百文。

一、买胡姓德化乡梅家山田六亩，租十二石，又山租二石，共额折九九钱十二千四百文。

一、买汤姓德化西乡东林上坂田十二亩五分，租二十四石一斛，额折九九钱二十一千八百二十五文。

一、买程姓本城门东内田四股之一股半，田五亩七分，租十一石一斛，又地课一两三钱，共折九九钱十千零八十文。

一、买陈姓仁贵乡杨家坡田二十三亩，租五十七石，额折九九钱四十五千六百文。

以上租谷每石折九九钱八百九十文，丰歉无减无增，案存郡房。

一、买府署竹簝嘴卡房八间，房租九九钱十八千文。

一、现在四邑典商生意九九钱一千五百六十串，每年息九九钱一百五十九千二百文，又存化邑士民生息九九钱一百串零四百八十文。

一、监院阿克当阿捐买刘明德建昌县民田地山场铺屋基地文契四纸，其价纹银九千二百两。焦甬庄田一百一十三亩三分五厘，每年租二百八十七石三斗一升五合，柴山柴租共二十五石，又店屋基地租钱二千四百文，理顺庄田一百零一亩三分五厘，每年租二百零四石六斗，柴山一面，柴租一十三石半，杨泗圩庄田三百三十九亩八分一厘四毫五丝，每年租九百七十一石零九升二合，共计租谷一千四百六十三石,柴山租共计三十八石五斗,屋基地租九六钱二千四百文。城内铺屋一中保街,坐南朝北铺屋一所二间,土库西边墙外余地一片,其地四方,每方二丈一尺,双合铺面一坐,接连三进,上下楼房,共计三十二间,共计租一百千零,每年细纹银二百四十两,由建昌县报解。嘉庆丁丑,巡道任捐纹银一百六十两发郡典每月一分息,作祝圣诞费。

现存产业

一、游家岭桃芳坨共田三十七亩七分,计秋租八十三石七斗九升,册载正米一石五斗零八合,每石定价六百文。

一、田家树林课钱七九钱二十四千文(遇水即淹,逐年未收分文,坐瑞邑圩上)。

一、石门涧租谷五十一石,册载正米一石零二合二勺一抄(数年屡报干旱)。

一、螺蛳墩租谷七十五七斗五升,册载正米五斗五升八合四勺二抄(田极低洼,遇水即淹,至今乏佃承种,每石现定价六百文)。

一、张家湾租谷五十五石,册载正米七斗九升五合(每石定价六百文)。

一、梅家山租谷十二石,册载正米二斗六升(每石定价六百文)。

一、崇福坨租谷二十四石,册载正米二升六斗(每石定价六百文)。

一、东门城内租谷十一石一厢地,课钱一千五百文,册载正米二斗(每石定价六百文)。

一、杨家坨租谷五十七石,册载正米五斗八升(每石定价六百文,逐年荒歉,旧欠极多)。

一、湖邑崔礼器典田二十亩,民妇周徐氏捐田六亩五分,共租四十四石,每年除完粮外,应交租折七九钱二十三千八百二十一文。

一、湖邑共合水田三十七亩五分,租七十五石头,每年除完粮外,应交租折七九钱四十五千文(二项皆由湖口县报解,现今每年仅解来九九钱二十一千有零)。

一、赤仁洲洪字十号洲地一百十四亩九分一厘,缴课钱二十四千文(分上下忙收,水淹即免)。

一、盈字一百四十四号(新、老),老洲地每年课钱二百串文(分上下忙收,水淹即免)。

新置

一、同治二年十二月初十日,置后街店屋一所,坐南朝北,前止官街,后止甘棠湖,系汪为和出售,现每年租钱一百五十三千文。

一、同治三年八月初三日置西关外,店屋一所,坐北朝南,前止官街,后止大江老岸,系李创夫出售,每年租钱一百六十千文。

一、同治十二年五月,新置许姓铺屋一所,共计六重,坐落九江西门外后街,坐北朝南,前止官街,后止滥浦港岸,去价九八大钱九百串正,其钱系前署观察许公应鑅两次捐钱六百串,又变易书院旧管城外后街屋基一片,因其基不能监造,禀府批示出售,得价钱三百串,二款合交新置屋价讫,每年议纳屋租制钱若干千文。

旧存

一、新坝坐西向东地基一块,每年租钱七千二百文。

一、后街坐南向北地基一块,每年租银四十两整。

一、后街坐南向北地基一块(左右俱系洋行地界,长二十余丈,宽八尺,已公同卖出价置许姓业)。

一、城内府门口下首,坐北向南店屋一所,每年租钱六十千文。

一、老县门口莲花池岸屋一重,坐南向北(遇水即淹,长支房租以作修理,现欠房客之钱未清)。

以上租课,每年收钱,发给收条,并加图书,以杜假冒。

监生罗云衢,道光十三年捐膏火钱一百千文。

增贡罗酉三云衢子,道光二十三年捐膏火钱一百千文。

现存捐费

署巡道许应鑅,同治十二年二月,捐钱六百千文(已于五月置许姓业)。①

◎ **王之春**,字爵棠,湖南清泉人。光绪间为广西巡抚。

咸丰十一年濂溪书院空地

咸丰十一年,夏四月,美人始立九江市埠。

先是,三月美国水师总领施碟烈伦以火轮船至九江,寻去。是月,美商金宁谦及琼记、旗昌行商等,由漠回泊九江择地,勘定琵琶亭(在九江府城西门外)空地三十亩,以地势低洼,遽兴工填垫。布政司张集馨遣人往询,答云:"我国在此贸易不大,拟不设领事,通商事均商人自主,惟租地换约须俟领事至。"时会办集馨因彼国与俄国领事皆无消息,遂请回省,值粤匪上窜黄梅,洋商疑共闻警潜回,传人总理衙门,再被劾罢归。

后美领事别列子至,集馨已罢,通商事悉以九江关监督经理。别列子不往会商,而洋商辄集工匠,就前勘地砌墙筑垣。居民以未给价阻之,别列子始赴道署,止许照英国价例给发。监督以绅民所称,此虽濂溪书院空址,然在大街繁盛之区,与龙开河偏僻有水者不同,驳诘之。别列子悻悻去。监督因照会驻汉口总领事,始准依民间买卖,然较前所勘定之界亦增索至五十亩。又以地在龙开河西,与英界事同一律,监督遂饬地方官会同划界,其价较英商稍增。是

---

① 《同治九江府志》卷二十二,台湾成文出版社 1975 年版。

为美人立九江市埠之始。①

按：率先进入九江口岸是美国的旗昌、琼记洋行。1862年，旗昌轮船公司在上海成立，当年即在九江设立分公司。旗昌九江分公司的地址位于九江府城西门外张官巷义和里，占地面积为193.17平方丈，合3.2195亩。地界自张官巷起，沿大街东行，大街南为旗昌九江分公司及货栈，北滨江边为旗昌九江分公司码头，码头为浮趸——木栈桥式。旗昌还在龙开河西琵琶亭（今北径路、通江路一带）占地一块，约5142平方丈，同租界基本连成一片。美商旗昌轮船公司是第一家在九江设立分支机构的外国轮船公司。②

【纪事】光绪二十九年，濂溪书院改为九江府立中学堂。1903年5月25日《申报》："江西九江府孙景裴太守拟筹集经费，聘请教习，将濂溪书院改为中学堂，现方添修学舍，不日即可落成矣。"《视察九江五县联立濂溪职业学校报告总评》："清末废科举后，将阖府濂溪书院学款开办九江府立中学堂，民国六年改办沙河农业学校，十六年收归省办，及改办九江五邑中山公学，十七年改为九江五邑公立中学，十九年改为濂溪师范学校，二十一年八月又改为共立濂溪职业学校。"③

---

① （清）王之春：《清朝柔远记》卷十五。
② 赵树贵、陈晓鸣：《江西通史》（晚清卷），江西人民出版社2008年版，第64页。
③ 《江西教育旬刊》第八卷，第五、六期合刊，1934年。

卷五

两县濂溪志

【纪事】淳熙五年,朱熹知南康军(治今星子县),新立濂溪祠,又刻先生像、《太极图》于石,《通书》遗文于版,又建爱莲堂。

◎朱熹
奉安濂溪先生祠文
　　惟先生道学渊懿,得传于天,上继孔颜,下启程氏,使当世学者得见圣贤千载之上,如闻其声,如睹其容。授受服行,措诸事业,传诸永久而不失其正,其功烈之盛,盖自孟氏以来,未始有也。熹钦诵遗编,获启蒙吝。兹焉试郡,又得嗣守条教于百有二十余年之后。是用式严貌像,作庙学宫,并以明道先生程公、伊川先生程公配神从享。惟先生之灵,实鉴临之谨告。
　　按:朱熹《南康牒》云:"濂溪先生虞部周公心传道统,为世先觉。熙宁中,曾知本军。未委军学曾与不曾建立祠,有无子孙依旧义居,所藏御书见作如何崇奉?所表门闾曾与不曾修葺?"朱文公牒教授杨迪功询查究竟,遂立祠于学,《答李滨老》:"更立濂溪之祠于其右,配以程氏二夫子焉。"张南轩为之记。又《文献通考·经籍考》记载,《濂溪遗文遗事》一卷,宋侍讲朱熹集次于南康。又朱熹《答黄商伯》:"濂溪之祠,郡将乃能留意如此,并及陶、刘,亦甚善。"

如此皆可见朱熹景濂之意。其后方岳知南康军,有《与蔡宪书》云:"晦庵在郡时,尝祠濂溪于学,后人又以祠晦庵,是矣。"

◎张栻,字敬夫,号南轩,祖籍绵竹,徙居长沙。历荆湖北路安抚使等。

南康军新立先生祠记

淳熙五年秋,诏新安朱侯熹起家为南康守。越明年,三月至官,慨然思所以仰称明天子德音者,首以兴教善俗为务,乃立濂溪周先生祠于学宫,以河南二程先生配,贻书其友人张栻曰:"濂溪先生尝领是邦,祠像之立,视他州尤不可以缓,子盍为我记其意?"栻既不克辞,则以平日与侯共讲者述之以复焉。

自秦汉以来,言治者汩于五伯功利之习;求道者沦于异端空虚之说。而于先生发政施仁之术,圣人天理人伦之教,莫克推寻而讲明之。故言治者,若无预于学,而求道者,反不涉于事。孔孟之书仅传,而学者莫得其门而入。生民不克睹乎三代之盛,可胜叹哉!惟先生崛起于千载之后,独得微旨于残编断简之中,推本太极以及乎阴阳、五行之流布,人物之所以生化,于是知人之为至灵,而性之为至善,万理有其宗,万事循其则。举而措之,则可见先生之所以为治者,皆非私智之所出。孔、孟之意,于以复明。至于二程先生,则又推而极之,凡圣人之所以教人,与学者之所以用工,本末始终,精析该备。于是五伯功利之习无以乱其正,异端空虚之说无以申其诬,求道者有其序,而言治者有所本,其有功于前圣,而流泽于后世,顾不大矣哉!春秋奉尝,遍于学校,礼则宜之,而况此邦尝为先生所领之地,祠象久焉而未设,诚缺典也。今朱侯下车,未遑他议,而首及乎此,可谓得为政之本矣。诗曰:高山仰止,景行行止。朱侯之所以望于来者,岂不在于斯乎?

虽然,栻又有说焉。盖自近岁以来,先生之书遍天下,士知尊敬讲习者寖多,而其间未免或失其旨。妄意高远,不由其序;游谭相夸,不践其实,反以病夫真。若是者,适为吾道之罪人耳。夫惟淳笃恳恻,近思躬履,不忽于卑下,而审察乎细微,是则为不负先生之训,其于孔孟之门墙,庶几乎可以循求而进也。此又岂非朱侯所望于来者之意乎！六月戊子朔。

按：尤袤《五贤祠记》,作于淳熙六年十一月,云："南康使君朱侯熹下车之初,先即学宫立濂溪周先生与二程夫子之祠于学之西序,属其友张栻敬夫爲之记。"《同治南康府志》卷七记载：张南轩碑记,当时应竖立军学之旁,现在府署之东、二贤祠之西。丰碑屹立,前刊此记,后为题识。时祠已迁于仪门左,北距爱莲池才数弓,诚如蒋(国祥)记所云："基址湫隘,不及今祠壃埒多矣。"碑虽非宋时物,然兵燹之后,如此完好者,不多得也。又吴宗慈《庐山金石汇考》载录有明代胡松所作《濂溪祠碑记题后》："是夏奉旨名捕闽广剧贼,提兵建昌,军书之暇,偶读南轩所著濂溪先生祠记,具论当时学者流弊,盖与今日同一揆云。乃知物醇而漓,学久而敝,真淆而妄,传远而失,盖自古而叹之矣。嗟乎！明命炯然,本自完备,苟毋自欺,即已自慊,而又何敝且失耶？爰令于守,重刻祠中,用以风多方士焉。嘉靖壬戌夏六月,滁上后学胡松识。"

◎朱熹
书濂溪先生爱莲说后

右《爱莲说》一篇,濂溪先生之所作也。先生尝以"爱莲"名其居之堂,而为是说以刻焉,熹得窃闻而伏读之有年矣。属来守南康,郡实先生故治,然寇乱之余,访其遗迹,虽壁记文书一无在者。熹窃惧焉,既与博士弟子立祠于学,又刻先生像、《太极图》于石,《通书》

遗文于版。会先生曾孙直卿来自九江，以此说之墨本为赠。乃复寓其名于后圃临池之馆，而刻其说置壁间，庶几先生之心之德来者有以考焉。淳熙己亥秋八月甲午，朱熹谨记。

按：《正德南康府志》卷三："爱莲堂，在南康郡圃内，周茂叔守郡时，凿池种莲，后人作堂，朱文公为书爱莲字。"据朱熹《书濂溪先生爱莲说后》，有"复寓其名于后圃临池之馆"之语，则南康军爱莲堂之名始于朱熹。清人蔡瀛《庐山小志》卷六："爱莲池，周濂溪知南康军时凿，上有亭，朱子书'爱莲'二字，南有友松亭，郡守石之炎建。"①所言近是。朱熹又有《跋欧阳文忠公帖》云："淳熙庚子中夏丁巳，新安朱熹观于南康郡圃之爱莲堂，因识其后。"（《晦庵先生朱文公文集》卷八一）淳熙庚子，即淳熙七年，其时朱熹尚在南康任上。又陈宓有《庐山爱莲堂观雨》诗，方岳有《跋岳武穆帖》云："淳祐九年六月朔，敬观于庐山郡圃之爱莲堂，附此叹息。"（《秋崖集》卷三八）可知朱熹之后，南康军之爱莲堂即相沿不废矣。又明人桑乔《庐山纪事》卷十："晦翁既刻《爱莲说》，而南康耕者又得《拙赋》于田间，碑虽断裂，然尚可读。翁又以刻于江东道院之东室，榜曰拙斋。凡先生之遗文之所以不散失者，晦翁之力也。"

【纪事】嘉定十一年，陈宓知南康军，修建周濂溪、朱文公二先生祠堂，其《上勉斋黄先生》云："文公祠堂十月初下手，十一月廿四日告成。濂溪熙宁中乞守南康，遂合二先生爲一祠，以慰邦人之思。"谢方叔《南康军二先生祠记》："初，文公至郡，首建濂溪祠于郡庠之两。后太守莆田陈宓仍建祠，始并祀二先生。"

---

① （清）蔡瀛：《庐山小志》，道光四年刻本。

◎陈宓,字师复,号复斋,兴化军莆田人。曾知南康军。
奉安周濂溪朱文公二先生祠堂记
　　惟濂溪先生,阐道之秘,始乎文公先生,斯文始备,经传开明,垂淑万世。睠此星渚,日守二公,百余年间,风教邳隆。顾瞻道德,庐岳并崇。我立此祠,实仰前哲,有不如训,昭著森列。敢不夙夜,景行遗烈。远迩多士,济济来观,是式是承,大法是闲。风俗丕变,懦立薄宽,庶无负二先生之教,而皆君子之归。新宫屹然,孔圣是依。一后一前,蔚乎相辉。牲酒跪荐,其敢不祇。①

　　【纪事】宋理宗绍定六年,江东提刑袁甫、知南康军史文卿修建四贤堂。

◎袁甫,字广微,号蒙斋,鄞县人。嘉定七年进士。绍定间为江东提刑。
南康军四贤堂记
　　南康史侯作堂祠四贤,而以书念余曰:"濂溪、晦庵二先生,俱尝守是邦;而刘屯田父子隐居庐山下,壮节、冰玉堂及刘氏故居记,皆晦庵笔也。"余览之,慨然曰:"侯其有意于风化者耶?"濂溪五十余,上南康印绶,分司南京;屯田为颍上令,不能屈节事上官,弃官入山;秘丞亦落落与时忤,仕迄不显;而晦庵在外,不过九考,立朝才四十日。嗟乎!四贤之风节如是,世之高此四贤者,亦曰不以爵禄动其心而已。抑余谓以退为高,非四贤之志也。濂溪自为小官,屡争狱事,洎持节广东,不惮瘴毒之侵,虽荒崖绝岛,人迹所不到处,皆缓视

---
①　曾枣庄、刘琳主编:《全宋文》第305册,上海辞书出版社2006年版。

徐按,务以洗冤泽物为己任,卒以是抱疾。其言曰:"可止可仕,古人无所必;束发为学,将以设施,必不得已,止未晚也。"刘公父子节义凛凛,秘丞与荆公有旧,欲挽使修三司条理,终不为屈,未足多也。而尽诚规益,谓所更定法令,不合众心,宜复其旧。使荆公早用此言,岂至稔异时生民之祸若是惨耶?晦庵历事三朝,忠诚恳恻之意,具形奏疏,大抵排和议,诋近习,抑宦寺,不遗余力。而至于君心隐微,人所难言者,亦每每控竭无隐。孝庙眷之厚,先生封事有曰:"日月逾迈,如川之流,一往而不复;不惟臣之苍颜白发,已迫迟暮,而窃仰天颜,亦觉非昔时矣。"呜呼,忠爱之语,吐自肺肝,与浅丈夫自洁其身者,奚啻霄壤。然则四贤岂不欲用于时,而必以名节自见哉?论者第见濂溪先生酷爱庐阜,乘兴携客,自放于山巅水涯之间,而陈令举与屯田,骑双牸往来山中,殆类高人胜士之为者,而孰知伊洛之学,自明道、伊川以及延平,乃考亭平生尊慕以为立身之实地者,皆光风霁月之余韵,而史学独擅一家,卒以助成司马公通鉴之巨典者,亦自青云白石之深趣来耶?言施于事,则非空言;学可及物,则为实学,不苟合者,必合道者也。不求世用者,必能用世者也。余既以是复侯书,又为叙次其本末,俾刻之石,以诏来者,使皆知夫四贤经世之实如此,则其于儒道之功用,不为无补云尔。①

【纪事】淳祐元年,南康知军倪灼扩建二先生祠,且建斋以处诸生。

---

① 袁甫:《蒙斋集》,丛书集成新编本,中华书局1985年版。

◎谢方叔，字德方，号渎山，威州人。嘉定十六年进士。淳祐间拜左丞相兼枢密使。

南康军二先生祠记

道之大原出于天，而具于人心，其大无外，其小无内，盖混然一太极也，自伏羲继天立极，因河图以画八卦，天地定位而乾坤列，山泽通气而艮兑列，雷风相薄而震巽列，水火不相射而坎离列。自震而乾为数往，自巽而坤为知来。八倍为十六，十六倍为三十二，十二倍为六十四，天地鬼神之奥，万事万物之理，森然毕备，此伏羲先天之《易》，所以为万古斯文之鼻祖也。神农氏之取《益》、《噬嗑》者以是，黄帝、尧舜之取《乾》、《坤》至《夬》者以是，夏《连山》，商《归藏》，亦以是。虽其作用不同，其实同一太极也。降及中古，文王系卦，周公系爻，《易》于是乎有辞。孔子生于周末，晚作十翼，先天后天，互相发明。其纪载于《诗》《书》，其发挥于《礼》、《乐》，其笔削于《春秋》，大本大原曾不外此。去圣浸远，世之诸儒，或汩于训诂词章之末，或溺于权谋功利之习，甚至薄蚀于虚无寂灭之教，其断丧天理滋甚。更千百年至我国朝，天启斯道，始有濂溪周先生，独传千载不传之秘，上祖先天之《易》，著太极一图。所谓太极云者，盖本于《易》有太极，而阴阳五行人物由此而生，即太极生两仪，两仪生四象，四象生八卦之谓也。自太极分阴阳，阴阳分五行，五行分四时，皆指太极之在造化者。自无极二五之妙合而推万物之化生，自人物之并生而别人心之最灵，自五性之感动而明圣人之立极，此皆指太极之在品汇者。自其在造化者言之，则即天地可以推太极动静之妙。故曰立天之道，曰阴与阳，立地之道，曰柔与刚。自其在品汇者言之，惟圣人会太极动静之全，故曰立人之道，曰仁与义。终始不穷，流行今古，此所谓六爻之动，三极之道也。六爻之中，五上为天，三四为人，初二为地。统而言之，三极同一太极。析而言之，三极各一太极哉。周子于《图说》之终断之曰："大哉《易》也,斯其至矣。"此周子作图之本意也。至于《易通》之书,则又与此图相为表里。伊洛道丧,传者多失其真。中兴以来,复有考亭朱先生,上接圣贤相传之道统,著书立言,私淑后学,其《本义》、《启蒙》诸书,皆所以阐扬乎太极之理。言造化之枢纽,所以明阴阳五行一太极。言品汇之根柢.所以明男女万物一太极。其曰上天之载,无声无臭,则周子无极而太极之意,非驾空凿虚之说也。又曰,非太极之外复有无极,则周子太极本无极之意,非叠床架屋之说也。太极得朱子表章而益明,可谓有大造于万世学者矣。

熙宁四年辛亥,周元公先生自广东提刑改知南康军,于是年十二月上印绶。淳熙六年己亥,朱文公先生来守南康军,至八年三月解绶东归,二先生相去一百有九年。道化浸渍之深,义理讲贯之熟,故南康之为俗,务本而近义,贵德而尚齿。冠昏丧祭之礼,至今仿佛古意。二先生之德之名,崔乎庐山不足为高,浩乎蠡湖不足为深也。

初,文公至郡,首建濂溪祠于郡庠之西。后太守莆田陈宓仍建祠,始并祀二先生,然旧制桷朴下窄,历久年,梁桷板槛腐黑挠剥弗治,无以揭虔妥灵。淳祐元年冬,倪侯以王命牧是邦,首以诗书教化为务。每谓世教不立,由师道之不明。越明年秋,乃增辟旧址,前挹重湖,后枕五老巘,鸠僝庀材,撤而新之,为祠堂三间,视昔尤伟。祠之前,建两庑,又为屋三间,其上为阁,扁曰"极高明"。其下为堂,扁曰"道中庸"。其左右各创一斋。经始于仲秋,竣事于季冬。集其事者,建昌主簿南宫靖一。置主祠一员,两斋诸生各有长。乃请于朝,援范文正公仲淹知庆州例,乞赐庙额,以诏无穷。祠宇告成,属记于方叔。

窃惟侯所以扁阁及堂之意,其幸惠邦之人士者,可谓厚矣。圣人之道,发育万物,峻极于天,此言道之极于大而无外。礼仪三百,威仪三千,此言道之入于小而无间。极高明者所以尽道体之大,道中庸者所以尽道体之细。《中庸》费隐之道,盖与阴阳动静之理相为贯通,学者不可外此以论太极也。然人德之要,又当自存养省察始,存养于未发之先,省察于将发之际。人欲净尽,天理流行,太极之体用全矣。周子之言曰:君子修之吉,小人悖之凶。朱子释之曰:修之悖之,亦在乎敬肆之问。敬则欲寡而理明,寡之又寡,以至于无,则静虚动直而圣可学。至于位天地,育万物,皆自居敬充之。士之登斯阁,升斯堂也,当思吾之立于两间者何事,所以希圣希贤者何先,二先生所以教人为己之实者何道。相与恪持此敬,庶无负于侯所以望吾党之意。侯名灼,字俊儒,鯀上库收世科,在朝为尚书郎,其政清平宽静,能得邦人之心云。

【纪事】至正十二年,南康二贤祠毁于兵火。洪武元年,南康知府王祎于故址重建祠宇,以复其旧。《正德南康府志》卷七:"二贤祠,一在府学傍。洪武间,经历张俊民、教授黄师宪重建;一在府仪门东,配以贤守。"《同治南康府志》卷七:"天顺五年,知府陈敏政改建于六老堂。后七年,知府曹凯移置府仪门左。万历二十年,知府田琯重修。"

◎王祎,字子充,义乌人。洪武间官翰林待制。
南康二贤祠记
南康故有祠宇,以祀濂溪先生元公周子、考亭先生文公朱子,曰二贤祠。至正壬辰,兵燹之余,祠废者久。元年岁丁未,实祎至郡之明年,始即其故址作屋三楹间为祠,以复其旧。周子、朱子,郡国之通祀也,南康乃独并列而专祠之,何也?此邦二先生之仕国也,因其过化之地而祠事建焉，系人心，崇德化也。按周子当熙宁初，由广南东路转运判官改提点刑狱公事，以属疾，且将改葬其先墓，遂求为南康。寻上其印绶，分司南京。朱子以淳熙五年秋被南康之命，累辞不允。六年春三月，乃到官。八年春三月，除提举江西常平茶盐，待次而去。盖周子在郡居亡几何，而朱子则居官者二年，兴学宫，建公廨，蠲属邑之租税，立先贤之祠宇，造石闸以捍水，出官粟以赈民，遗爱余迹，班班故在也。此邦祀事之所为建者，岂特以二先生继往圣、开来学，而承斯道之统哉。昔之循吏，固有既去而民见思，为之立祠者矣，所以系人心于无忘，崇德化之有本，庶其在此，殆未可与郡国之通祀例论也。虽然，二先生之道，衣被乎天下，虽万世一日也。盖圣贤之为道，犹天地之示人霜露日星，无非至教，川流山峙，皆其仪刑，随寓而存，初无间于今古。邦之长吏与凡人士，岁时奉尝，于斯萃止，即其秉彝好德之心，扩而充之，以求至于二先生之道，斯可也。呜呼，人生于两间，而与天地同体，出于百世之下，而与圣贤同心，岂待强致而他求哉？亦在乎反求诸身而自力焉耳。况二先生之道，具在方册，学者自童幼而白首，同所诵习者乎？习矣而不著，行矣而不察，此则夫人之通病，而道之所以不明不行也。是故奉其祠，必也思其人，思其人必也为其道。此祎之所望于后来，而亦今日所当自勉者，故为记而僊言之。祠在郡治之南三百步，庙学之西一十步，前临彭蠡湖，而庐阜在其西。旧有记石，今毁，不可考云。①

◎**彭梦祖**，字应寿，全椒人。万历八年进士。曾任南康知府。
二贤祠祝文
二先生，宋代之真儒也。使先生在端揆，则燮理得人；使先生在

---

① 李修生主编：《全元文》第五十五册，凤凰出版社 2004 年版。

经筵,则启沃有裨。而乃先后出知南康军,宋室之不竞可知矣。夫宋室,不能大用先生,以造宗社生灵之福;而南康,乃得藉重先生,以增山川井邑之光,所以特祠崇报于无穷者也。梦祖等忝牧兹土,景仰望先哲,羹墙之思,其谁能忘? 过化之功,于今为烈。兹届仲春,陈牲奠帛。唯先生英爽,尚其匡予不逮,以惠此遗黎于百千万祀。尚享!①

【纪事】康熙五十年,南康知府蒋国祥重建二贤祠,旁立义学,延师课子弟。雍正间,知府董文伟修葺。乾隆十三年,知府赵立身重修。嘉庆十八年,知府狄尚絅重建。咸丰三年,被毁。同治十年,知府盛元重建。

◎蒋国祥,暨阳人。康熙年间任南康知府。
重建二贤祠记
　　西江十三郡,独南康辖四邑。广袤不过三百里,菽粟外无他产,可谓隘且瘠矣。特以宋元公周子、文公朱子旧治,遂赫然著称。志莲池者泛彭蠡而拟渤海之观,游鹿洞者望匡庐而想泰岱之胜,壹非地以人重哉! 顾世之重二公者,皆谓周子当熙宁初为南康军,志称其兴教善俗,民安其政,士宗其学。朱子以淳熙五年被南康之命,居官者二年,兴学宫,建官廨,蠲租赈粟,筑堤惠民,善政尤著。此其说固也,而不仅是也。古之循吏,既迁去而民思之不忘,为立祠祀者众矣,始而推崇,继寝衰息。而二先生则合属官僚,春秋朔望,虔奉至今,要其政事根本理学,《太极》、《通书》,主敬致知,直溯邹鲁之渊源,足垂天壤为不朽也。府旧有祠,在儒学旁,朱子建以祠周子,配

---

① 《同治星子县志》卷十三,《星子文史资料》第6辑,1989年。

以二程，张敬夫为之记。朱子殁，军守陈宓以二程别有从祀，乃奉周与朱同祀，此二贤祠所由防也。淳韦占间，郡守倪灼又拓地，上创阁，下为堂，取高明中庸之义。元末毁于兵燹，洪武初即其旧址作屋三楹间为祠，以复其旧。见王文忠记。志谓洪武间改建于府治东者，误也。读张元祯《府堂记》，云仪门东为二贤祠，以祀濂溪、考亭二先生，则改建其成化间郡守曹公觊夫，惜基址湫隘，上风旁雨，且逼近门路，漫无防闲，妇子嬉游，役夫乞人，时为休息之所，非所以妥灵爽肃观瞻也。祥八载于兹，久欲拓其规制。而散员力弱。今署府篆商之同寅许君及合属邑宰僚佐咸有同心，共捐俸鼎新移置，今所爽垲弘敞，庀材鸠工，为正堂三间，高丈有九尺，广三丈八尺，深二丈六尺，前为门塾，缭以周垣，旁立义学，延师课子弟，为居守计。经始于辛卯季秋，六阅月而落成。嗟乎！善政被于一时，典刑垂于后世。统绪接乎往圣，学术启乎来兹。此盖天下百世之所共宗，而南康一郡，独获沐二先生之遗泽为尤幸也。余之新其祠宇，岂惟是俎豆之为耶？读其书而法其人，游其宇而思其道，以之持己，则峻理欲之防；以之治人，则严王霸之辨；以之论学，则儒与释必不可以同归。予愿与郡之人士交勉焉。二先生之灵，其式凭乎！因纪祠事而并言其要如此。

◎《同治南康府志》卷七
二贤祠沿革
　　康熙辛卯，知府蒋国祥移建府治东察院行署故址，旁立义学，延师课子弟，自记。雍正间，义学中废，郡人像祀蒋公于其中，知府董文伟修葺。乾隆十三年，知府赵立身重修。嘉庆十八年，知府狄尚絅重建，并添置田亩，自刻石像立于右室。咸丰三年，被毁。邑绅移石像祀于崇善堂，同治十年，知府盛元重建，祀二贤于中三楹，合祀蒋狄二郡守于右三楹。前界以为墙,墙外西偏建屋四楹,东向设义学于其中。北向二楹为庖湢所。其祠左隙地,经署星子令徐鸣皋会商都、建、安三邑令,捐建公所……祠产:坐落山头岭田三十八亩六分三厘五毫,谷五十六石五斗六升九合二勺;邓家涧田五亩三分,额毛谷八石四斗二升;鹞子坂田九亩六分,额毛谷十七石八斗八升;一都党田十亩,额光谷十六石九斗七升五合六勺;二都党田十亩零七分,额毛谷十七石一斗六升。

◎ **盛元**,字韵琴,号恺庭,自号铁花馆主人,巴鲁特氏,蒙古正兰旗人。同治九年任南康知府。

修复二贤祠记

予以同治九年五月,捧檄赴南康任。溯自咸丰三年兵燹之后,前守(龚)君祥云始董率绅耆,修复文庙试院,余皆未及举行。此邦土风,虽素称尚义,无如疮痍初起,户鲜盖藏,且当劝办捐输之后,势难竭泽而渔,心余力薄,守土者亦无可奈何而已。郡治东,向有二贤祠,国朝康熙辛卯,自府仪门左移建于此,旧有祠产,毁于兵燹,莫得其详。咸丰八年,军务肃清,甫将田亩坐落、佃户姓名,属府胥查明,详载于册,未遑计及祠宇也。辛未秋,簿书之暇,据册清查,约可得租一百余石,若经理得宜,输粮而外,祭品修费,绰有余裕。予乃多方筹款,委部经历明俊庀材鸠工,经始于九月,至十二月竣事,祀二贤于中三楹,而以右三楹合祀蒋狄二公。阶南三弓许界以墙,中辟为门,墙外西偏建屋四楹,延邑之名宿设帐于此,俾力难延师者往受业焉。东偏隙地,则星子徐令鸣皋倡议兴建,作为四县公所,岁底一律告成。所用工价及义学章程,与夫田亩佃户、收租支销各款,另载于石。

或曰:"子也家无一禄之庇,一亩之植,以藉而为生,即今出守数年,办公犹羁栖试院,迁徙靡定,乃独于二贤祠是营,无乃迂甚?"予曰:"而不闻君子之营宫室乎?宗庙为先,居室为后。二贤者,为学之宗祖也。且予亦何尝忘居室哉?郡署经费浩繁,一时猝难得请,尽予力之所为,莫此为先焉耳。"或又曰:"二贤从祀文庙已久,何专祠为?"予曰:"二贤之学遍天下,而其政莫切于此邦;此邦得二贤为之守,又继得蒋狄二公为之守;蒋狄二公之为守,其学其政,不知何若,而独能景行乎二贤,则真能守也,真大有造于南康也。予无以窥二贤之学,幸得考二贤之政;亦不能步趋二贤之政,幸得从蒋狄二公后,以景行乎二贤,则今日之祠,仍蒋狄二公之志也。若后之守此土者,能由其学以达于政,则此邦士民之幸又何如耶?"至二先生之所以治康,则前记已详言之,不复赘云。①

【纪事】淳熙五年,朱熹知南康军,兴建白鹿洞书院。开禧元年,山长李中主以濂溪、二程与先生合祀于讲堂。明正统间,知府翟溥福新建白鹿洞,亦祀周敦颐、朱熹。自此白鹿洞书院祭祀周濂溪,相沿不废。

◎邵宝,字国贤,学者称二泉先生,无锡人。成化二十年进士。弘治十四年迁江西提学副使。
谒周朱二先生文
维弘治十有四年六月丁丑朔,越二十五日辛丑,巡视学校江西按察司副使后学常郡邵宝至白鹿书院,敢昭告于道国元公濂溪周先生、徽国文公晦庵朱先生:道丧千载,孰起以承?元公其元,文公其贞。二公之学,世方师之。迹其讲寓,实久于斯。人以类聚,理以言

---

① (清)盛元:《同治南康府志》卷七,台湾成文出版社1970年版。

章,肆宝忘陋,与众升堂。读公之书,尚求公心。兹山实高,兹水实深。公如有灵,睹兹旧游。惠我光明,以永公休。谨告。

宗儒祠始祔诸儒告周朱二先生文

惟二先生继起于宋,再阐斯文,惟兹洞境,皆尝过化,学者宗之,百世允式。祠曰二贤,词若流寓,甚非吾人崇重之意。再考文公之时,实多高第弟子相从于是,而祠无祔位,亦为缺典。今拟更祠额为宗儒祠,仍设蔡沈以下十四人神位祔于二先生之堂,敢用告知,然后行事。谨告。①

【纪事】濂山书院在义宁州(今修水县)治迎恩门外修水东旌阳山麓,周濂溪先生主分宁簿时,创为书院,楼台亭阁四周,以延四方之士。元季壬辰毁于兵燹。其后葺治者称景濂书院,久废。明天顺三年,知县罗珉即其遗址,劝义官刘用礼建,署曰濂溪书院。成化十四年,知县萧光甫又劝其子刘淮重建正堂三楹,中祠祀先生,旁翼两房,堂之下,甃石为露台,东西分列两庑,其南为大门,周围缭以墙垣,其内燕居寝室、斋舍庖湢之所咸备。弘治癸亥,都御史林俊、分守参政王纶、分巡佥事王纯、知府祝瀚、知州叶天爵又鼎新之。乙丑,提学副使邵宝立像濂溪先生祀焉。②

【纪事】爱莲池,在州判署侧。按周濂溪先生年表,任分宁主簿在康定及庆历初,作《爱莲说》在嘉祐八年五月

---

① 以上两篇邵宝文章均见《容春堂前集》卷二十,四库全书本。
② 据道光四年鉴悬堂藏版《义宁州志》卷五"濂溪书院"、卷二十四"濂溪祠"撰述。

判虔州时,去分宁将二十年,不必官分宁日即尝凿池种莲也。然朱子守南康,亦寓其名于后圃临池之馆,而刻其说置壁间,则义宁州判官署之有爱莲池,固亦景仰前徽者所不废耳。①

◎邵宝
宁州谒周濂溪先生祠文

惟公继绝往圣,登我后学,为世宗师,凡公过化,神灵攸睹。惟我章逢,嘉树之思,寓于庭草,实惟秉彝,无间远迩。肆某不敏,承乏学事,行视郡邑,谓南安为公传道之始也,于是有书院之葺;谓九江为公终焉且葬也,于是有祠墓之治,有祀守之图;谓南康、袁州为公所尝宦游也,于是有白鹿之奠,有宜春之谒。仰止高山,作我同志,非敢为诐。兹至宁州,睹公遗化,如坐光霁焉。谨率诸生,酌水荐毛,窃附古人祭菜之义。惟公不鄙,其昭临之。谨告。②

【纪事】嘉靖中,知州某建黄山谷祠于濂溪书院之侧。万历中,兵备道史旌贤偕知州方沆俱重修之,颜其堂曰光霁。崇祯中,巡抚解学龙、佥事邢大忠复加修葺,始易今名。明季毁于兵寇。③

---

① 道光四年鉴悬堂藏版《义宁州志》卷九。
② 邵宝:《容春堂前集》卷二十,四库全书本。
③ 道光四年鉴悬堂藏版《义宁州志》卷五。

◎方沆,字子及,号汭庵,莆田人。隆庆二年进士。万历间为宁州知州,任上辑《宁州志》,复建濂溪书院及黄庭坚祠。

重建濂溪书院山谷祠记

沆不佞,束发受书,闻濂溪先生之光风霁月,山谷黄太史之节概,虽不能至而向往焉。中年再剖郡符,乃得分宁,实为黄太史枌榆社,周先生尝佐是邑,宁人吏尸祝之,犹召伯之甘棠也。先生故有祠,以尝延名士讲业于斯,命之曰书院;太史马洲祠圮,更卜爽垲,具在旌阳山之麓。岁久陵夷,不佞顾瞻榱栋,且谋改作,以申仰止。会有学宫之役,庀材鸠工而力不遑。居岁余,兵使者洱海史公奉玺书来莅兹土,实式临之。谒祠之明日,下教曰:"二先生不以分宁重,而分宁之以二先生重,五百余岁于兹矣。郡人士不知所以重二先生,而令祠事不饬,风雨飘摇,谓仰止何?岂其时诎而举赢也者?以仆仆,父老子弟则病者乎?主吏亟置对。"于是剂量沿革经费条上之,史公检括所部阙伍羡钱若干,以鸠工庀材。不佞暨一二僚友,捐薄俸襄之。缙绅士庶闻风兴,输金于橐,出粟于困,献材于山,不假征发,趋事争先,盖三浃月而工师告竣矣。书院鼎新者,为光霁堂,先生遗像在焉,堂两翼为诸生精舍,各二楹,前为重门,其堂之后三楹,若大门梲棁葺如。故祠鼎新者,临流为涪翁亭,其堂皇门庑,精舍若干,葺如故。季秋之吉,史公率部吏而下,士庶落之,揖让登堂,庙貌有严,檐楹轩豁,趋跄登降,肃肃雍雍,庶几挹先生之光霁遗风乎!临亭而吊古怀贤,山高水长,峻节如在,若与闻涪翁謦欬而接衽以游也。不佞因以尚论其世。宁自启土以来,驻节分符,不知凡几,明兴,表章先哲,崇濂溪庙貌者,督学邵二泉公;创山谷茔祠者,中丞林见素公;声应气求,要非偶合。大都濂溪"无欲故静"一语,故为《太极图说》根宗;太史即以篇翰名家乎?乃其抽毫见志,炉香隐几,万虑俱消,木落江澄,本根独在,彼其人岂规规物化者?史公宁澹自况,盖入周先生之室,而神游太史堂皇,锐意作新,群情响应,岂曰沾沾增一方胜概邪？象指树惇,是在部吏,若父老子弟,绅绎于无欲之训,以共挽波流,则史公功化余事也。若巡功竞劝者,谢丞诜、巡检徐汝楫、朱复佑、耆老张汝善、李廷震、查国利、梁济节、刘廷文、石邦梁、余簪、陈以忠、张方靖、徐国贵、徐一元、石邦境,咸与有劳云。①

◎**史旌贤,字廷徵,云南县人。万历八年进士。历七省副使。**
重建分宁濂溪书院山谷祠记

分宁在山岩峻嶒中,以望郡称,盖挟所重云。是濂溪周先生所分符而治,而山谷黄公枌榆之乡也。地以人重若斯矣,郡之人俎豆而并祠之,其在濂溪者,诸士挟策而游,往往以制科显也,故又以书院称。且夫风俗之道士为政,孰与表章二先生风教而树之帜也,何用监司若刺史博士为祠,故控旌阳山之麓,受修江东流而障之,又灵秀所独钟也,夫士若民也,咸藉焉,而越在草莽,为祀典羞,其若风教何？岂其妨民而暴之野,而以用诎为解？会方君刺史由滇学使者左迁至,文教具兴,余与议协而新之。阅三月,于事耳竣,不益以信二先生之风之远,所为闻风而兴起者哉！自我尼父没,一再传而及孟轲氏,遂令千载如线者,何也？安在其闻而知之！诗书之道废,鲁壁之所藏,秦坑之所不及者,孰与推明而广大之,以懋圣修而立人极也？乃知五百年有名世者出,未可若是其几也。宋自五星奎聚,而濂溪崛起矣。考亭系道统,以为不由师传、默契道体、羽翼孟氏不传之绪者,濂溪也,不已知言哉！其时顾又得黄先生尊信而推之洙泗之上,即光风霁月一语,以为善形容有道之象,谓之羽翼濂溪者,山谷也,亦何愧怍之有？余观濂溪再仕豫章,吏民惊以为"是能辨分宁

---

① 乾隆二年百尺楼捐梓《宁州志》卷十,百尺楼刻本。

狱"而已,无它政也;知山谷者益寡,今犹稍稍为文艺书法所掩,乃分宁挟以为重,千载如一日也者,则二先生之所自为重可知也。彼其无欲而静,过则圣矣,斯中正仁义所从出,而人极所繇立也。山谷即不无逊色,而孝友天至,险夷以之,抑何肫肫信道之笃也,宁独一文士为名高而已乎!诸人士诵诗读书,吊而式之,所耳目濡染于兹,藉令勿剪勿伐,维桑与梓而得其大者,犹旦暮耳。如第以莲渚钓矶亡恙,沾沾旧迹以自为愉快已也,必不然矣。嗟夫,过祠而趋宦辙,相望无不拊膺高蹈,驰赫赫声,谓微独以辩狱自见,而竟莫能窥先生藩篱,试自度于无欲而静,何如也?故泯泯愧其乡先生者,诸人士之耻也。有如按宦迹,责以周先生之绪余,以为诸人士倡,安所置对矣?斯又监司若刺史博士之耻也。余故乐其成,书以盟多士,且以自盟焉。是役也,为堂靓如,为个翼如,为门为亭巀如,刺史当别有纪述。其自郡丞诜而下,董役者若而人,发帑羡及乐施者若而金,例得列之碑阴。①

◎ **解学龙**,字石帆,扬州兴化人。万历四十一年进士。崇祯初年巡抚江西。

濂山书院课艺序

　　自文在兹而后周元公以《太极图说》发往圣未发之藏,涪翁尝盛称其胸怀光霁,尚友千古,一时针芥相投,道学节义,焜耀史册,天下文章,孰有大于是者?然则两贤共俎豆于一亩之宫,所繇来远矣。山阴邢公近以天官郎出为监司,驻分宁,入拜祠下,上雨旁风,堂级不治,悯然伤之。乃倡经营,以先诸吏士,又入告,余为纪其事,捐俸助之,共襄厥美。工甫竣,设为濂山大会,遴其多士之懋勉彝训、不

---

① 乾隆二年百尺楼捐梓《宁州志》卷十,百尺楼刻本。

愧先型者肄文其中,且进而与之讲学焉。

夫诸士诚豪杰,岂必待两贤后兴,而两贤则诸士景行也。今阅诸士文,霏若英之清质,揭澄晖之缟姿,大都如邢公所称,秀颖灵异,印合空明者。近是繇兹溯濂洛之蕴奥,辔孝友之轩廷,虑无不雁行尔乡之先达,岂仅雕虫是为,用赘羔雉、梯青云已也?余奉玺书抚江以西七年矣,宇内多故,此中蠢蠢,凡兵食征输以及陴土兴革诸务,罔不衣袽殷忧,而澹台、鹅湖、白鹭、白鹿之间,时时与诸士大夫扬挖坛坫,以景前徽。斯文之任,余殆惴惴焉。顷者群丑初靖,流氛时警,虽曰讨国人而训之者,唯是一矢而相加遗然;而在兹之文,何尝不有武备,却莱堕都其明征也,弦诵又岂有辍焉?诸士得无繇制科而进之,光昭两先生大业,以合余兴贤育才之至意。诸士勉乎哉!①

◎ 邢大忠,字仲安,绍兴山阴人。天启二年进士。崇祯六年前后任南、瑞金事。

濂山会课序

文章千古事,浚源于虚灵,仪曜风云、泰岱溟渤、勋华洙泗,交变生息于不穷矣,六经诸子以至诗赋制义,皆不离于斯者得之。世运升降,文字亦因之盛衰,然考其得失,实繇士习日趋于文,遂致文运日趋于薄,标花叶而损本根,美精魂而迷真体,即使夸耀今古,盗窃名号,终非薪传之业,又安能责之以道学节义哉!豫章之分宁,濂溪先生弦铎之地,山谷先生桑梓之乡也。不佞客秋幸莅兹土,欲借诸生之文艺,以证先贤之所以不朽者。今春得以濂山会课相质也,目山色之朝爽,耳溪声之夜清,手会中之文心,细加批阅,大抵秀颖灵异,意脉自然,不袭常诠,亦不堕今时恶习,采其空明相印合者。若

---

① 乾隆二年百尺楼捐梓《宁州志》卷十,百尺楼刻本。

余生应荃、徐生名纬、陈生钦、殷嘉玙辈,录之以为入彀之券。不惟是也,诸生又慨然于两贤祠坛之倾圮,欲补旧理新,请之部院解老先生,嘉许之,且捐助倡始焉。遂欣跃经营,财力共举,窥其意,若将朝始事而夕竣工者,又讲学于斯,课文于斯,历寒暑弗闻也。然则会中之所从尚,宁独以举子业驰骋一时者哉!两贤实默启之矣。①

◎**黄文麟**,四川梓州人。崇祯十年任知州。
濂山社稿跋(节选)

余西蜀之东梓人,东梓旧治涪城,涪城者,城治涪水,以水名城者也。其先分宁之文节公,与吾乡苏子子瞻雅相友善,千里过从,足迹无所不窥,独喜吾梓山水之秀,侨寓者久之,乃于涪之上流伐石作台,烧炼其上,凡六年所,因号涪翁,志不忘梓也。

余以丁丑应诏天官,出守分宁,得除甚喜。……莅治之明日,谒两贤于旌阳之麓,时祠中鸠工庀材,督作正锐,询其所自,则兵台邢老大人感其禋祀虽存,坛壝半圮,徘徊顾念,乃请之部院解老大人,相与捐俸倡始,鼓率吏士,以有是役。不佞勉加一篑,以襄厥成,不日而庙貌庄严,先灵以妥。邢宪乃于公治至之余,进诸弟子员,讲学其中,昕夕课艺,不佞例得批读,见其人标一帜,技尽诸长,字挟风云,以飞气吞彭蠡而下总之,绮丽有如山川,古奥本之先正,异日者纡紫拖青,掀揭弥纶,罔俾先哲专美于前,谓非两大人代天工彰施化育,点缀平章,锡之极耶。②

【纪事】康熙七年,知州徐永龄重建分宁之濂溪书院,

---

① 乾隆二年百尺楼捐梓《宁州志》卷九,百尺楼刻本。
② 乾隆二年百尺楼捐梓《宁州志》卷十,百尺楼刻本。

并塑山谷先生像合祀,仍称濂溪书院。未几,复遭兵燹。十七年,知州班衣锦复修之,合祀濂溪、山谷两先生于其中。后常就以延师课士,而膏火不给。①

◎徐永龄,号退生,辽阳人。康熙三年知宁州。
修濂溪山谷合祀祠
甚矣,学问足明正道,文章足洗陋习,著当时而传后世者,不恒有也,宋濂溪、山谷两先生足以当之。且一宦于宁,一生于宁,宜乎宁之人读其书、思其人而崇其祀,百世不衰也。予于甲辰冬承乏兹土,甫下车,谒两先生像于旌阳山之麓,祠宇漫漶,围墉倾圮,时即有兴废举坠之心。会地极凋瘵,事益繁剧,余更拙于才,日无暇晷。每春秋虔祀之,蹙蹙靡宁。今且越四载矣,败椽折栋,不足以蔽风雨;颓垣破壁,不足以避狐兔。因自念曰:"茂叔之《太极》、《通书》,探孔、孟之旨而发天理之源,明正道也。涪翁著文立说,本于眉山苏子,并起唐末五季之衰,洗陋习也。当时学者闻两先生之名,翕然宗之。及今几五百余年,而览其图籍者,如仰丽天之星斗,莫不为之起敬,虽通立其祠祀于天下郡邑不为过,夫何已有祠而弗葺弗饰之若斯乎!吾知览物好古之士必至此萧条悲焉。且名宦如茂叔,乡贤如涪翁,尚不能邀分宁之兴其祠以隆血食于世世也,则后此之名宦乡贤,其又何望焉!"稽之志,周之书院,黄之祠舍,初未尝不巍然焕然,足以耸士君子高山仰止之思;乃兵燹屡残,基址屡易,两先生之合祀于此也,毋亦时为之乎!然因时制宜,踵事增华,实有官者与都人士之责也。敢肃芜祠,告我同官暨缙绅先生诸弟子员。是役也,不求辉煌壮丽,复全盛之伟观,但期去此颓败,刬此荒榛。中为堂三间,

---

① 道光四年鉴悬堂藏版《义宁州志》卷五。

门为屋一间,两庑六间,择衲子之有戒力者居之,以供洒扫香火之役,典礼不坠,而两先生之精灵有所凭依矣。后之官于斯、生于斯者,仰瞻遗像,俯稽载籍,或有怀光风霁月而学道爱民,或有怀节概文章而尊经复古,则此之协力创举,不为无功于来兹云。①

◎**班衣锦**,字尚卿,辽东广宁人。康熙十六年任宁州知州。

重修濂溪山谷两先生书院合祠记

尝考禋祀之典,能捍炎御患,有功德于民,则祀之。而昌黎有言曰:"此乡先生没而可祭于社者。"是礼以义起,则天下之郡县名宦乡贤之祀不自今日始也。而分宁之有名宦乡贤,别有祠合祀,亦如功德丰大,别立祧庙,礼以义起,其制亦不自今日始也。分宁当宋时,号为上望,而官于斯者,有濂溪周先生;与生于斯者,有山谷黄先生,一时同世同地,道德、文章、节义,交相爱慕,而分符是邦与擢秀修江者,不几千古称盛哉!且两先生,一探东鲁之源,为图为书,道统于焉不坠;一开西江之派,作史作诗,文风赖以维新。功德丰大,宜别祠以合祀也。

余守斯土,烽烟抢攘,出郭祀两先生于山麓之墟,观山水之胜,感念两先生道德、文章、节义交相爱慕,叹曰:"诗渊学海名今古,流水高山壮几筵。"仰止仪型而自赧:去两先生之世六百余年,分符滥膺刺史二千石之职,地已蹂躏,凋残告疲,为南昌下邑。手绾铜墨,山城丘墟,工部诗曰:"城空草木深。"是分符之地同,而今昔盛衰则不同于先生所守之时矣。学道爱人之训,祇怀霁月光风,胸次洒落,以为仪型而已。乃太史枌榆之乡,今兵凶荐臻,而山川依旧,井里丘墟,欲求再见双井当年之盛,徒凭吊往古,为之唏嘘。仅存两先生合

---

① 《黄庭坚全集》附录四"历代诏敕谥议祠记",四川大学出版社2001年版。

祀之典，兵火废其堂奥，败其周垣，毁其精舍，俎豆炉烟，仅存春秋奉循之具文。史迁有言曰："是予之责也夫？是予之责也！"夫予乌得不亟修之，以副仰止之忱哉！爰捐资以为倡，亦如修葺学宫之举，与同官及神衿士相为倡和。鸠工斫材，为堂为奥，为门为垣，为东西之精舍以翼之。自门徂堂视之，历阶而升，有严有翼，中塑两先生像，俨然分符是邦与擢秀修江者同时同地，坐对一堂。自堂徂基，历阶而下，洞门重开，正如我心少有邪曲，人皆见之，又足以副余仰止两先生之型。是役也，造舟维梁，俾州人士出郭有济，次第经营，则在康熙十七年之仲春。鸠工斲材，兴畚锸，芟荆除草，为堂三间四楹，为内堂，楹数亦如之。为门，为垣，为精舍，相翼于东西，如企斯翼，如矢斯棘。中置俎豆以祀两先生，择衲子身佩戒香者为之，昕夕钟鼓，司香水，司启闭。其甫工则于康熙己未十月，工竣则于庚申之二月。是不可不纪之，以告分符是邦者与生于是邦者。他若祭田有租，助修捐资之数，官秩姓氏，别附碑阴。[①]

◎臧振荣，字君，又字岱青，诸城人。顺治十八年进士。任宁州知州，康熙二十八年修复濂山书院。

重修濂山书院记

　　豫章古名都也，理学、节概、文章，昔称最盛，而分宁则隶之。虽绣错楚壤，僻处偏隅，然山环而蠹，水清而驶，控新吴之首尾，据彭蠡之上游，故乡于斯、官于斯者，往往多贤人君子焉。濂溪周先生以理学传，山谷黄先生以文节著，一为分符之邦，一为钟灵之地，其芳规懿行，道统著述，光昭史册，辉煌州乘者，班班可考。即庙貌祠庑，亭榭池台，从前之建置沿革，分合修葺者，亦历历可稽，兹固无庸殚陈。

---

① 乾隆二年百尺楼捐梓《宁州志》卷十，百尺楼刻本。

特是党有庠，州有序，凡以宏长儒教、诱进学徒、化人成俗，卒由于此。外此而名山胜境，昔贤讲道之区，创建书院以聚四方游学之士，盖以补庠序所不逮也。宋兴之初，天下四大书院曰石鼓，曰嵩阳，曰岳麓，而庐山白鹿洞书院为最；又如江右之豫章、鹅湖、象山、盱江，以书院名者不一，匪特其弦诵盛也，而经明行修、名臣大儒多出其中焉。周黄两先生合祀濂山书院，由来尚矣。理学之渊源，节概之彪炳，文字之风徽，或官于斯，或乡于斯，而后先同堂，俎豆而并祀之，固奋乎百世之上矣。予尝考濂溪图说，而知性学之旨；归阅山谷全集，而知文节之懿轨，已不胜向往而景行。迨承乏兹土，登旌阳山麓，谒两先生祠，瞻拜光仪，何殊亲炙。乃祠堂一椽，仅蔽风雨，僧舍一寮，莫司香火，而亭榭故迹，则荒蔓也。书屋旧址，则丘墟也。有兴道之思者，能不慨然而复古。夫孰非官于斯、乡于斯者，顾令前哲之徽音竟歇，而后起之颂声不继，果谁之责也？夫余用是特结涪翁之亭，以为斯道倡，且捐冰俸，结精舍三间，以延游学者。学博罗君絜复题疏引劝绅士，以襄厥成功。功成而缙绅缝掖合词而请余记，余何记乎？尔记地乎，非有周原之膴膴。记祠乎，非有峻宇之巍巍，乌乎记。然而山不在高，况乎高山之在望；水不在深，况乎观水之有澜。昔苏文忠公称山谷有曰："瑰玮之文，妙绝当世；孝友之行，追配古人。"而山谷又称濂溪有曰："登山玩水，履其亭，入其祠，景道范之俨然，瞩流峙而俯仰，恍如瑰玮之当前，而光霁之入怀抱也。"后之有感于斯者，意必有承两先生理学之薪传，节概之芳躅，诗歌文字之真派，俾濂山书院不异乎白鹿诸书院，而真儒蔚起，踵接肩随，以媲美有宋之盛，是则可记也，遂书丹以记之。时康熙二十八年十月某日。①

---

① 道光四年鉴悬堂藏版《义宁州志》卷二十八。

【纪事】乾隆八年,知州许渊鼎新濂溪书院,后称濂山书院,详拨云岩、洞山二寺田租七百五十九石零,除完条漕及拨给普济堂谷一百石外,余俱作书院经费。二十五年,知州周作哲详拨大源山官庄田租银三十三两。三十八年,署知州边学海倡捐重修。四十四年,知州徐肇基详拨卢韩氏田租银四十五两,陈密捐田租银五十两。五十二年,署知州王茂源捐廉葺修。嘉庆八年,知州陆模孙加意培植,广生员正课名额,捐廉倍增奖赏。邑人士奉木主于书院。十四年,公捐修濂溪石桥。二十二年,知州周澍倡修,陈密、胡机、朱晚成后裔捐银重新,复详请各宪祠后敦请本邑绅士主讲,捐置安乡朱玉升田四亩,详拨甘贵龙佃租五石,张铎妻胡氏捐田三十五亩零,俱入书院,以资膏火。①

◎许渊,字仲涵,浙江山阴人。乾隆五年知宁州。
重修濂山书院记
古者人才之兴,由于教化,庠序学校,升乡国之俊秀,而董以师儒,教莫备焉,故人才为最盛。我国家仿三代遗规,隆作人之化,不独石鼓、岳麓、鹿洞、应天诸名山为兴贤育才地,极天下各郡县,莫不设立书院,以裕风教之源,洵盛典也。

庚申夏,余膺简命刺分宁。甫下车,州治东南隅有濂溪山谷两先生祠,遂往谒。时有告余曰:"此故书院也。前守尝延师课士于其中,以膏火不给,今且废。"余用是怦怦有触,思捐己俸以图创复旧制,宦囊常乏,倡修匪易,簿书之暇,筹画者久之。适云岩寺僧、洞山

---

① 道光四年鉴悬堂藏版《义宁州志》卷五。

寺僧均以产业过多，履庭构讼，因叹美利公诸天地，与其养无益之僧，无宁资有用之士。就中剖析，请以所争之半，为培植人才计。蒙上宪谕可，而素愿遂洽。于是即其旧宇之倾圮者，乐与更张。建讲堂，宏启牖也；修廊舍，便肄业也；作二贤堂，礼先师也。一时墙垣亭榭，焕然改观，仍颜之曰濂山书院。每岁聘山长，慎考试，拔士之尤者数十人，分别正附，月定以三课，品其甲乙而奖励之，而造士之章程，于是乎立矣。夫以宁山腴水清，素号文人之薮，元公过化，文节遗徽，其佑启后人者既至；而莅兹土者，又得损释氏之闲田，垂不朽之学校，俾束脩取于斯，膏火取于斯，人才之振作取于斯，将见熏陶渐染，他日必有以理学文章步先贤之武而崛起者。然则是举也，不将大有造于是邦也哉？余忝司牧，不敢负圣朝作育之恩，幸多士奋兴之望，惟是藉手告成，可幸无咎。爰举其颠末，勒诸碑阴，而为之记。①

◎**李孝沧**，乾隆十八年为宁州学正。
重建濂溪讲堂记

宁之为州也，山峭水清，自宋周元公过化后，风气丕振，一时绝学肇兴。政教所孚，剖冤泽物，尤殷殷以造士为先务。当日亲建书院，加意文治，迄今数百年来，流风遗韵，尤深仰止之思。后人师其遗意，因于宫墙之旁，更设濂溪讲堂，以仰溯前徽，用昭绍述，甚钜典也。运会既遥，兴废不一，书院故区，今犹弦诵不辍，而讲堂则不知圮于何时。余自癸酉夏，谬承是州司铎，方幸爱莲余芳，私淑有藉，不谓斋舍倾颓，黉宫多半废址，求所谓讲堂遗基，已杳不可识矣。嗟乎，曾是先儒之泽，而忍心听终湮蔓草乎！既余勉力从事于学之前

---

① 道光四年鉴悬堂藏版《义宁州志》卷二十八。

后垣塘，随鼓舞州人士，重新东西两斋，而尊经、文昌二阁，遂有独任其成者。惟讲堂一区，方用商榷，不意巾帼中有贤母，率其子踊跃而襄义举者，来则故太学生王耀祖之妇氏刘，以孀居而持门户，课儿笃学，在谟、在诰诸子，汲汲于读书制行，先后进于胶庠氏。以闺阃能不汩于福利之见，独有志于斯文之重，有造于学校，此学士大夫所难为者，而竟为之，其度量之相越，一何远耶！余以菲才，与襄教治，又适当兹境，人文宿著，前徽未遥，讲诵有地，王氏子孙，由此加以濯磨，岂不偕多士之后，峨峨奉璋，足为斯文光宠乎！堂建于东斋之前，接尊经阁，南面远峰为文笔，堂皇坚实。两旁为室各一，前为门屋三楹，丹臒涂壁，四周俱甃以砖石。起工于丁丑五月，迄八月某日告竣。措置之宜，余与氏子在谟司之，因记其落成始末于碑。①

◎**边学海**，字进之，直隶任丘人。乾隆三十七年知州。
重修濂山书院记
　　古者化民成俗，莫不以教学为先务。而教学之法，尊其责于人上，乃上之人任其责焉，仍若悬而有待。延名师，选俊彦，俾文风蒸蒸日上，此责之所宜为而力之所及为者也。若夫为其地振故谋新，因百年之遗规，开一时之伟制，则其力不必出诸己，而其责不啻属诸人矣。属之人而难必其人之慷慨好义，不恤捐金以成余志；即捐金矣，而欲其金之沛乎有余，并可指日定功，从容告竣，使上之人宛若力之自为而责之自副也，不尤有难乎。
　　宁州高山特秀，恒磅礴而钟为伟人，以故往哲前贤，光垂史册。城之东隅有濂山书院，祀濂溪周先生暨山谷黄先生，春诵夏弦，诸生课读其中，顾规模未极宏敞，兼之岁月寖久，风雨摧残，急宜有以维

---

① 道光四年鉴悬堂藏版《义宁州志》卷二十八。

持而嗣续之也。余摄宁篆,思任其责而力有未逮,爰捐廉以为州人士倡。未几,豪杰举义施、乐捐金者,则有陈子密、胡子机、胡子全浤、朱子晚成等,旋而鸠工命匠;董其事者,则有查子经、徐子慕璋、查子文显等;不数月而檐飞桷起,向之历落者,且自焕然矣。余顾而乐之,因以奖好义之心,而益信先贤流风遗泽渐摩此土者其渊源厚也。功既竣,首事请记于余。余乃作而言曰:"此固余之责而都人士之力也。虽然,都人士已殚其力,而余实有未竟之责。濂山二先生道德文章,既已准绳之在前,而复结构之未替,诸子苟因其所得而扩而新之,由是大成小成,以鸣国家之盛,是非余之责所未竟,多士之力所宜殚者乎?多士其勉副吾望也夫!"是为记。①

◎**王茂源**,字若泉,江宁人。乾隆五十一年知宁州。
重修濂山书院记

分宁之有濂溪书院,在旌阳山麓,实为宋周濂溪簿分宁时所建,以延四方游学之士。左为乡贤黄文节公祠,有司春秋致祭,用志不忘,其初固未尝合也。历年既久,摧残剥蚀,来牧是州者,在明则有方公沆重修于前,我朝则有徐公永龄、班公衣锦继修于后。迨山谷祠渐就颓坏,因遗像并祀于濂溪祠,俎豆一堂,后先辉映,观察史公曾为之记,而濂山书院之名始合而益彰。夫建学兴贤,守土之责也;激扬善类,盛德之符也。余于丙午季冬来摄宁篆,瞻仰前型,见规模具备,而倾欹剥落之所,亦复不少,即有意概为补葺,乃不两月而去。庚戌之夏,奉命再莅兹土,与乡士人接见之暇,始得绅耆陈公密号称同志。陈公,笃行君子也,乐善好施,往在乾隆癸巳间,约二三素好,公同激劝,大加兴修,增盖房屋若干,规模宏敞。今复慨捐腴田四十

---

① 道光四年鉴悬堂藏版《义宁州志》卷二十八。

余亩,用补生童膏火之需,其积岁租息四百余金,请为重修之费,有不足者,从而益之。自桥梁墙垣以至堂筵讲斋,悉因旧制,焕然一新,诸生肄业其中者,莫不翕然称善。予尝考宋代诸儒,昌明理学,濂溪首著图书,与关洛诸贤,视斯道为己任。山谷则与眉山苏轼相为颉颃,节概文章,卓然震动一世。使得各尽其所学于朝廷之上,则治平熙丰,致治必几乎三王之盛,不其伟欤?乃一则终老于滟城,一则远窜于宜州,斯亦宋室之不幸也。虽然,吾宁山川之气,磅礴郁积,毓异钟灵,同时又得两大贤并起其间,继往开来,嘉惠后学,吾见春诵夏弦,诸生课读其中者,必将有奇杰之士,赫然奋兴,上承统绪,下衍渊源,霞蔚云蒸,以副圣朝作人之雅化者,如操左券,而陈公之倡义兴学,又将食厚报于无穷也。故乐为之记而镌诸石。①

◎周澍,字雨亭,浙江钱唐人。嘉庆二十二年任知州。
重修濂山书院记

分宁在豫章素以文献著,家弦户诵,书院尤多,如山泉、鸣阳、凤山、樱桃、芝台等名,具见志乘。世远年湮,仅留遗址,惟濂山书院岿然独存,第讲席虚悬,生徒鲜至,飘摇风雨间,室罄墙严,盖亦岌岌不可终日矣。予莅初,亟谋为重新之计,知为附贡胡机、封翁陈密、职员朱晚成、胡易沧修建于前,遂商诸各后裔,学博胡秉铨、监生陈集模、职员朱学家等,慨然以修复自任。始事于嘉庆二十二年十月,蒇工于二十三年二月,计费工料银若干两。自门以内,升堂入室,旁及学宫,至垣墙庖湢,焕然一新。诸后裔可谓勇于行义而能世济其美矣。往岁主讲者延自远方,或终岁不至,即岁一至焉,席不暇暖,书院之废,职此之由。遂为详定岁延本地名宿,章程奉各宪允请,乃聘

---

① 道光四年鉴悬堂藏版《义宁州志》卷二十八。

孝廉冷芝田先生主讲,增额督课,于兹两载,斐然可观。更愿诸生进而益上,寻孔颜之乐,敦孝友之行,不忘书院命名之意,景仰先贤,勤学立品,以慰跂予之望,以答乡先生历新书院之盛举也。是为记。①

◎道光年间濂山书院田租

云岩寺租五百十九石七斗五升(内除百石拨普济堂)。洞山寺租二百四十石。卢韩氏漏租银旧额四十五两,今收银三十两九钱六分四厘。大源山旧额银三十三两,今收银六两八钱。陈密捐租银五十两。知州周澍捐置朱玉升田租折缴钱六千文。甘贵龙充公田租五石,折缴钱四千五百文。贡生张铎之妻胡氏捐奉乡田三十五亩七分零,张翰周佃,折缴钱五十千文。门役一名,旧额租十二石,每年自佃自收,以为香火工食之资,计田十七号,太乡六都二图尾,民米一斗一升一合。②

---

① 道光四年鉴悬堂藏版《义宁州志》卷二十八。
② 道光四年鉴悬堂藏版《义宁州志》卷五。

卷六
濂溪诗歌志

一、宋元诗歌

◎杨杰,字次公,号无为子,无为军(今安徽无为)人。仁宗嘉祐四年进士。元丰年间官太常博士,元祐中为礼部员外郎。

濂溪

山为羌仙传旧姓,溪因廉士得新名。愿持一勺去南海,直使贪泉千古清。①

◎释道潜,本名昙潜,号参寥子,俗姓王,钱塘(今浙江杭州)人。幼即出家为僧,能诗文,与苏轼、秦观友善。

周茂叔郎中濂溪

莲花峰下水,东出其流长。十里漱石齿,锵然韵珩璜。坡陀滀野岸,炯炯浮明光。衣冠有旷士,眷此宜徜徉。乞身不待老,结屋栖其旁。高风慕箕颍,不羡尚书郎。松菊手自插,葱葱蔚连冈。了无川泽营,庶以廉自方。禽鱼出阶堑,讵识矰缴防。云山侑几席,风月非迎将。万事委空洞,颓然寄壶觞。诗书丛屋壁,教子心独强。翘

---

① 《全宋诗》第十二册,第 7877 页。

翘双凤雏,炳炳具文章。婆娑刷劲翮,云汉期翱翔。高名与溪水,千载同汤汤。①

◎苏轼,字子瞻,号东坡居士,眉州眉山人。嘉祐二年进士。历任翰林学士等。

故周茂叔先生濂溪

世俗眩名实,至人疑有无。怒移水中蟹,爱及屋上乌。坐令此溪水,名与先生俱。先生本全德,廉退乃一隅。因抛彭泽米,偶似西山夫。遂即世所知,以为溪之呼。先生岂我辈,造物乃其徒。应同柳州柳,聊使愚溪愚。②

◎黄庭坚

濂溪词

春陵周茂叔,人品甚高,胸中洒落,如光风霁月。好读书,雅意林壑,初不为人窘束世故,权舆仕籍,不卑小官,职思其忧。论法常欲与民决讼,得情而不喜。其为小吏,在江湖郡县,盖十五年,所至辄可传。任司理参军,转运司以权利变其狱,茂叔争之不能得,投告身欲去,使者敛手听之。赵公阅道,号称好贤。人有恶茂叔者,赵公以使者临之甚威,茂叔处之超然。其后乃悟曰:"周茂叔,天下士也。"荐之于朝,论之于士大夫。终其身,其为使者,进退官吏,得罪者自以不冤。中岁乞身,老于溢城。有水发源于莲花峰下,洁清绀寒,下合于溢江。茂叔濯缨而乐之,筑屋于其上,用其平生所安乐,媲水而成,名曰濂溪。与之游者曰,溪名未足以对茂叔之美。虽然,

---

① 《全宋诗》第十六册,第10720页。
② 《嘉靖九江府志》卷十五,天一阁藏明代方志丛刊本。

茂叔短于取名而惠于求志，薄于徼福而厚于得民，菲于奉身而燕及荥嫠，陋于希世而尚友千古。闻茂叔之余风，犹足以律贪，则此溪之水，配茂叔以永久，所得多矣。茂叔讳惇实，避厚陵，奉朝请名改惇颐，二子寿、焘，皆好学承家，求予作濂溪诗，思咏潜德。茂叔虽仕宦三十年，而平生之志，终在丘壑，故余诗词不及世故，犹仿佛其音尘。

溪毛秀兮水清，可饭羹兮濯缨，不渔民利兮又何有于名。弦琴兮觞酒，写溪声兮延五老以为寿。蝉蜕尘埃兮玉雪自清，听潺湲兮鉴澄明。激贪兮敦薄，非青苹白鸥兮谁与同乐。津有舟兮池有莲，胜日兮与客就闲。人闻挐音兮不知何处散发。醉擎高荷为盖兮，倚芙蓉以当伎。霜清水冷兮舟著平沙，八方同宇兮云月为家。怀连城兮佩明月，鱼鸟亲人兮野老同社而争席。白云蒙头兮与南山为伍，非夫人攘臂兮谁予敢侮。[1]

◎ **孔平仲，字义甫，临江新喻人。文仲、武仲弟，兄弟三人并称于时，号"清江三孔"。**

题濂溪书院

庐阜秀千峰，濂溪清一掬。先生性简淡，住在溪之曲。深穿云雾占幽境，就剪茅茨结空屋。堂中堆积古图书，门外回环老松竹。四时风物俱可爱，岚彩波光相映绿。先生于此已优游，洗去机心涤尘目。樵夫野叟日相侵，皓鹤哀猿夜同宿。方今世路进者多，百万纷纷争转毂。矫其言行鬻声名，劳以机关希爵禄。由来物役无穷已，计较愈多弥不足。何如潇洒静中闲，脱去簪绅卧林麓。先生此趣殊高远，不以寻常论荣辱。奈何才大时所须，犹曳绯衣佐方牧。鸾章凤羽出为瑞，未得冥冥逐鸿鹄。先生何时归去来，古人去就尤

---

[1] 《周敦颐集》，岳麓书社2007年版。以下未注明出处之宋诗同出此书。

宜速。须怜溪上久寂寥,苍炯白露空乔木。

◎ **张舜民**,字芸叟,号浮休居士,邠州人。治平二年进士。徽宗时为吏部侍郎。

濂溪诗

洗耳褰裳本绪余,何须外物表廉隅。碧梧修竹藏丹凤,空谷生刍老白驹。水为不争方作瀼,溪因我有始名浯。北人要识濂溪景,请问江州借地图。

◎ **王庶**,字子尚,庆阳人。崇宁五年进士。宋高宗时任兵部尚书、枢密副使。

濂溪诗

先生帝王师,韫椟求善价。连城既不售,抱恨归长夜。音容忽已远,遗芳鄙兰麝。至今西洛贤,犹识唐虞化。俾之坐庙堂,小或齐诸霸。奈何与世违,揶揄困嘲骂。嗟予晚闻道,味如倒食蔗。逢时多艰难,戎夷变华夏。归来庐山边,弛担休征驾。寻幽经隐居,修竹樊田舍。传家惟稚子,感涕泪交下。浊醪再三倾,薄用菁茅藉。

◎ **周紫芝**,字少隐,号竹坡居士,宣城人。绍兴二十一年出知兴国军。秩满,奉祠居庐山。

濂溪

仆所居盖濂溪先生之故也,有井清甘而寒,先生尝以比谷帘,今为路人所及,余当为作亭,号濂溪泉,而为之铭,今未暇也。

山下清泉古甃寒,百年谁为发幽潜。可怜昔日供茶鼎,曾与先生当谷帘。

◎柴中行，字与之，江西余干人。绍熙元年进士。历任京湖转运使，兼提点刑狱等。

敬题濂溪先生书堂二首

有生同宇宙，所欠好江山。因自春陵空，留居庐阜间。斯文傅坠绪，太极妙循环。希圣诚何事，怀哉伊与颜。

出城三四里，矫首惬遐观。顿觉市声绝，忻从天宇宽。康山书几净，湓浦砚泓寒。一诵爱莲说，尘埃百不干。

◎度正

留题濂溪书堂

千载斯文傥可求，暮春春服共行游。向人鱼鸟都和乐，满眼溪山只恁幽。

留题九江濂溪书堂

维暮之春万象都，望花寻柳过溪居。一源流水元清洁，几片浮云自卷舒。独对高山吟景行，细看芳草订遗书。可怜鱼鸟浑无意，相向欣欣总自如。

嘉泰二年三月二十有四日，正与赵琥伯玉、冉木震甫来谒先生之祠，索米作粥，采溪毛，具杯羹，从容移日。伯玉仍载郡酿与俱。蜀人度正书。

◎魏嗣孙，睢阳（今河南商丘）人。

濂溪识行（嘉泰辛酉十一月十五日）

分得庐山水一溪，濂名万古合昭垂。光风霁月依然在，肯与人间较盛衰。

永嘉薛师董同兄筮从友刘仁愿同来（丙寅孟春）

缚屋匡庐老不归，晨云夜月手能挥。两山夹植春风布，一水涓回鼓瑟希。翠柏偶成庭下荫，游禽何有夕阳晖。洗空天地销余滴，独怪门前多鲁衣。

◎朱熹
山北纪行二首

予以辛丑闰三月二十七日罢南康郡，四月六日拜濂溪先生书堂遗像，子澄请为诸人说太极图义，先生之曾孙正卿、彦卿、玄孙涛为设食于光风霁月之亭。

北度石塘桥，西访濂溪宅。乔木无遗株，虚堂唯四壁。竦瞻德容眸，跪荐寒流碧。幸矣有斯人，浑沦再开辟。

平生劳仰止，今日登此堂。愿以图象意，质之巾几傍。先生寂无言，贱子涕泗滂。神听倘不遗，惠我思无疆。

◎钱闻诗，字子言，吴郡人。淳熙八年知南康军。
爱莲堂

懿哉周濂溪，昔揽星江符。四时花卉多，独以莲自娱。公见太极初，学业周孔徒。如何心清净，爱与释氏俱。理是吾即尔，理非尔异吾。理与爱适同，彼释我自儒。只疑牡丹时，贵客笑我愚。又恐菊花开，隐士斥我迂。彼此一是非，能问庄生无。坐看万朵红，翠盖争相扶。晚凉微雨来，乱落明月珠。①

---

① 影印《诗渊》第六册，第 3241 页。

◎陈宓

庐山爱莲堂观雨

秀色真香先自清，更将轻雨出芳明。萧萧打叶虽堪听，争似时时泻水声。

◎许月卿，字太空、宋士、驹父，婺源人。理宗时赐进士及第，曾任江西提举。

寄题张宗玉窗下庐山

庐山移到龙溪东，两壁生云无数峰。梦与文渊三峡水，共参金露九秋风。万山恍对凝尘榻，五老仝携入室筇。更问濂溪风共月，又移窗下到脑中。

◎王溉，淳熙年间知江州。

谒濂溪先生祠堂

有宋淳熙，岁承火羊，月临水鼠，阳生后之三日，郡太守王溉同贰车赵希勉、周梓款谒濂溪先生祠堂，陪礼者幕官吕蚁、唐绍彭、朱光祖、邑令尹黄灏、广文应振、郡庠诸生六十有二人。行礼讫事，王溉赋诗二章，以纪其事云。

邹鲁宫墙世莫逾，先生深造类平居。功名岁晚云归岫，德业川增水到渠。洁静精微穷太极，明通公溥见遗书。要知今古存清致，一派濂溪玉不如。

发明正学久无闻，千载寥寥独见君。喜有人能洪此道，定知天未丧斯文。我率诸生拜祠下，要令今古播清芬。

按："发明正学"一诗，桑乔《庐山纪事》卷十作《朱晦翁同王太守暨诸公谒濂溪祠诗》，后世多沿袭之，疑误。

◎王子修，江陵人。
题濂溪祠堂诗（嘉定改元四月八日）
先生粹德妙难明，霁月光风状未成。独有溪流环旧隐，道源一派至今清。

◎鲍昭，括苍人。
题濂溪祠并序
昭家世括苍，诵先生之文，睹先生之像旧矣，独欲拜谒祠下而未能。开禧丙寅，试吏治邑蒲秩而归，道由九江，望祠宇咫尺，辄持香一瓣，躬造先生之堂而致敬焉。若夫心之所传，诚有出于言意之表者，先生必有以鉴之。端拜之余，谨书古诗，以写崇慕之意云。嘉定己巳九月二十日承学鲍昭书。

盘古得希夷，妙用弥宇宙。微言莫能秘，末派自穿溜。世方尊两耳，出入快驰骤。颊舌以腾说，鸣蝉咽风脰。岂无后来英，出力徒自救。章分而句析，传习转讹谬。先生道德尊，一洗当世陋。使人意已释，醯鸡发其覆。古圣不传处，卓然独神授。百世不磨灭，正声日谐奏。低头愧微官，西望祠已旧。平生梦不到，肃然敛襟袖。昔传简册余，精微未容究。登堂睹遗像，三理得心扣。岂不思古人，浅末敢编就。敬持一瓣香，百拜更三嗅。

◎魏了翁，字华父，号鹤山，邛州蒲江人。庆元五年进士。官至端明殿学士。
四月癸巳发浔阳馆过濂溪饭于杏溪谒清虚庵宿太平宫
多少濂溪生并时，两程夫子咏而归。须知宇宙何曾隐，鱼自川游鸟自飞。

　　端平三年春三月戊午朔,天子有诏俾臣了翁以金书枢密院奏事,既上还山之请,乃休沐日丁丑,与宾佐谒濂溪先生祠,宾主凡二十有二,谓是不可无纪也,遂以明道先生"云淡风轻"之诗分韵而赋,而诗有二言,有四言,同一韵者则二客赋之,了翁得云字
　　书生不知分,奉诏行三军。赤手张空拳,幸脱貔虎群。四海莲华峰,濂溪涨清芬。拟求一勺水,浣我三斗尘。翠潋明夕霏,晴云荡朝氛。重上夫子堂,謦咳如有闻。池莲已濯濯,庭草长忻忻。重惟夫子书,千古披昏嚚。善恶萌于几,阴阳互而分。一落俗儒喙,哓哓齿穿龈。流传岂不广,世道滋放纷。书生屡乞骸,归耕故山云。愿言与同志,相期任斯文。①

◎岳珂,字肃之,号亦斋,晚号倦翁,相州汤阴人,岳飞之孙。
归自鄂双莲生于后池偶作再寄紫微
　　岿然康庐山,独秀莲花峰。派为濂溪源,下有爱莲翁。绝学嗣洙泗,千载同清风。书堂二池间,浮翠笼轻红。居然不染尘,涌出清泠中。雪藕厉坚节,一念室以通。朝卷而暮舒,吸之碧玉筒。洁凝月露润,妖鄙桃李稼。食子味崖蜜,擘房透香丛。菰蒲俨不群,鱼鸢间相从。大哉君子操,视此褪其躬。我方赋归来,来策溪上筇。家池忽惊见,晴霞照秋空。已迎颢气澂,况复嘉瑞逢。双葩本共根,殊质疑并钟。摘奇且熟玩,比德思广充。尝闻古之人,即物皆至公。两岐美报上,同颖还居东。双骆赋长卿,奇木对终童。善推仁义端,胳合造化工。后世煽淫靡,世见了不同。联芳天泉池,合欢华清宫。骈花耀鲤湖,十丈闻华潼。徒能资丧志,谁与思念功。嗟予困蒹葭,

---

① 《全宋诗》第56册。

坐此五技穷。兹瑞何自来,儆戒如侄侗。孤植常易摧,初戒先叶恭。竞妍必竞妒,次戒毋苟容。美祥不可恃,又以戒其终。恭惟天地心,常比药石攻。名理倘未喻,再拜师正蒙。

◎周以雅,《永乐大典》卷二千五百四十七《江州志》:周以雅,字亨仲,伉弟也。袁甫广白鹿于山南,董槐尊濂溪于山北,先后聘长书堂。以雅日升讲席,恪守师说,信徒益众。淳祐中,吴渊欲以布衣荐,谢绝杜门,常曰:"人不学则老而衰,韩魏公魏公德业鲜俪,晚年尤切警戒,故有'莫嫌老圃秋容淡,更看寒花晚节香'之句。"因取"淡香"二字以名斋,学者遂称为淡香先生。

濂溪六咏

此心安乐莫非廉,媲水成名亦偶然。溢浦春陵随地在,不应太史失真传。

黄太史称先生以其所乐者媲水成名曰濂溪,而先儒以为先生家舂陵之濂溪,其居九江者亦曰濂溪,示不忘也。然太史与先生同时,岂真不知濂溪者,学者当味其言。

先生雅爱水中莲,尤爱莲花峰下泉。此水此莲谁会得,一窗生意草芊芊。

濂溪发源于庐阜莲花峰下。

家住城南数亩宫,杖藜来往此堂中。吟风弄月人何处,极目闲云数去鸿。

询之土人曰:先生居城南,往来此溪上,傍溪皆周氏之田。

当年太极揭为图,万有皆生于一无。动静互根谁是主,试于静处下工夫。

图意。

濯缨潭上小相羊,手把通书四十章。除却诚通与诚复,更无一事可商量。

书与图相发明。

参也竟以鲁得之,拙堂存旧未为非。光风霁月新题扁,别作斯亭互发挥。

书院旧有拙堂,今更匾曰光风霁月,信美矣。然拙之一字,先生受用处,不可废也,书以识之。

◎王遂,字去非,号实斋,金坛人。嘉泰二年进士。历知邵武军、隆兴府等。

送三八弟归九江

濂溪周堂长,正学有源派。司直既高明,东湖更孤介。从游欠勇往,思之令人洒。子归日亲炙,一一记言话。①

◎曾极,字景建,临川人。布衣终身,尝与戴复古、刘克庄等唱酬。

濂溪

逍遥社里周夫子,太极图成昼掩关。欲验个中真动静,终朝临水对庐山。②

---

① 《诗渊》第六册,第 4387 页。
② 《濂洛风雅》。

◎刘黻,字声伯,温州乐清人。淳祐十年入太学,累官吏部尚书,兼中书舍人。

和何明府爱莲诗

濂溪题品非轻许,祗爱亭亭臭味同。日晚色归霞照里,夜凉香在月明中。独惭冬叶留寒翠,却笑春花学醉红。天付清姿尝净植,曾闻结社有陶公。①

◎释道璨,字无文,俗姓陶,南昌人。弱冠入白鹿洞书院,以应举不利,遂出家。

和恕斋濂溪书院二首

满目青山满面风,谁云太极在图中。晦翁去后僧来少,苔满空堂晓日融。

又

洙泗渊源水一溪,藓花绿遍考亭碑。白云散尽青山出,一卷通书未写时。②

◎董嗣杲,字明德,号静传,杭州人。景定间榷茶富池。宋亡,入道孤山四圣观,改名思学,字无益,号老君山人。

寄周堂长

回首大江秋水西,杖藜闲步菊花篱。百年清白瓯中酒,万事安危枰上棋。梦入庄生迷蝶处,歌穷宁子饭生时。西风徐榻独栖惯,屋枕濂溪云锦池。③

---

① 《刘黻集》,上海社会科学出版社2006年版。
② 释道璨:《无文印》卷一,《宋集珍本丛刊》第85册,线装书局2004年版。
③ 影印四库全书本董嗣杲《庐山集》卷四,上海古籍出版社1987年版。

题濂溪书院

远径溪流水自圆,光风霁月渺无边。窗前生意休除草,堂上清风独爱莲。万古共知归有极,一尘不染见先天。未知涵味其中者,谁是元翁得正传。①

◎**王义山**,字元高,号稼村,丰城人。景定三年进士。历仕于南宋,入元提举江西学事。

送余仲谦赴江州教

广文要饭又何难,所在侏儒烂饱餐。热选尽教众人取,冷官要耐五更寒。四园鼓泽菊三迳,意思濂溪草一般。溢浦依然遗迹在,道源须是静中看。②

◎**洪咨夔**,字舜俞,号平斋,於潜人。嘉泰二年进士。累官刑部尚书,翰林学士,知制诰、加端明殿学士。

沁园春·用周潜夫韵

秋气悲哉,薄寒中人,皇皇何之。更黄花吹雨,苍苔滑屐,栏空斗鸭,床老支龟。静里跫音,明边眉睫,蹴踏星河天脱革几。清谈久,顿两忘妍丑,嫫姆西施。

濂溪家住江湄。爱出水芙蓉清绝姿。好光风霁月,一团和气,尸居龙见,神动天随。著察工夫,诚存体段,个里语言文字非。君家事,莫空将太极,散打图碑。③

---

① 影印四库全书本董嗣杲《庐山集》卷五,上海古籍出版社 1987 年版。
② 王义山:《稼村类稿》卷一,《全宋诗》第 64 册。
③ 《全宋词》。

◎刘因,字梦吉,号静修,雄州容城人。至元十九年入朝为承德郎、右赞善大夫。

同仲实南湖赏莲醉中走笔

溢江泔寒风露凉,安得置我濂溪堂。香尘缥缈芙蓉裳,百年得此南湖张。举杯人胜境亦胜,有莲以来无此香。莲香随酒来诗肠,得句惊起幽禽翔。幽禽随人作蹁态,意欲和我风雩狂。人间一味清到骨,两足暂付吾沧浪。螟岭螺蠃卿且去,醉眼太华云间苍。①

◎危素,字太朴,一字云林,江西金溪县人。至正年间授经筵检讨,明初为翰林侍讲学士。

过元公濂溪故宅(延祐中先师留此数月)

圣远已千载,继述良独难。维公出南纪,大道剪榛菅。济世仰莘挚,斋心师巷颜。知几实至要,浩浩义理端。故宅俨在斯,素月照溪湍。濯濯菡萏枝,英英秋露漙。恭闻华盖客,讲学留溪湾。坠绪久无托,令我心愽愽。

◎史谨,字公谨,江苏昆山人。洪武初任应天府推官。

九江周广文松隐轩

濂溪云孙号松隐,平生爱松不爱窨。一轩深构万松间,掌管林泉事幽屏。常嗔稚子问生涯,每接山翁醉吟咏。老鹤梳翎立故巢,闲云不雨栖高顶。昔年约我为比邻,青袍尚被烟霞身。今日经过纵谈笑,坐我石磴如巢云。涛响应疑九江阔,势高不见庐山尊。乃知梁栋在郊薮,未入廊庙随荆榛。忽辱高情慰怀抱,日暮开筵面芳草。

---

① (清)顾嗣立:《元诗选初集》,中华书局1987年版。

东风吹雨过林梢,一片徂徕碧云绕。①

二、明代诗歌

◎钱子义,江苏无锡人。曾任汉府长史。有《种菊庵集》四卷。

濂溪

舂陵周颐,字茂叔,居濂溪,号濂溪先生。窗前有草不除,云与自家意思一般。作《太极图》及《通书》数十篇,上接洙泗千载之统,下启河洛百世之传。朱晦庵赞曰:"书不尽言,图不尽意,风月无边,庭草交翠。"

千年河洛启真传,咫尺图开太极天。草色满帘春寂寂,一庭风月自无边。②

◎罗亨信,字用实,号乐素,广东东莞人。永乐二年进士。历任监察御史、左副都御史等。著有《觉非集》。

濂溪观莲二首

手植芙蓉尽放花,倚阑赏玩谩咨嗟。亭亭翠盖擎仙掌,灼灼红妆绚彩霞。十里薰风来几席,一帘香雾透窗纱。淤泥杂处应难染,外直中通信可夸。③

芙蕖灼灼绚红霞,吟倚危阑兴倍加。忆昔濂溪陈迹杳,画图赢得世人夸。④

---

① 《独醉亭集》卷上,上海古籍出版社1997年影印文渊阁四库全书本。
② 《种菊庵集》卷三,上海古籍出版社1997年影印文渊阁四库全书本。
③ 清罗哲刻本《觉非集》卷八。
④ 清罗哲刻本《觉非集》卷九。

◎李时勉,名懋,号古廉,江西安福人。永乐间进士。正统六年擢国子监祭酒。

二贤祠

双旌相继出湖滨,千里桑麻化雨新。遗庙尚存今日祀,青山曾见古时人。空林门掩苍苔合,啼鸟烟深绿树春。几度系舟星渚上,欲从祠下荐溪萍。①

◎陆深,字子渊,号俨山,上海人。弘治十八年进士。官至詹事府詹事。

谒濂溪墓

元公祠墓碧溪深,故里新阡一径阴。世有图书传正学,天将风月寄徽音。山中佳气为晴雨,草际浮光无古今。江汉自随庐岳抱,高山兼起望洋心。②

◎曾棨,字子棨,号西墅,江西永丰人。永乐二年状元,人称"江西才子"。

二贤祠

濂溪著书承绝学,紫阳继之多述作。二贤先后守南康,种得甘棠满城郭。龚黄事业何足惊,朱幡皂盖非所荣。光风霁月被闾巷,灯火家家弦诵声。泮宫古祠严奠谒,万古儒绅仰前哲。何人空写去思碑,风雨莓苔几残缺。③

---

① 《同治南康府志》卷七。
② (明)胥从化:《濂溪志》。
③ 《同治南康府志》卷七。

◎吴与弼,字子傅,江西崇仁人。学崇程朱理学,世称康斋先生。有《康斋先生文集》。

谒濂溪晦庵二先生祠二首

孔孟微言几欲绝,先生千载续真传。偶经灵宇增新感,遗绪寥寥苦简编。

又

平生慨慕古人深,道味先生更所钦。长恨无缘趋末席,灵祠一拜俨如临。①

◎陈献章,字公甫,号实斋,新会(在广东江门)人,有《白沙集》、《白沙诗教解》。

晚酌,示藏用诸友。藏用,梁文康公初字也,先生门人

涪翁指点好濂溪,老眼青天醉不迷。五老峰连湖月白,绿荷风飐水烟低。无穷光霁还相接,太极图书谨自提。懒与时人谈此事,风流真个隔云泥。

濂溪台

黄菊花开又一年,南山无分对陶潜。不知风雨随侬否,恼杀台中一夜眠。②

---

① 《康斋集》卷一,上海古籍出版社1997年影印文渊阁四库全书本。
② 《陈献章集》卷六,中华书局1987年版。

◎胡居仁,字叔心,号敬斋,江西余干人。师从吴与弼,绝意仕进,布衣终身。成化三年和成化十六年,两次为白鹿书院洞主。

题濂溪旧隐

绀寒清洁古濂溪,缅想当年有道居。学贯天人纯性命,理原大极著图书。光风霁月心无累,胜水佳山意有余。香郁溪连庭草翠,圣贤高致后人庐。①

◎童潮,浙江慈溪人。成化十一年进士。弘治初任九江知府,曾修周濂溪墓及祠堂。

濂溪古树

闻说溪头树,溪中人自栽。文章随世老,根脉赖天培。空桧原同气,秦松不共材。光风霁月趣,可有此中来。

◎杨廉,字方震,江西丰城人。成化二十三年进士。曾任南京礼部右侍郎、尚书。

雨中望庐山用苏提学伯诚韵

拟作庐山十日游,芙蓉千叠豁尘眸。濂溪云谷高风远,翼翼祠堂在上头。书院兴衰尽在人,岩花新报洞中春。诚明敬义诸生学,肯以词华数过秦。②

---

① 据郑翔主编《庐山历代诗词全集》。以下未注明出处者同出此书。
② 明刻本《杨文恪公文集》卷三。

◎王缜，字文哲，号梧山，广东东莞人。弘治六年进士。嘉靖二年擢南京户部尚书。

登庐山谒濂溪周先生墓。墓在九江城东十里许，对庐山五峰，有祭田

自从洙泗分支远，便到濂溪接派流。欲问眼前寻乐处，直于山顶看源头。一川风月谁能领，四面庭除草自幽。今日瓣香祠下拜，斯文天壤共悠悠。

◎费宏，字子充，江西铅山人。成化二十三年进士第一。官至吏部尚书、华盖殿大学士，赠太保。

送苏伯诚提学江西

文儒宋最盛，发迹由南州。仰惟无极翁，结屋濂溪头。当其官南安，二程实从游。紫阳最晚出，寻源导其流。南康假守日，鹿洞乃重修。飞章乞经籍，立训规朋俦。庶几媚学子，仿佛程与周。先生富道德，久抱斯文忧。行行到庐阜，抚景应淹留。为陈古学奥，一警末俗偷。教人兼体用，长善别刚柔。既令贤者安，亦使恶者瘳。贡之天王庭，以应缓急求。楩楠苟不废，梁栋知先收。①

◎邵宝

谒濂溪先生祠

数椽幽倚此溪东，曾坐当年太极翁。风月未分光霁外，水云常在静虚中。情留棠树连郊绿，兴寄莲花别渚红。盥罢沧浪成薄荐，广庭春草雨濛濛。②

---

① 嘉靖三十四年吴遵之刻本《太保费文宪公摘稿》卷二。
② 乾隆二年百尺楼捐梓《宁州志》卷八。

◎王守仁，字伯安，浙江余姚人。世称阳明先生。有《王文成全书》留世。

谒濂溪祠

木偶相沿恐未真，清辉亦复凛衣巾。簿书曾屑乘田吏，俎豆犹存畏垒民。碧水苍山俱过化，光风霁月自传神。千年私淑心丧后，下拜春祠荐渚蘋。

◎尹襄，字舜弼，号巽峰，江西永新人。正德六年进士。官侍讲，升至司经局洗马。

谒濂溪书院作

濯缨临潇水，凭轼过濂溪。溪流清且驶，逶迤学宫西。元公遗迹在，上有玉书题。登堂荐蘋藻，石路匪难跻。炯炯图书训，至精谅在兹。圣域未云远，微言乃阶梯。惠我后来者，殷勤过手携。平生瓣香念，焉知道里暌。末流尚枝蔓，古道纷蒺藜。先生不可作，望望徒悲悽。①

◎杨本仁，字次山，河南杞县人。嘉靖八年进士。官至刑部主事。有《少室山人集》。

冬日濂溪祠送马钟阳地官

霜江日出水烟消，光霁亭边送使轺。此去讵忘白鹿洞，向来曾共紫宸朝。驿梅到汝花应放，庭草怜予色未凋。蓟北闽南三万里，一尊回首路具遥。

---

① 清光绪七年永锡堂刻本《巽峰集》卷二。

谒濂溪墓

墓在山相对,祠荒路不平。大江看逝色,古木有韬精。地下月长霁,人间草自生。秋风一系马,若为绝尘缨。①

◎罗洪先,字达夫,号念庵,江西吉水人。嘉靖八年状元。授翰林院修撰,迁左春房赞善。

谒濂溪先生祠墓(三首其一)

匡庐开晓霁,怀古见芳襟。溪水清堪溯,林风静自吟。山如莲乍发,庭与草俱深。此日生刍奠,还同执贽心。

◎李万实,字少虚,号讱庵,江西南丰人。嘉靖三十三年进士。官至浙江按察司副使。

式濂溪先生墓

玉瘗山辉怅望中,千年宰木尚光风。道旁高塚累累者,空卧麒麟枳棘丛。

◎欧大任,字桢伯,号崙山,顺德人。与梁有誉、黎民表、吴旦、李时行结社,史称"南园后五子"。官终南京工部郎中。

经濂溪先生故居

斯人不可作,绝学已千年。溢浦庭皆草,匡庐岳是莲。霜凋前代树,月霁一林烟。犹有图书在,风琴自洒然。

---

① 嘉靖刻本《少室山人集》卷十一。

◎黄克晦，字孔昭，号吾野，福建惠安人。所作诗编成《匡庐唱和集》等。

谒濂溪周先生墓

朝发浔江头，下马栗山趾。山中两高坟，元公母与子，松柏风萧萧。清泉流弥弥，山川如授图。万象森在几，白云上下飞。精爽自相以，采采溪中蘋。伊怀难具理，愿充守坟人，岁翦墓门杞。

◎孙应鳌，字山甫，号淮海，原籍贵州清平，居江苏如皋。嘉靖三十二年进士。曾任江西按察司佥事。

谒濂溪墓次罗念庵韵

地切名儒墓，瞻依洽素襟。水蘋成独荐，风叶自相吟。庐阜高何极，浔江信几深。卜居邻有道，洒扫亦吾心。

谒濂溪祠次阳明韵

溢溪对眼照还真，绿草离离映葛巾。共尔后游寻圣轨，启予先觉是天民。满庭风月应无尽，千古心知合有神。泣路昔曾悲白首，采芳今得荐青蘋。①

◎龚暹，南昌人。嘉靖二十二年参与纂修《宁州志》，曾任广东参政。

修江八景·濂溪书院

时雨窗前草，微风水上莲。静中观太极，天地共悠然。②

---

① 民国二十二年铅印本吴宗慈编撰《庐山志》卷十一。
② 道光四年鉴悬堂藏版《义宁州志》卷三十。

◎陈玘，明朝人，与龚暹同时。
修江八景·濂溪书院
堂堂危构大江东，世远人亡道不穷。赤子三朝歌善政，斯文千载仰宗工。清霜久衮池荷绿，烈日难消瓦砾红。运际太平新栋宇，英才依旧挹光风。①

◎张元忭，一作元汴，字子荩，号阳和，山阴（今属浙江绍兴）人。隆庆五年进士。官至翰林侍读。
谒濂溪先生祠四首
梦中几度忆光风，此地趋庭拜玉容。生意古今犹一瞬，满前芳草自青葱。

又

龙在星联道在天，陈图画挂欲无言。宣尼微论千言绝，会把真诠觉后贤。

又

万象森罗总大圜，弄丸胸次往来间。静中细认东君面，太极先天只一般。

又

心能无欲澄然静，学到知几自入神。大道不须身外觅，更将己事让何人。

---

① 道光四年鉴悬堂藏版《义宁州志》卷三十。

◎吴文奎,字茂文,歙县人。国子监生。曾受学于盛伦、吴国伦。
过周濂溪先生墓下
高冈抱绿畴,樟楔表松楸。古木屯苍蔼,深溪带碧流。图书开秘密,统绪接商周。遥望孔林在,椒浆共醉酬。

◎邢大忠,山阳人。佥事。
九日谒濂溪先生祠
不为登高玩物情,前贤仰止欲经营。三件堂屋中仍处,一画先天旧现成。草色入秋生意敛,溪声向夜梦魂清。只今识得真光霁,处处莲花照水明。①

三、清代及民国诗歌

◎郑澹成,字希玄,号雪痕,歙县人。有《雪痕集》。
谒濂溪书院
世有斯人欤?久无斯人矣。生前自有见,讲贵濂溪里。安石曾相遇,退思忘寝起。怀刺三及门,不见盖有以。我今来谒公,恍若得所指。望庭草不除,见猎心无喜。思公公俨在,霁月光风里。②

◎张仁熙,字长人,号藕湾,湖北广济人。康熙二十三年修《湖广通志》。
周濂溪先生墓
周子生道州,濂溪本家山。坐爱莲花峰,千载遂不还。溪殊名

---

① 道光四年鉴悬堂藏版《义宁州志》卷三十。
② (清)姚佺辑《诗源初集》,清抱经楼刻本。

未改，日夕能潺湲。或云为总公，筑室东林间。不然南康守，而忧山水悭。当年二程□，再至批玄关。未识此中意，遂令风月闲。至今墓田下，怆恻绝跻攀。

◎方文，字尔止，号嵞山，安徽桐城人。明末诸生，入清不仕。
庐山诗（壬辰）
　　香炉峰东北二十里，有濂溪祠，本濂溪书堂，周公知南康军日尝过浔阳，爱莲花山水之胜，遂筑书堂其下，而取故里濂溪之名名之，期以他日不仕归老于此，其后果定居焉。先是其母郑太君葬丹徒县为水所啮，徙江州栗树岭，先生没亦葬其侧。今书堂与墓皆在数里之内，邵公宝疏请立祠著令典，又于道州取先生裔孙谋来守祠墓，过祠三里，即溢城矣。

　　春陵与溢城，迢迢隔江湖。只因爱庐岳，遂家此山隅。高风被二郡，百代永不渝。我来山南游，雅欲求一区。不知异代后，异有书堂无。右濂溪祠

　　元公倡道学，实为诸儒先。初不近二氏，恐其清圣贤。及与文老游，始悔从前偏。风流慕陶远，结社齐白莲。至今鸾溪水，日夜犹潺湲。右鸾溪

◎徐浩，字雪轩，江苏松江人。有《南州草堂诗文》。
过周濂溪先生墓（在高良山旁，俗云黄土岭）
　　一代名贤迹，千秋霜露寒。浓花开野甸，细竹隔鸣湍。碣小残榆没，山深古木盘。惟留峰际月，夜夜照松坛。

◎宋至，宋荦子，字山言，号方庵。康熙间进士。河南商丘人，

官编修,督学浙江。
经濂溪废祠二首
昔时祠宇化榛荆,寒碧方塘剩旧名。莲池犹存。一酌村酤来设奠,空山落日拜先生。

又
草风莎雨总凄凉,断碣消沉古柏苍。借问江州贤太守,可能重葺读书堂。祠即先生书堂。

◎潘耒,字次耕,又字稼堂,晚号止止居士,吴江人。康熙十七年以布衣中博学鸿辞科,授翰林院检讨,参与纂修《明史》。
濂溪祠
住近莲花洞,平生独爱莲。名溪仍故里,结屋傍新阡。濂溪本道州水名,先生藏母庐山,因家山下即名其水曰濂溪。乐趣浮云外,胸襟霁月边。无人契心易,图说只空传。

◎查慎行,字夏重,号初白,浙江海宁人。有《敬业堂诗集》等。
经周濂溪先生废祠
尼山大圣人,重去父母邦。人情非得已,孰肯违故常。先生少而孤,依舅居丹阳,母殁即葬此,后乃官南康。官贫久不归,迁柩于九江。仁心重庐墓,卜筑匡山傍。托名寓濂溪,中岂忘故乡。同时往还辈,无若苏与黄。犹不谅此意,作诗徒夸扬。我来千载后,拜公谒祠堂。荒畴被秋禾,四野烟茫茫。浥城贤太守,为政持大纲。度地面三峰,种莲池中央。煌煌谥告石,举废今方将。时恒斋捐俸重创书院。愿备洒扫人,幸勿挥门墙。

◎陈大章，字仲夔，号雨山，湖北黄冈人。康熙二十六年进士。改翰林院庶吉士。有《玉照亭诗钞》等。

谒濂溪祠堂

羲文日以远，孔孟生不再。历汉晋隋唐，述作尽茫昧。天实生先生，中系绝续界。图书心画存，伊洛渊源大。绝学谁能窥，万古斯文在。堂堂紫阳翁，功与日月配。探钥发其藏，宏朗开道泰。岿然溪上祠，弦诵有遗诫。山余泰岱尊，水分洙泗派。悯子抱遗书，梦想闻謦欬。何知漫浪游，得展书堂拜。碧沼枯荷欹，荒林秋日晒。游咏几迟留，俯仰增窃慨。

◎张耀会，清义宁州知州。

濂溪书院

精舍名蓝拥薜萝，修江千载尚弦歌。胸中太极涵光霁，池上秋风老芰荷。泗水一灯辉赤县，双祠百代倚崇阿。每惭未辨分宁狱，展拜庭前汗颜多。①

◎缪象衡，字北钥，江苏如皋人。雍正五年任宁州州判。

古爱莲池（池在州判署中，即濂溪先生爱莲处）

曦轮驶驶世推迁，怅读遗编见昔贤。百代启蒙图太极，一时托物爱池莲。中通已绝纤尘蔽，外值无营尺寸牵。霁月溶溶菡萏夜，光风冉冉蔚蓝天。不教亵慢香能远，却谢铅华淡自妍。枳棘暂栖胸坦坦，爱书曾决腹便便。虽为会计乘田吏，自具乾坤父母篇。微禄幸联芳辙后，满池青草忆当年。②

---

① 乾隆二年百尺楼捐梓《宁州志》卷八。
② 乾隆二年百尺楼捐梓《宁州志》卷八。

◎唐英,字隽公,号俊公,又号蜗寄居士,汉军正白旗人。曾任九江关监督。

过周濂溪先生墓

下马拜榛芜,荒碑记宋儒。传心承孔孟,绝学启程朱。品见莲花说,功垂《太极图》。万年遵道统,未与骨同枯。

◎桑调元,字伊佐,号弢甫,浙江钱塘人。清雍正进士。官工部主事,曾主讲濂溪书院。

归自恒山题濂溪一绝

玄岳吾家着水经,此行何止动山灵。秋窗忆感元公梦,归到濂溪草更青。

抵濂溪书院

书堂溪响绕帘栊,元岳归来憩薄躬。明月当头千岫冷,故人暖眼一宵同。囊中新草流游记,架上陈编探易通。讵便筑枝闲挂壁,他山尊处兴无穷。①

陪定岩濂溪书院视工四首

出郭已清旷,两湖明镜澄。浦舟浮叶叶,冈竹插层层。草径修蛇蜿,篗舆脱兔腾。书堂新卜筑,陪历记吾曾。

迤度垂虹去,村家结草蓬。树明亭午日,衣漾小春风。青黛看山近,丹黄取径通。未嫌岩谷浅,步步入云中。

---

① 清乾隆刻本《弢甫集·恒山集》卷七。

旧俗含淳朴，熙熙乐事饶。牛驱西涧牧，薪堕北山樵。断翠捎千缕，深清汲一瓢。最怜溪路好，幽曲不知遥。

乍见层霄矗，莲峰一朵青。中间辟幽径，四面起高亭。旧挂濂溪月，新成翠草亭。龙潭偕眺咏，胜地眼初经。①

酬定岩得大府留予主濂溪书院垂示之作叠韵

宋道学传惟元公，手揭鲁日悬天中。嗣洛关闽扫穹碧，开先发蒙超群雄。道州山川应图象，呜呼混辟其无穷。胶西耳孙旧莫逆，高步绰有前贤风。庐阴相宅志复古，昌明绝学标易通。虹衢登丁动畚锸，凿岩架栋凌高空。书堂中高亭四拱，工匠云构天和融。香炉面阳晖天汉，阴湫潭洞龙为宫。喷飞瀑珠濂溪白，绚烂霞绮莲华红。崇阜位置合造化，皇天默牖君侯衷。杖归衡岳云满袂，请数重席安微躬。惭呼余山门弟子，大府折简谋金同。乾坤此举万万古，须友祠楹偕初终（书院构余山先生须友堂）。经营断手百事集，般倕妙借神灵功。我扪风月望光气，太极岩上青胧胧。绿池清香待静植，且教往复钱唐东。②

濂溪书院瀑布歌和定岩韵

庐阴旧是元公之所宫，云峰四涌环当中。一派飞扬荡寒碧，濂溪之水春融融。清飚欻吸，吹激万万古，助以悬流不断松。七百年来元气复，亭台参错攒层穹。瀑布一条引自远山背，白日飞下沧海蜿蜿龙。凿翠信鬼斧，卷白惊神工。今辰值卓午，万象开晦蒙。喷

---

① 《弢甫集》，《衡山集》卷五，四库存目丛书，集部 276 册。
② 《弢甫集》，《衡山集》卷五，四库存目丛书，集部 276 册。

薄乃是连旬雨,乾坤披豁清明衷。却疑琼浆远自帝台泻,玉色倾倒天瓢浓。我曾游历山岳闻潺淙,砯崖转石挽圆筇。天台石梁响,蹴海山,动龙湫,雁宕色映江月空。银河乍崩玉峡擘,眼明泰华兼衡嵩。万古轰雷千尺雪,奇观磅礴各不同。琴心三叠不可以尽写,成连伯牙空复弦孤桐。况兹泉流道国泽,伊洛关闽资浑崟。广川后裔古脉原来通,滔滔来者终无穷。

入濂溪书院酬定岩韵

烟水印须此一时,余山流泽有前期。露滋林竹无穷翠,风度溪莲莫道迟。相顾析薪期子荷,却教拔剑拨吾衰。诸生四面云岑绕,乐向书堂聚故基。

入书院呈定岩

溢水千盘写素襟,临风重抚伯牙琴。九江试揽春前景,五岳还论物外心。岂谓岩居涵远志,恣教客坐放清吟。参他鹿洞鹅湖迹,新辟书堂振士林。[1]

◎ 董榕,字念青,号定岩、谦山,直隶丰润人。乾隆二十年官九江知府。

谒濂溪祠

风月含元气,溪山感凤游。崿连天可接,翠草地长留。心法开伊洛。神墟合鲁邹。濯缨还采藻,乐意许同求。

---

[1] 清乾隆刻本《毁甫集·续集》卷十三。

◎钱载

拜元公周子墓

一方清泉社,数仞三起山。呜呼郑太君,丹徒改葬焉。维公少而孤,奉母想至艰。改葬在辛亥,维公卒明年。治命葬母墓,南康丧此还。右袝两县君,山小封近巅。皇华幸道出,趋谒整裳冠。祠田及主祀,题碣皆明贤。松林肃周视,问答犹裔孙。阳峰面莲花,四际峰绕环。行实具文公,孔孟统所原。洒落如光霁,发自文节言。江州垄万古,太极说数篇。山港名濂溪,缅初即清泉。①

◎杨梅阁,九江人。乾隆三十二年,熊镇澜作《新峰寺记》云:"予昔读书鹿洞,与九江黄体中、杨梅阁、长宁曹良臣,表弟吴潭门人丁日于、张甫华游匡庐诸峰。"

过濂溪祠墓

莲花峰下爱吾庐,便拟濂溪早卜居。州郡剖冤惊老吏,生徒讲《易》著《通书》。春秋俎豆堂犹飨,风雨松楸墓不墟。凭吊时过车马客,可知嗣续近何如。②

◎彭澜,字百川,江西建昌人。

鸾溪怀古二首(其二)

真净老山南,濂溪宦山北。重劳故人书,殷勤通颜色。结社期远公,千秋谁口实。大道覆群生,于何容逼仄。

◎顾光旭,字华阳,号晴沙,又号响泉,江苏省无锡人。乾隆十

---

① 钱载:《箨石斋诗集》卷四十一。
② 民国二十二年铅印吴宗慈辑《庐山历代诗广存》。

七年进士。有《响泉集》。
访周濂溪墓
《九江志》载:墓在府城南十三里清泉社栗树岭下,遍访无复能,惟道旁一碑近人新立。

江汉源流合,清泉社里泉。图书悬太极,邱陇没寒烟。吾道可观水,人心同爱莲。濂溪去不息,云影落长川。

◎朱之麟,字青选,号灵齐,义宁人。乾隆十五年举人。
濂溪山谷祠
周黄二先生,建祠江上地。瞻礼步前阶,动我凭吊意。理学首数周,大启往圣秘。动静互为根,阴阳涵妙契。疑狱片言剖,精神过老吏。风月拟襟怀,庭草自交翠。黄敦孝友行,古人堪追配。直笔效董狐,权奸勿少讳。斥逐归九原,凛凛有生气。倭史与谤书,是非谁能易。于哉两遗影,耦坐允无愧。踪迹不相俟,而为斯文贲。以此隆明禋,幽光显奕世。①

◎冷玉光,字荆华,号芝田,义宁人。乾隆五十九年举人。著有《芝田遗稿》。
濂山书院
两贤讲学斗山尊,俎豆同堂道脉存。北宋儒宗独开辟,西江诗派共渊源。莲华定不染泥滓,梅实终然留本根。唯有涪翁识光霁,千秋臭味此中论。②

---

① 道光四年鉴悬堂藏版《义宁州志》卷三十。诗咏修水濂山祠。
② 道光四年鉴悬堂藏版《义宁州志》卷三十。诗咏修水濂山书院。

◎吴嵩梁,字子山,号兰雪,江西东乡人。曾先后主讲白鹿洞、鹅湖等书院。有《香苏山馆全集》等。

濂溪港

先生爱莲花,官亦前博士。光风霁月间,万物皆春气。请酌濂溪泉,中有莲花味。①

◎王谟,字仁圃,金溪人。乾隆四十三年进士。著述甚丰。

宋周元公

洙泗渊源溯孔颜,濂溪一脉更潺潺。暂留鸿爪非无处,小试牛刀在此间。太极图开天地秘,通书道演圣贤关。犹将霁月光风意,一任紫阳与象山。朱子不肯为人作此四字,象山书之,云:"人人有此光风霁月。"②

◎王朝瑞,字式台,万年人,义宁州训导。

濂溪书院

从师犹宦学,风月喜公同。窗草含生意,池莲妙化工。孔颜寻乐处,心性画图中。长幸宫墙近,薪传在洛东。③

◎陈文殊,字退庵,一字云伯,浙江钱塘人。

简少翁并寄子坚京口(选一)

我欲庐山游,一识庐山儒。濂溪与紫阳,邹鲁同规模。风月终古佳,灵台湛清虚。

---

① 清嘉庆刊本《香苏山馆诗钞》卷九。
② 同治《义宁州志》卷三十五。
③ 同治《义宁州志》卷三十五。

◎燕笙,星子人。

过周濂溪先生墓

吴嶂十里云如海,虎豹磨牙踞磊硊。鸟道倏转洞天启,浔江一缕碧沧汇。珍树延引下云冈,濂溪古墓珍树傍。下马拜舞心境谿,平原细草东风香。仰忆前型心花蕾,炎宋讲儒谁承颜。精气充牣弥八荒,太极不毁先生在。

◎张宿煌,字碧垣,号伯罗,湖口人。同治元年举人。晚年选授清江县教谕。有《退思堂诗钞》九卷。

谒濂溪墓

一发引千钧,微危赖此人。自唐尊孔孟,有宋启关闽。太极先天易,通书后学津。说莲悲爱牡,除草怕伤春。宦岂官为隐,儒真道得民。参禅非佞佛,悟理信如神。真面庐山外,源头濂水滨。一朝歌坏木,千古说传薪。风月无边想,言功不朽身。紫阳留赞语,黄土葬儒臣。古礼仍封马,遗书等绝麟。丰碑镌姓氏,深窆识衣巾。睡法传先绝,斯文丧未论。上丁同款款,夫子亦循循。生意松楸满,春风道路匀。馨香惟在德,惭愧荐溪萍。

◎易顺鼎,字实甫,晚号哭庵,湖南龙阳人。官至广西右江兵备道。有《琴志楼集》。

濂溪墓

元公祠下望,不见莲花峰。指点读书处,白云生几重。断碑村竖画,高冢县官封。一树霜皮老,还疑欲化龙。[1]

---

[1] 易顺鼎:《琴志楼诗集》,上海古籍出版社2004年版。

◎魏调元，字文希，江西九江人。应选省议员，参加过李烈钧湖口起义。主持《光华日报》笔政。工诗文，著有《伫兴诗草》。

谒周濂溪墓

青山一角绕寒云，马鬣犹存宋代坟。人是先贤垂道范，图留太极说天文。满林风月藏精魄，当路春秋荐苾芬。瞻拜不胜香瓣热，苍苍松柏对斜曛。

浔阳怀古（选一）

峰是莲花锦作堆，濂溪曾傍筑亭台。近来故址都湮没，只识衣冠土一抔。

◎魏元旷，号潜园，又号斯逸、逸叟，南昌县人。光绪二十二年进士。历任刑部主事，民政部署高等审判厅推事。

南康城

阻风南康城，泊舟紫阳闸。石堤啮蠡水，城根护倾塌。汇泽九江殷，匡山半天插。星墩涌珠颗，日色射双塔。濂溪与新安，百代资典法。先后莅此邦，善政流风洽。前贤所旧治，瞻望感生辄。经乱城半荒，复业地犹难。土焦煅迹厚，石圻台基压。市珍但货砚，户少仅编甲。叹庶既无由，加教定何曷。府署新缔造，制度广不狭。隐见循良情，楹语励仁察。左偏茂叔池，壁镌《爱莲说》。孤亭峙中央，衰草周四匝。水涧石梁偃，曲亚红阑轧。隅倚南轩碑，祠记宛可拓。昌言世俗弊，刺骨逾别刮。我思语太守，典祀毋使乏。池北屋三楹，洁垩妥神洽。濂溪正中向，张朱两室夹。涟漪灌池满，芙蕖挺清拔。暇从郡多士，游泳主宾狎。结好慕前修，庶听弦歌戛。匆然挂帆去，此意未能达。

◎陈三立，字伯严，号散原，义宁人。光绪十二年进士。授吏部主事。为"同光体"诗派之领袖。

雨中谒周元公墓

高磴烟如扣，荒林雨自吟。千峰初照酒，半碣欲亲襟。芫满残春色，花留后死心。无言证儒墨，天地更何寻？①

◎刘景熙，字敬居，号好愚，江西赣县人。光绪二十四年进士。授礼部主事，历任广西知府、江苏道员等职。光绪三十四年任江西铁路公司总理，在九江创设铁路学堂。著有《浓溪文集》。

拜濂溪墓

我昔读公书，太极通神理。我今谒公墓，光霁空仰止。遗像肃清高，丰碑屹阶陛。再拜重申词，嗟吾道衰矣。吾道本弥纶，学说或相抵。倘能溯其源，万轮趋一轨。无人无古今，亦无欧与美。奈何抉藩篱，不复寻根柢。摭拾一二言，新奇偏自喜。瞑瞑肆盲行，呶呶纷丑詈。坐令世泯棼，人心遂儳否。我祷灵不应，默默契斯旨。小憩林阴源，庐峰云乍起。

◎周钟岳，字生甫，号惺庵、星甫，云南剑川县人，白族。1917年任靖国联军总司令部秘书长，1939年后历任内政部长、考试院副院长。主纂《云南光复纪要》。

九江谒周元公祠墓（1928年）

庐阜山前德化乡，抠衣今日拜祠堂。未除庭草依然绿，可爱池莲自在香。千载崛兴传圣学，一官小试著循良。濂溪溪水渊源在，

---

① 《散原精舍诗文集补编》，江西人民出版社2007年版。

对此难忘世泽长。

◎ 廖桂贤,字古香,九江人。其诗自云家居庐山东面。清末民初间在世,执教于姑塘等地。

过濂溪故居

莲植休嗟命不辰,幸逢物色出风尘。孟尝君许同生日,钟进士宜作比邻。虎穴未探咸假茁,龙门幸托采同薪。先声许夺莲君子,草草生涯共化身。

◎ 张惠先、王逢辰、申集珊、周才华、申崧甫,江西武宁县人。

濂溪

精一危微道统传,濂溪性学迈群贤。迄今故址依然在,莫觅先生愿看莲。(张惠先)

又

匡庐胜迹古今传,惟有深山可隐贤。昔日濂溪曾到此,也因清洁爱池莲。(王逢辰)

又

爱着濂溪说久传,亭亭真合契名贤。岂知不染污泥者,乃在峰头一嶂莲。(申集珊)

又

最高峰下濂溪传,我岂忘怀不惜贤。只是家贫难自料,敢辞暑热去观莲。(申崧甫)

又

濂溪故址至今传，五百年来间出贤。故址曾留何处觅？遥瞻高际一峰莲。（周才华）

按：张惠先等五人各作有和李式尧约游庐山原韵十首，今各选其一，合为一题。

◎古直，字公愚，号层冰，广东梅县人。1928年往东林寺讲学。后被聘为国立广东大学（后改名中山大学）文学教授，中文系主任。

谒周濂溪先生墓二绝有序

庐山三起山下周元公墓，光绪间彭刚直重修者也。戊辰清明前五日，由东林赴浔，与舜白、肖伋纡途访之，归得二绝。

乔木参天气郁葱，濂溪路上有光风。千秋绝学开伊洛，今日寻源一拜公。

此老心游太极先，江波浩渺宛神仙。如何万本梅花外，能爱濂溪一瓣莲。①

◎程镜寰，字览宇，江西铅山县人。20世纪40年代后期任九江中学国文教员。

濂溪遗迹

濂溪不见好莲人，千载犹留道可亲。徙倚此乡频吊望，几多遗迹黯神伤。

---

① 中华书局民国十七年聚珍仿宋版《层冰草堂丛书·东林游草》。

◎马一浮，又名一佛，号湛翁，浙江绍兴人。曾任复性书院主讲。

续庐山新谣（其一）

濂溪本醇儒，或谓穷禅客。晓岁家浔阳，乐此山水宅。涪翁善称叹，光霁喻风月。昔经莲花峰，瓣香瞻墓阙。于今五十载，寡闻嗟老洫。变化无死生，斯养久研悦。通书太极图，孔孟真直接。宋史传道学，专名亦不忒。小智昧大全，乃为天下裂。玄同非世谛，章甫弗适越。宰垅未荒圮，犹为人爱惜。徇物有不返，挥手谢时哲。

昔岁己酉，初上庐山，经莲花洞，谒濂溪墓，忽已五十余年。今登山改道，遂弗经由，因未入咏，特补作此章，志其怀敬，以弥斯阙。[1]

◎一叶

谒濂溪墓示雨之

宵读临川诗，晓谒濂溪墓。江右信多贤，数与古贤遇。介甫论固高，万言陟广路。气狭急近功，终与举世忤。岂若周夫子，渊渊至静悟。挥斥通书义，张皇太极数。近开伊洛源，兼包朱陆趣。莲幽水亦香，风徽千载慕。我来访古祠，天长倦奔赴。秋晴见村市，堤平列草树。拾阶累石高，拨榛众景露。四丘维北陂，一水横南渡。瞻礼对崇碑，平与庐山晤。倏如游龙来，忽作卧黑住。神鬼交抱藏，得此惬幽寓。卑卑地师言，不足致称誉。但念世论嚚，游闲笑儒素。毁裂到诗书，沉酣但射御。自从有国家，教化为先务。世苟无哲人，谁与觉愚痼。颇闻戎衣定，考文更修故。湔雪列曾左，褒尊及象娄。巍巍曲阜庙，复见衣冠驻。愿言崇古先，推播遍童孺。强由智乃生，

---

[1] 《马一浮集》，浙江古籍出版社1996年版。

天助惟自助。安攘定百年,岂止消近虑。吾友静者徒,海滨卧朝暮。身虽亲禅钵,意不忘黎庶。常欲礼名山,前期尚犹豫。惜哉兴佳日,不得斯人与。作诗远寄之,寸衷千里布。①

◎濂溪墓对联两副

其一
近匡君数十里营阡,早卜牛眠,此地可修葬贤哲;
后元公八百年守土,重新马鬣,当官有责禁樵苏。②

其二
公去早生天,白鹤紫芝,定见长留瑞应;
我来重负土,光风霁月,勉期毋忝家声。③

---

① 《新东方》杂志1940年第4期。
② 萧黄:《祠庙陵墓对联》,河南大学出版社2005年版,第195页。
③ 解维汉:《中国祠庙陵墓楹联精选》,陕西人民出版社2006年版,第118页。

柳山小志

目录

卷一　柳浑隐居志
卷二　柳山胜迹志
卷三　柳山诗文志

卷一……
柳浑隐居志

柳山形胜

　　大江之水，磅礴西来，挟洞庭之波，激彭蠡之浪，七百里之间，重镇有三：岳阳者，三湘之门户也；武昌者，江汉之聚会也；九江者，南国之关隘也。而大江之南，幕阜山自西而东，九岭山由北而南，为形胜之地，亦冲要之处。据此则荆襄可图，失此则东南不保，故立国江南者视如命脉也。观夫关羽之败亡，岳飞之北伐，固可知一二矣。然以将兵者视之，建功于一城一池，用兵于十里丘山，何用此千山万壑为也！故郭璞云："有水名修，有鱼曰鯈。天下大乱，此地无忧。"以窃据东南之雄主不世出，而此地常无兵灾故也。

　　修水出于幕阜、九岭两山之间，经修水、武宁、永修三县而入彭蠡，八百里之间，流水弯环，连山叠嶂，或堆沙如雪，或潴潭如黛，可歌可赞者多，而乐游乐咏者少，岂不以山深地僻，行旅罕至乎？方其冲峭壁，纳众溪，回环于武宁之境时，则有一山两峰，耸峙于江岸者，柳山是也。柳山傲然独立，留云挽日，与昊天同色，而小柳山偎依之，更显其孤高之势。旧志曰："孤峰挺翠，卓立如笔，秀绝江表，为一邑文明之望。峰巅平静,广可亩许,四时登眺,万状毕呈。"①诚为地设灵笔,泼洒随意;天赐云笺,抒写从心也。

县志曰:修水,发黄龙山,至宁州石岐入武宁境。水行修远,故曰修江。至罗溪,合瓶涧源水,经陈坊山,从柳山西出江,会南乡诸水,由罗溪绕柳山西注之。又东为恶濑滩、抖擞滩,滩流湍急,舟行至此,有戒心焉。过邓埠受球场水、杨港水,东迤北为饶湾,一盆鳅水北流注之。凡修水行县境为滩二十有九,为洲者三,为潭者八,大小受水三十六,其程一百九十里有奇。赣水、盱水、修水合注彭蠡,以达于江,盖西江三大水。修水清洁,与赣水会处,黄碧分流,清浊犁然。武宁为修水正流,奉新、靖安、安义皆别流,支水会合修水也。②。

柳浑隐居

柳山何以曰柳?以柳浑姓氏名之也。柳浑者,襄阳人,唐之名相也。

县志曰:柳浑,字惟深,本传字夷旷,本名载。河东人。天宝初擢第,除浙江衢州司马,弃官隐武宁山中,筑精舍读书。群公交书走币,皆谢绝不就。后征拜监察御史,乃起,仕至中书门下同平章事,封宜城伯,谥曰贞。后人遂名其栖隐处曰柳山。

《舆地纪胜》卷二十六云:"柳山在武宁县西四十里,峰峦峭拔,甲于群山,远望如文笔状,为武宁志绝景。旧传柳浑尝隐于此,故号柳山。《唐史·柳浑传》:浑尝弃官隐武宁山。"

---

① 乾隆二十年《武宁县志》卷三。
② 道光四年《武宁县志》卷六。

柳宗元传曰：公字惟深，其先河东人。晋永嘉年，有济南太守卓者，去其土，代仕江左，公实后之。自卓至公十有一代，为士林盛族，著于南朝历代史及柳氏家牒。惟公质貌魁杰，度量宏大，宏和博达而遇节必立，恢旷放弛而应机能断。其居室，奉养抚字之诚，仪于宗戚，而内行著焉；其莅政，柔仁端直之德，洽于府寺，而外美彰焉。凡为学，略章句之烦乱，采摭奥旨，以知道为宗；凡为文，去藻饰之华靡，汪洋自肆，以适己为用。年十余岁，有称神巫来告曰："若相法当夭且贱，幸而为释，可以缓而死耳，位禄非若事也。"公诸父素加抚爱，尤所信异，遽命夺去其业，从巫之言也。公不可，且曰："夫性命之理，圣人所罕言，绅者所不道，巫何为而能尽之也？且令从之而生，去圣人之教而为异术，不若速死之愈也。"于是为学甚笃。其在童幼，固不惑于怪谲矣。开元中，举汝州进士，计偕百数，公为之冠。礼部侍郎韦陟异而目之，一举上第。调授宋州单父尉。操断举措，通乎细大，廉检守，形于造次。加云骑尉。秩满，江南西道连帅闻其名，辟至公府。以信州都邑，人罹凶害，糜弊残耗，假守永丰令。公于是用重典以威奸暴，溥太和以惠鳏嫠，殴除物害，消去人隐，吏无招权乾没之患，政无犯令茸之蠹，宰制听断，渐于讼息。耕夫复于封疆，商旅交于关市。既庶而富，廉耻兴焉；既富而教，庠塾列焉。里闻大变，克有能称，遂表为洪州丰城令。到职，如永丰之政，而仁厚加焉。授衢州司马。夫器宏者，耻效以圭撮之任；足逸者，难局以寻常之地。公遂灭迹藏用，遁隐于武宁山。群公交书，诸侯走币，皆谢绝不就。方将究贤人之业，穷君子之儒，味道腴以代膏粱，含德辉而轻绂冕，遗荣养素，恬淡如也。朝右籍甚有声，征拜御史。公曰："君命也，安敢逃乎？"即日装束上道。公常好大体，不为细故。家之迫速，非其志也，以疾辞。授右补阙。不隐忠以固位，不形直以干名。除殿中侍御史，赐绯鱼袋，赴江西，与租庸使议复榷铁及常平仓，便宜制置，得以专任和钧关石之绪，出纳平准之宜，国利人逸，得其要道。迁侍御史，充江南西路都团练判官。改祠部员外郎，转司勋郎中，余如故。就拜袁州刺史。复命称职，加朝散大夫。又拜左庶子、集贤殿学士。拜尚书右丞。加银青光禄大夫，迁右散骑常侍。泾卒之乱，公以变起卒遽，尽室奔匿于终南山。贼徒访公所在，追以相印。既及公而问焉，公变名氏以绐之，捐家属以委之。贼遂执公爱子，榜箠讯问，折其右肱，而公不之顾。即步入穷谷，披草径，逾秦岭，由褒骆朝于行宫。上嘉其诚节，不时召见。公顿首流涕，累陈计画。贼平策勋，赐轻车都尉，封宜城县开国伯，拜尚书兵部侍郎。俄以本官同中书门下平章事，登翊圣皇，匡弼大政。造膝尽规谏之志，当事无矜大之容。援下情于上，以酌天心；顺嘉谟于外，用彰君德。公竭诚尽忠，忧劳庶务，有耄忘之疾，恳迫陈让，除右散骑常侍，罢知政事。贞元五年二月五日，薨于昌化里。公累更重任，禄秩之厚，布于宗姻，无一廛之土以处其子孙，无一亩之宫以聚其族属。待禄而饱，佣室而安，终身坦荡，而细故不入，其达生知足，落落如此。①

柳浑贱为贱吏，弃衢州司马而不为，遁迹武宁山中，诗酒优游，此山遂以柳而名之。柳浑隐居，时日甚久，不可不略为考究之。

唐人吕温《裴氏海昏集序》曰：《海昏集》者，有唐文行之臣故度支郎中专判度支事赠尚书左仆射正平郡公裴氏讳某字某考地毓德，会友辅仁，气志如神，英华发外之所由作也。初公违河洛之难，以其族行，攀大别，浮彭蠡，望洞庭，徘徊乎溢流，眄仰乎海昏。有欧山之奇，修江之清，阳溪之邃，汤泉之灵，竹洞花坞，仙坛僧舍，鸡犬钟梵，相闻于青岚白云中，数百里不绝。时也，俗以远而未扰，地以偏而获

---

① 节选自柳宗元：《银青光禄大夫右散骑常侍轻车都尉宜城县开国伯柳公行状》，见《全唐文》卷五九一。

宁，开元之遗老尽在，犹歌咏乎太平。公悠然乐之，遂与我外王父故屯田郎中集贤殿学士河东柳公讳某、外叔故祖相国宜城伯讳浑，洎故太常卿兰陵萧公定、故秘书少监范阳卢公虚舟、故左庶子陇西李公勋为尘外之交，极心期之赏，唯故给事中汝南袁公高、故将作监河南元公亘以后进预焉。①

集贤殿学士河东柳公讳某者，即柳浑之兄柳识也。天宝十四年，安史之乱作，秘书郎闻喜人裴倩举族南迁，自彭蠡而入修江，其时柳浑、柳识、萧定、卢虚舟、李勋诸人皆雅歌于柳山，遂定为尘外之交。故知柳浑入柳山，先于安史之乱也。

萧定字梅臣，兰陵人，宰相瑀曾孙也。唐代宗永泰初年，始家于修江。大历二年正月七日，左拾遗柳识作《草堂记》云："永泰初，检校左司郎中兰陵萧公置草堂于陂上，偶然疏凿，从其易也。"又曰："予家于修江之上十年矣。兹地阻远，兵戈不至，而犹日见乎罢人货鬻之怨，时闻乎豺狼凌肆之残。春对乎凄风苦雨之音，秋经乎炎燠札瘥之气。又见野有此，当益感叹而已。"萧定居海昏，方当柳浑高隐柳山，故与之定交唱酬也。

以裴倩、柳识、萧定诸公行迹视之，柳浑入山于安史乱前，永泰初犹在山中，则其高卧山中，已逾十载矣。朝廷征拜为御史，而柳宗元曰："家之迫速，非其志也，以疾辞。"后遂除殿中侍御史，赐绯鱼袋，赴江西，与租庸使议复榷铁及常平仓。可知柳浑居山甚久，不欲北上，虽屡有除授之命，而终日流连于江右也。大历初，魏少游镇江西，柳浑为判官，自此辞别柳山，仕宦四方，一去而不返矣。然而宰辅之位，发轫于柳山之高名；柳山之名，成就于柳氏之功业，岂不曰山以人而显，人因山而灵乎？

---

① 吕温：《裴氏海昏集序》，《全唐文》卷六二八。

柳山唱和

柳浑隐居柳山之日，方当中原扰攘之时。北地烽烟四起，生灵涂炭，而此方之人恬然安居，岂可不乐全乐生乎？于是诸公唱和于云日之间，酣饮于扁舟之上，翠鸟以入诗而振羽，山花因伴酒而含笑，其诗虽不存，其流风雅韵可以想见也。

唐人吕温《裴氏海昏集序》曰：初公违河洛之难，以其族行，攀大别，浮彭蠡，望洞庭，徘徊乎溢流，晞仰乎海昏。有欧山之奇，修江之清，阳溪之邃，汤泉之灵。竹洞花坞，仙坛僧舍，鸡犬、钟梵相闻于青岚白云中，数百里不绝时也。俗以达而未扰，地以偏而获宁。开元之遗老尽在，犹歌咏乎外。平公悠然乐之，遂与我外王父故屯田郎中集贤殿学士河东柳公讳某、外叔故祖相国宜城伯讳浑，洎故太常卿兰陵萧公定、故秘书少监范阳卢公虚舟、故左庶子陇西李公勋为尘外之交，极心期之赏，唯故给事中汝南袁公高、故将作监河南元公亘以后进预焉。江左缙绅，诸生望之如神仙，邈不可及。每赋一泉，题一石，毫墨未干，传咏已遍。其为物情所注慕如此。元和五年五月七日朝议郎使持节道州诸军事守道州刺史上骑都尉赐绯鱼袋东平吕温谨述。①

县志曰：粤稽志传，柳贞公隐武宁时，裴、袁、萧、李诸公，一时选胜，偕至流连唱和，极崖壑烟霞之乐。②

县志曰：柳识，字方明，浑母兄，官屯田郎中集贤殿学士，与萧颖

---

① 《文苑英华》卷七一三。
② 同治十二年《武宁县志》卷二十六。

士、元德秀、刘迅齐名。天宝中,同浑隐武宁,诗酒自适,士人钦慕之。①

县志曰:萧定,字梅臣,兰陵人,宰相瑀曾孙。累官太常卿。天宝末,明皇西幸,闻柳、裴诸公隐武宁,乃巾车来游,相与赋泉题石。毫墨未干,传咏已遍。同时如秘书少监范阳卢虚舟、左庶子陇西李勋、给事中汝南袁高、将作监河南元亘,俱宿德重望,咸栖遁山中。修江数百里内,诗筒游屐,后先络绎,可谓一时之盛。②

袁高,字公颐,恕己之孙,擢进士第。唐德宗建中时,拜京畿观察使。坐累贬韶州刺史,复拜给事中。宪宗时,特赠礼部尚书。

卢虚舟,字幼真,范阳人,见李华《三贤论》。历任大理司直、殿中侍御史,贾至《授卢虚舟殿中侍御史制》云:"敕大理司直卢虚舟,闲邪存诚,遁世颐养,操持有清廉之誉,在公推干蛊之才,可殿中侍御史。"李白有《庐山谣寄卢侍御虚舟》诗,其时卢虚舟当在柳山也。

元亘,将作监。《新唐书·卢迈传》曰:将作监元亘摄祠,以私忌不听誓,御史劾之。帝疑其罚,下尚书省议。迈曰:"按大夫士将祭于公,既视濯而父母死,犹奉祭。礼,散齐有大功丧,致齐有期丧,齐有疾病,听还舍,不奉祭。无忌日不受誓者。虽令忌日与告,且《春秋》不以家事辞王事,今摄祭特命也,亘以常令拒特命,执非所宜。"遂抵罪。独孤及《司封员外郎李华中集序》云李华有《宗裴员外腾文别元亘诗》。

《宾竹诗话》曰:天宝间上皇幸蜀,西南半壁殆无宁宇。而修江数百里,诗筒酒盏,歌咏优游,与外间烽火兵戈不相闻问。其故何也?盖山深水穷之地,人迹罕至,民生其间者,家室自完,桑麻烟雨

---

① 同治十二年《武宁县志》卷二十六。
② 同治十二年《武宁县志》卷二十六。

之中,别有天地。昔人云:"天下有事,此地无忧。"亦或然也。①

《半舲绮语》曰:修水自唐柳惟深与裴、萧诸公诗酒流连,风雅大盛。及宋有草堂、山谷往还,又溪园清风,先后相袭,为豫章名区。其后渐以沦替,声韵微歇,有明三百年未复于古。近且构别墅,储古书,喜学古人文,童子皆习声律,而四方才人学士环至,相与探奇问胜,联歌互答,山水文章特开生面,风气所趋,盖亦彬彬乎有古雅之遗意焉。②

张宁,字康叔,洛阳人,登进士。德宗建中间升国子祭酒,立朝蹇谔,忤卢杞,弃官。慕柳浑之风,来武宁,至紫鹿冈青牛洞,慨然曰:"紫鹿青牛,非方外人不可狎。"乃支居焉。今武宁张氏,皆宁后也。③

---

① 同治十二年《武宁县志》卷八。
② 同治十二年《武宁县志》卷八。
③ 同治十二年《武宁县志》卷二十六。

卷二........
柳山胜迹志

柳山

●柳山,县西南三十里,孤峰耸翠,卓立如笔。巅平净,广可亩许。唐柳浑隐此,后人以之名山。上有石井、书院、祠堂、涌翠亭,宋白玉蟾有亭记。又有石门,门壁刻诗,山腰有观音阁、龙岩、佛岩[1],其阴有读书台故址,其侧有小柳山。

●柳峰,县西南。孤峰挺翠,卓立如笔,秀绝江表,为一邑文明之望。峰巅平净,广可亩许,四时登眺,万状毕呈。唐柳浑、宋白玉蟾皆流连其上。[2]

●陈坊山,县西南四十里,以居人姓得名。自柳山读书台望之绝佳。上产异草,风雨澄之,益滋芬芳。今从其音为澄芳山。[3]

柳浑读书台

●柳浑读书台,在柳山之阴,有石平广如台,可坐数十人。唐宜

---

[1] 乾隆二十年《武宁县志》作龙崖、佛崖。
[2] 乾隆二十年《武宁县志》卷三。
[3] 同治十二年《武宁县志》卷四。

城伯柳浑为衢州司马时,弃官隐此,与兄识及萧定、卢虚舟、李勋、袁高、元亘诸人往复吟眺其中,因名。①

柳浑精舍(柳山观)

●柳浑精舍,或曰柳山观,即柳浑读书处。据章鉴之记,宋末建祠堂,复于祠堂之侧建造宫观一区,以维持祠堂之香火祭祀,故读书处变而为观也。列入武宁八景时亦称柳浑精舍。

●柳山观,在柳山之麓,即贞公读书处,旁有贞公井。宋丞相章鉴有记。道光甲辰,陈守珣后裔重修。②

柳贞公祠堂

●柳贞公祠堂,在县治西南三十里邓家埠,唐柳浑弃衢州司马隐于此,筑室读书。山名柳,从公姓也。祠旁有井,名贞公井,从公谥也。宋绍兴间,里人陈功显立祠堂以祀之,丞相章鉴为之记。③

柳山佛岩

●佛岩,柳山之阴,岩门有大柱中立,岐为二户分入,明洁可坐卧。唐柳惟深游息处。旁有龙岩,泉自岩出,清鉴毛发。④

---

① 同治十二年《武宁县志》卷七。
② 同治十二年《武宁县志》卷十三。
③ 雍正三年《武宁县志》卷二。
④ 同治十二年《武宁县志》卷四。

柳山寺

●柳山寺本悦仙院，向栖羽流，今为释子所居。前有石门，镌七绝四章，不书作者姓字。诗云："初日晖晖照翠苔，庭前昨夜碧桃开。一帘香雾微风动，知是神仙夸（跨）鹤来。""深院棋声日正长，博山添火爇沉香。道人鞭起童行雨，带得东潭水气凉。""天院凉风似水流，山中瑶草不知秋。黄庭读罢无余事，铁笛一声闲倚楼。""养就还丹不怕寒，独骑黄鹤上云端。笑谈若得天家雪，散作琪花满石栏。"世传为山谷诗。按：宋嘉定时，紫清真人葛长庚尝登是山，为李太亚作《涌翠亭记》。今玩是诗，笔意似与记相类，殆为长庚所作欤？惜无紫清诗文全集可证也。[①]

●柳山寺前，石门壁上，镌七绝四章，向不知何人所作，或疑为黄山谷诗，或疑为白玉蟾作，皆无确证。近检《罗汝芳集》，始知为罗氏所作也。诗曰《题画》，分咏四季云：

初日晖晖照翠台，庭前昨夜碧桃开。一帘香雾微风动，知是神仙跨鹤来。（右春景）

深院棋声日正长，博山添火试沉香。道人鞭起龙行雨，带得东潭水气凉。（右夏景）

天院凉风似水流，山中瑶草不知秋。黄庭读罢无余事，铁笛一声人倚楼。（右秋景）

---

① 同治十二年《武宁县志》卷四十四。

养就还丹不怕寒,独骑黄鹤上云端。笑谈若得天家雪,散作瑶花满石坛。(右冬景)

此四章与石门所镌者,仅有五字不同焉。罗汝芳,字惟德,号近溪,学者称近溪先生,江西南城人,嘉靖三十二年进士,明代之大儒也。考其踪迹所至,未及柳山,或羽流慕名求诗,镌刻于此,石门亦当建于嘉靖、万历间也。

●柳山寺,在柳山之半。道光乙未,僧安诚提缘重修。门有诗四首,不注名姓。议叙县丞钟士杰有记。①

月岭

●柳山阴有月岭,修衍而平。明末,张秀才谷尝于此叠石成阵以御寇②,结草为人马,展五色纸,立五方旗号,左右手招挥人马,纵横听命,不乱部伍。谷遇异人授阴符秘书,能测天地、日星、风云、出入、盈虚、休咎、考象,验事洞鉴不爽,往往假黄冠出游方外。后人因名岭曰叠阵岭③。

柳山书院

●柳山书院,在县西南三十里柳山之上。唐柳浑隐居此山,筑室读书。宋绍兴间,里人陈功显即其基建书院,开庆间毁于兵,功显

---

① 同治十二年《武宁县志》卷十三。
② "以御寇",据同治十二年《武宁县志》卷四十四补。
③ 道光四年《武宁县志》卷四十四,"出游方外。后人因名岭曰叠阵岭",据同治十二年《武宁县志》卷四十四补。

之孙时章重建。元季毁于兵。明成化二十一年,知县冯琦重建,后废。①

●宋朝陈光崇,字功显,号柳隐,山口人。修复柳山书堂,聘名师,合宗戚间里弟子讲学,风气大盛。

●陈仕元,字时章,号松谷,当涂县丞,廷芝之子,柳隐之孙。以柳山书院毁于开庆兵燹,复改建祠宇,春秋祭祀,制度大备。丞相章鉴有记,见艺文。按:松谷,陈氏谱载属柳隐之孙。章记云柳隐其父,似难考信。松谷,德佑间人,柳隐修书院,应在理宗之时,而陈谱乃云绍兴时修者,大误。②

涌翠亭

●涌翠亭,县西三十里柳山之麓。危峰峙侧,修水绕前,冈峦复叠,洲渚萦回,可揽西南诸峰之胜。宋白玉蟾过此,登眺弥日,作记而去。亭今废。③

●白玉蟾,琼州人,姓葛名长庚。善属诗文,好游山水,往来佳胜,辄有题咏。至武宁,抱琴上柳山,同谭元振、黄日新憩于涌翠亭,徘徊江山,顾天大啸,酒酣作记。绍定己未冬解化,赐号养素真人。④

---

① 雍正三年《武宁县志》卷二。
② 同治十二年《武宁县志》卷二十三。
③ 道光四年《武宁县志》卷十七。
④ 道光四年《武宁县志》卷二十五。

柳峰先生

●余用江,上都人,与永丰罗伦讲学南昌。晚结屋柳山,深求濂洛之旨,郡县累辟,皆不就。天顺元年,石亨闻其名,荐于朝,与吴与弼同征,弼起应聘,用江笑曰:"亨欲令我出其门耶?"乃辞以疾。成化中,诏举贤良方正,时伦初入翰林,力荐江可大用。既至京,陈时务十策,称旨,将官以宫僚,制未下,会大学士李贤夺情视事,伦疏劾贤,上怒,谪伦提举市舶。江上书辨其诬,且言贤为首辅,忘亲违制,无以风天下。贤衔之,遂放归。所居长墅源口,地高亢,数忧旱,江引溪水输灌,出资凿渠数十里,乡里呼曰"余公渠",至今赖焉。所著有《体仁录》、《易理格言》,学者称为柳峰先生。①

周友仁墓

●尚书周友仁墓,在柳山下。② 周友仁,淳祐进士周应合之叔祖,累官至兵部尚书,周友贤从弟,见周氏家谱。宋宁宗有《除周友仁兼兵部尚书制》,又至正间同编修国史庐陵人刘鼎《周氏世德祠记》:"曾祖讳友贤,敷文阁大学士,理宗赐有合食诗。"③

●棣华堂,宣和门内数十步,宋邑人周友贤宅也。友贤兄弟八人,并以文学显,世同居,友爱甚笃,宁宗嘉之,旌其门曰"棣华"。④

---

① 乾隆二十年《武宁县志》卷十七。
② 乾隆二十年《武宁县志》卷二十一。
③ 乾隆二十年《武宁县志》卷二十二。
④ 乾隆二十年《武宁县志》卷九。

卷三·········
柳山诗文志

● **柳山怀贞公**(国学生)　葛方泰(石生)

特地孤峰峙,幽居附数楹。弃官非好隐,避世且怀清。卓识戎谋破,刚风要路轻。读书原适用,思与曩贤盟。①

● **访柳贞公遗迹**　冯琦(鄞县人,邑令)

我来柳巘吊前修,正是春风叫栗留。误国曾闻卑洁衍,洁身未许慕巢由。旧时墨沼烟云获,落日书台麋鹿游。寂寞山河为谁赏,令人今古不胜愁。②

● **访柳贞公遗迹**　冯琦(邑令)

我来山上柳初碧,正是春风吹人幽。态磴只应芒履踏,石门未许尘心留。旧时墨沼烟云护,落日书台麋鹿游。独倚青阿无好句,半生虚负山灵幽。③

● **论断孙圃柳山**　冯其世(康熙五年县令)

孙圃种瓜孙太守,柳山筑舍柳先生。柳孙当未营瓜舍,山圃岂原无姓名。为是杰人能地杰,乃因声事并贤声。古今多被书生气,误采遗徽月旦评。④

---

① 同治十二年《武宁县志》卷四十。
② 雍正三年《武宁县志》卷九。
③ 乾隆二十年《武宁县志》卷二十九。
④ 雍正三年《武宁县志》卷九。

● 柳山　陈英(对溪,宁州进士)

黛束嶙峋势,隐然插太清。虽因峰独秀,却以柳公名。绝壑离尘网,伊人薄宦情。高风不可及,还与此山平。①

● 柳山　张翼

飘飘云磴簇山游,绝巘凌虚得暂留。睥睨万峰犹姓柳,高寒五月已如秋。豹藏山笋青缃润,龙去关门紫气浮。谁谓书生空白面,试看前箸此君筹。②

● 柳山闻笛　王文馥(西园)

寂寂寒山小径通,客心愁锁梵王宫。早春不及美人意,一笛梅花落晓风。③

● 清明游柳山诸胜　张凤鼐(练渠,邑拔贡,太仆寺卿)

其一

柳岱凌空半插天,我来初到此高巅。直监艾国无双地,便算蓬莱第一仙。山色浓添千嶂雾,木光遥抹半河烟。羡他蛟蝶清狂甚,几度吟风兴欲颠。

其二

较商山水莫忽忽,画景曾无一副同。五夜琴书高士榻,数声钟鼓梵王宫。也知寄傲心胸阔,毕竟登临眼界空。徙倚云巅云亦静,芙蓉万朵夕阳中。

● 柳峰　张拱元(楚生)

四望云低不荡胸,忽于此处耸危峰。岂缘依傍凌千仞,自显孤高俯万重。卓绝应同诗史笔,清空疑有羽人踪。遥瞻天半秋痕净,

---

① 乾隆二十年《武宁县志》卷二十九。
② 雍正三年《武宁县志》卷九。
③ 道光四年《武宁县志》卷四十三。

似把江波涤黛浓。

●柳峰怀古　卢志纯(韵虞)

孤峰依旧紫岚侵,谁复披云一日临。涌翠亭边红树绕,贞公祠外绿萝深。石门诗句侵风雨,云壑泉声变古今。徙倚荒庭还寂听,啼鸦飞上夕阳林。

●地平杂咏　陈致新(岭梅,邑人)

修江砥柱锁雄关,翠影岚光霄汉间。孰令名山长姓柳,读书台上暮云闲。①

●游柳山　卢鸣玉

芙蓉万叠矗青天,不是柳公亦不传。谁道垢尘无住著,盘空直上踏飞烟。

●秋日游柳山　叶云

如此蔚蓝天气好,半山烟树半江风。萧萧牧笛度林去,远势全收夕照中。

●登柳山作　杨光斗(冰园,邑举人)

江干晓望翠云台,万叠芙蓉天际开。石磴盘空横树杪,竹林人共鸟飞来。②

●柳山　洪文机(抑庵,乾隆时邑人)

柳翠千年在,往来唯白云。大江明有影,众岫远为群。字石荒苔没,书台冷涧分。平生多古意,凭吊独殷勤。③

●柳山次东民公韵　盛际斯

蹑屐酣搜柳壁奇,烟光憔悴暮春时。书台缥缈储云富,僧寺幽

----

① 以上五首见同治十二年《武宁县志》卷四十。
② 以上三首见同治十二年《武宁县志》卷三十九。
③ 同治十二年《武宁县志》卷三十九。

深得月迟。山鸟嗢嗢鸣古瑟,林风习习韵新诗。我来欲袭仙人迹,闻道龙岩有赤芝。①

盛际斯,字成十,明初县令盛文郁之后,康熙、雍正间曾任乐平县教谕,吉安府教授。

●柳山　余弼(柳溪,明朝时邑人)

鸟道盘云几万重,昔人晦迹此高峰。何时结屋蓬蒿内,洞户萧然对古松。

●游柳山感赋　余复(半舲,清朝邑庠生)

柳峰峭削如文笔,直入青云摩白日。仙人(崖名)丈人(峰名)拜下风,遥与芙蓉(匡庐峰名)东西立。柳公当年寻幽栖,诛茅结屋山之腋。山容自此一更新,千载游人仰高洁。我怀此山已数秋,今春蹑屐穷凹凸。山林泉石尚依然,墨沼书台空残碣。自来名胜概如斯,天人理数真难说。涌翠亭中借酒杯,浇残垒块心凄绝。山鸟哑哑古树鸣,岫云冉冉漫山缺。徘徊山下独放歌,古道寒阴浮暮色。

●饶湾望柳峰有感　陈介圭(白夫,清朝人)

蒙泉在山,幕阜黄龙。修水西来,左蠡其东。饶湾十里,乃纤乃萦。平潭夜静,星月溶溶。柳峰倒影,罗岱横空。吾爱吾庐,宛在江中。

●柳山　张滨(清朝人)

峭壁临大河,秀出东南浒。万丈千日星,势与匡峰伍。欻然涌翠来,缥缈荡岩宇。萧萧天上峰,云烟互吞吐。我闻旧隐者,安居眠其所。山鸟相与迎,山客相与处。偶尔度幽径,散带憩石户。时或起讴咏,逸响通林坞。意景渺难穷,清兴由兹举。始知山水妙,多为文人主。何日托山隈,复此坐风雨。

---

① 同治十二年《武宁县志》卷三十九。

●游柳山　卢金镜(秋水,清朝邑人,岁贡)

终南有捷径,亦复窘其步。可惜古今人,出处难自知。柳公事幽讨,颇穷山水趣。如何此托栖,终不失遭遇。我来值深秋,高举每惊顾。佳气郁清芬,野烟荡寒素。山泉无复流,旧井久荒涸。古人去已远,遗迹委霜露。至今读书处,但有青云路。徘徊独放歌,悲风起高树。

●豫宁杂咏二十一章·柳山　余腾蛟(雍正、乾隆间邑人)

昔人读书处,苍凉锁白云。扫云汲山井,冷然清心魂。

●柳山读书台怀古　李翰春(墨庄)

其一

秀压西南第一峰,参天笔势拟书空。名山自古归名士,唐代高风颂柳公。

其二

入林何密入山深,谁识先生避世心。一卷南华长在抱,懒从人海问升沉。

其三

记得庐山面目真,诗吟李杜倍传神。柳山当与匡山并,五老遥呼作比邻。

其四

读书乐处本忘忧,雨雨风风苦不休。更有仙翁遗迹在,残棋一局子仍留。①

●柳浑书台　翁业(国学生)

书台平广破云隈,秀峙巍峰接斗魁。绝巘石床旋日月,参天文笔走风雷。萧卢同志新编辑,袁李多才旧侣陪。吟眺万山罗足下,

---

① 同治十二年《武宁县志》卷四十。

柳堂青映岭头梅。

●**柳山读书台怀古　陈鸿干（抡实，邑廪生）**

柳峰秀削矗江边，司马遗踪尚宛然。自古书生能料敌，从来隐吏即成仙。安排棐几寻真乐，挂起湘帘豁远天。千载高风何处觅，白云缭绕翠微巅。①

●**柳山读书台怀古　陈治方（邑庠生）**

修江七百势逶迤，绝顶登临一览之。万岫碧云疑送画，半空白雨欲催诗。苔痕浅逗青纹席，草色斜侵绿字碑。回首夕阳亭影里，高山流水溯洄思。②

●**柳山读书台怀古　陈继案**

抗言曾记谢张公，直节森森孰与同。风月台边任吟咏，由来宰相号山中。③

●**柳山读书台　张志书（邑庠）**

一峰高出绝尘埃，自古相传几劫灰。司马何心留胜迹，到今犹有读书台。④

●**柳山读书台　卢盛淑（湛虚）**

伊谁位置读书台，当日贞公到此来。案牍消除心地阔，友朋亲密性天开。云边酌酒酬清兴，石上挥毫扫绿苔。风韵不因陵谷变，名山犹是识栽培。⑤

●**柳山读书台　张廷试**

白日最幽处，书台碧草新。空山落旧叶，逸井荡游尘。麋鹿从

---

① 以上两首见同治十二年《武宁县志》卷四十。
② 同治十二年《武宁县志》卷四十。
③ 同治十二年《武宁县志》卷四十。
④ 同治十二年《武宁县志》卷四十。
⑤ 同治十二年《武宁县志》卷四十。

云远,牧樵向我亲。此间泉石好,谁复问迷津。①
● **柳山读书台二首　盛文郁(东民,明初邑令)**
其一
一山耸翠修水西,山上美人去几时。古砚云浮池水溢,荒台茅合晚风微。鸟声似调江南曲,石壁犹存刺史诗。我欲投闲归未得,野岩空自老商芝。

其二
履折巉岩日已西,暮鸦几树乱啼时。景幽不尽今朝兴,地僻偏嫌去路微。水发云芽频漱玉,山横图画可裁诗。停车且宿台边寺,时有山僧献水芝。②

● **柳山读书台　叶致和(清末人)**
衢州司马负奇才,遁迹名山剪草莱。万卷诗书搜故箧,拂拭峰前高石台。台上烟霞自来往,名士栖隐征涵养。平生不为宦情忙,终日古今堪俯仰。书声聒聒惊人间,台高下瞰水一湾。请看荒草年年碧,相传旧号柳公山。

● **春游柳山寻贞公读书台遗迹　熊镇澜(冰冶,清朝邑贡生)**
少小慕兹山,引领头半白。万卷圣人书,于予徒耳食。寸心苟或污,一身良逼仄。如彼终南峰,何以见心迹。柳公爱幽栖,大节靡缁涅。山灵汝何缘,乃与斯人匿。遂令据荣名,岩岫生颜色。草木自芳菲,烟云自离即。骨立青霄中,造化争奇特。拜瞻读丰碑,千秋情脉脉。

熊镇澜于乾隆三十二年作《新丰寺记》。

● **柳山读书台　刘拭(清朝人)**
寒山多岁月,石室从中开。一榻卧云根,披卷清尘怀。读罢时

---

① 同治十二年《武宁县志》卷三十九。
② 雍正三年《武宁县志》卷九。

高眺，鸿雁自西来。晶晶天宇旷，四望重徘徊。昔日读书处，今为吊古台。台上游麋鹿，台下尽蒿莱。荒烟沉不起，斯人安在哉。石榻如重下，临风倾一杯。

● 读书台　葛昌园

荒台一径翠微通，胜地标名自柳公。那见诗书依石室，但余烟雾隐茅蓬。明窗洗尽三秋雨，古树吹残五夜风。几辈投闲横卧榻，滔滔修水怅怀中。

● 游柳山读书台　陈范（洛书）

夙仰高贤迹，今朝蹑屐来。路忘三径仄，眼向九霄开。洗墨空遗井，横经剩有台。残碑留古篆，读罢意徘徊。①

● 柳浑读书台　杨廉（丰城人，解元）

石作高台势亦危，昔贤挟策此栖迟。人间荣愿虽摒弃，天上征书可固辞。千载烟霞孤伴侣，数声山鸟学吾咿。丹崖碧岭浑无语，去却贞公更是谁。②

● 读书台　杨廉

日光遥落古峰端，满壑清辉上石栏。芳树不从秋色淡，苍苔常忆苺痕干。山河当日谁知己，烟水此时起暮澜。叶落我来空怅望，数村野火焚高峦。

● 读书台　陈英（对溪，宁州进士）

昔经幽讨处，寂寞自荒台。红隐杖头火，青余石上苔。遗迹寻已坠，大业付将来。不学苏君术，阴符只自媒。③

● 柳浑精舍　游龙渊（分宁人，武宁训导）

逸士何年住翠微，诛茅结屋是吾伊。芸崖天近藏书室，满峡泉

---

① 以上两首见道光四年《武宁县志》卷四十三。
② 雍正三年《武宁县志》卷九。
③ 以上两首乾隆二十年《武宁县志》卷二十九。

通洗墨池。鹤怨猿惊成往事,山明水秀入新诗。芹宫辟户瞻文笔,玉削芙蓉映讲帷。①

●柳浑精舍　李汉(丰城举人)

卓笔孤峰峭拔殊,丘陵磊磊尽庸奴。岂为下土培凡木,曾假前期隐相儒。也系地灵功必伟,却缘人杰姓随呼。数椽古屋云霾里,景仰于今几丈夫。②

●柳浑精舍　殷缙

底事投簪隐翠颠,重征去后景依然。数椽茅屋乱云里,一片石台飞鸟边。洗墨水深犹半沼,读书声歇自何年。至今山亦随人姓,几封山吟忆昔贤。③

●柳浑精舍同弟振宇分韵　卢由迹(立宇,明邑人)

涌翠亭边荒草没,读书岩下白云飞。我来正值三秋晚,空向庭前忆落晖。

●柳浑精舍　冯其世(康熙五年县令)

衢州司马爱读书,手持遗经叫山慕。名士落魄应河干,野水孤村谁与语。一朝袄被入天朝,直犯龙颜呵扆斧。书生不知边讦重,料敌何审信如睹。廷议诤诤羞雷同,谁甘廷赏重位贾。学无所负获古人,舌不可禁称明主。省中榜吏称时相,元□□败视竖牧。散骑常侍绌左迁,朝谥贞公褒今古。脱然无累隐村居,名饮故旧落缨组。负性豪放少检局,不撄世味绝俗谱。归来三径开吾庐,一泓流水绕君户。高人一卧柳山寒,露尽英雄真退步。④

---

① 雍正三年《武宁县志》卷九。
② 雍正三年《武宁县志》卷九。
③ 雍正三年《武宁县志》卷九。
④ 雍正三年《武宁县志》卷九。

●秋日游柳山读贞公祠碑　李藻（春池，邑庠生）

霜花秋净柳公祠,片石犹存宋代碑。天遣孤峰撑日月,人从半壁拓蛟螭。绿萝深锁名贤迹,古藓斜侵幼妇辞。千载高风重下拜,溯洄台址寄遐思。①

●柳贞公祠　叶世春

崛岉峰头四望空,等闲身与坐禅同。书台洗尽三秋雨,古树吹残一夜风。石磴参差苔自巢,洞门冷落鸟常通。昔人旧宅今何在,衰草寒烟返照中。②

●读柳贞公祠堂记有感　张炳然（焕堂,清朝新昌举人）

曩初客武城,万峰揽浮翠。惟柳峙西南,特立标名异。殷勤叩主人,巅末知之备。山固藉姓传,并复以谥字。先生家河东,偶膺衢州吏。斗米耻折腰,挂冠寻胜地。凭兹读书台,伏处求其志。石室餐蕨苗,玉案罗经笥。晚邀世主知,遂同平章事。居匪烟霞僻（癖）,仕岂华衮饵。出处大义明,潜见皆当位。公既屈而伸,山灵同拔萃。后贤仰止深,为作祠堂记。我读神往之,茧足不能至。何时谢屐偕,梯云遥与跂。一勺荐黄泉,万卷探奇致。星斗手可扪,俯瞰飞鸟翅。奥旷足徜徉,于焉愿终寄。③

●登柳山访贞公祠　陈毓江（清朝人）

柳公祠堂碧云中,天然悬石卷清风。我欲诛茆访遗踪,双峰翠削青芙蓉。仙凫飞去碧云封。

●柳山佛岩　黄邦彦（菊里,清朝人）

突兀启双门,萝径攀险历。鬼斧凿其幽,怪穴恣搜剔。老苔无

---

① 同治十二年《武宁县志》卷四十。
② 同治十二年《武宁县志》卷三十九。
③ 道光二十八年《武宁县志》卷四十一。

古今,寒光翠欲滴。不必叩禅扃,万缘已俱寂。贞公何处踪,清风生石壁。

●柳山寺　张曾勋(亘虹,岁贡)

落日映仙关,高峰壁立闲。人来青嶂外,钟出白云间。寺古松遮牖,禅空月照山。书堂遗址在,砌下水潺潺。①

●游柳山寺　盛元绩(苍霖,邑举人)

野色兼秋净,凭高望远天。石凫飞爨火,崖树接峰烟。半榻清钟迥,疏离夕照悬。断碑题甲子,花落不知年。② 盛元绩,字苍霖,乾隆戊戌参与编纂县志,后选峡江教谕。

●柳山书院　陈通(仙居人,武宁教谕)

里人聊结两三椽,便占峰峦几百年。当日先生今去也,宋朝碑刻尚依然。雪泥鸿爪悲前事,景行高山属后贤。安得弃官寻旧隐,白云堆里着青毡。③

●柳山书院　张如圯(成化间邑人)

自分冥鸿不会关,网罗又见落人间。读书台上苍苔合,洗砚池中墨水潺。千载固宜留姓字,至今犹借重江山。悠悠此后谁能继,一吊遗踪一汗颜。④

●柳山书院　张如圯

清风淡荡吹人闲,一片白云去复还。绿草萋萋深篆壁,青林郁郁老斑颜。何时古砚净浮雾,几日荒台诛败菅。弱管难描千古魄,墨池水溢声潺潺。⑤

---

① 同治十二年《武宁县志》卷四十。
② 同治十二年《武宁县志》卷三十九。
③ 雍正三年《武宁县志》卷九。
④ 嘉靖四十一年《武宁县志》卷六。
⑤ 乾隆二十年《武宁县志》卷二十九。

● 涌翠亭记　白玉蟾

神霄散吏携琴过富川，道经武城，双凫凌烟，一龙披月。憩武城之西，望大江之东。抚剑而长呼，顾天而大啸。因曰：环武城者，皆山也。苍崖翠壑，青松白石。寒猿叫树，古涧生风。峭壁数层，断崖千尺。翼然如舞天之鹤，宛然如入天之龙者，柳山也。白苹红蓼，紫竹苍沙。鱼浮碧波，鸥卧素月。琉璃万顷，舳舻千梭。窈然如霞姬之皴，湛然如湘娥之縠者，修江也。山之下而江，江之上而亭。亭曰涌翠，盖取东坡"山为翠浪涌"之句。观其风物，披其景象。如章贡之郁孤台，如浔阳之琵琶亭者，涌翠亭也。飞晕际天，倒影蘸水。天光水色。上下如镜。烟柳云树，高低如幕。绿窗漏蟾，朱檐咬雨，华橡跃凤，鳞瓦铺鸳，四榻无尘，一间如画。玉栏截胜，银海凝清，鸥鹭不惊，龟鱼自乐，亭外物也。适其酒量，任其诗怀者，亭中人也！

若夫风开柳眼，露浥桃腮，黄鹂呼春，青鸟送雨，海棠嫩紫，芍药嫣红，宜其春也。碧荷铸钱，绿柳缲丝，龙孙脱壳，鸠妇唤晴，雨酿黄梅，日蒸绿李，宜其夏也。槐阴未断，雁信初来，秋英无言，晓露欲结，蓐收避席，青女办妆，宜其秋也。桂子风高，芦花月老，溪毛碧瘦，山骨苍寒，千崖见梅，一雪欲腊，宜其冬也。复何所宜哉？朝阳东升，万山青红，夕鸟南飞，群木紫翠，桐花落尽，柏子烧残，闲中日长，静里天大。渔舟唱晚，牧笛惊霞。有时而琴，胸中猿咽，指下泉悲；有时而棋，剥啄玉声，纵横星点；有时而书，春蛇入草，暮雁归芦；有时而画，溪山改观，草木生春。以此清兴，以此清幽，收入酒生涯，拥归诗世界，盖有得于斯亭，而不知有身世矣！时名公钜儒，鳞踞叠副，骚赋如枥，峻韵如霜。前者唱，后者和，长篇今，短篇古，亦莫能穷其趣也。第见山光浩荡，江势澎湃，松声如涛，月华如水，萤灯万点，俯仰浮光，禽簧一声，前后应和，飞青舞碧，凝紫流苍。于是四山涌翠,芦湾不尽,凫渚无穷,挽回亭前,酌以元酒,招入酒里,咏入新诗。馨昤高下玉树,夜月浸水,表里冰壶,渔歌断处,白芷浮天。帆影落时,绿芜涨崖,菰蒲萧瑟,舟楫往来,其乐自无穷也!作亭者谁?李亚夫也。

一日,桐城谭元振、上清黄日新,与余抱琴憩于亭上,风吹鹤袂,人讶水仙,磐礴数篇,酬酬百盏,月影在地,马仆候门,援笔不思,聊述山水风月之滋味,以为之记。亭之主人曰:"然。"予觞咏明月中,追思世事如电沫,人生如云萍,蓬莱在何处?黄鹤杳不来!抱琴攫剑,因而起舞于亭之上。神霄散吏书。①

● 柳贞公祠记　章鉴

此唐柳贞公读书之所也。山以公读书,遂姓其姓,地以人重也,后人即其地以祠之,所以明其敬且示劝。或曰:"山巅水涯,矻矻穷年者多,能以姓著者鲜,姓著矣,能与地俱著者鲜。姓与地俱著矣,能使千百世而下起敬起慕者鲜。公之读书,果有以异于人乎?"余曰:"不然,衣冠而士者,皆读书者也,往往名不副实,行不胜文。巧者钩爵位,伪者盗时名,怀奸挟智者至于误天下后世,遂使世之好事者,例以书生而不适用。然则岂书之罪哉?不知所以,读书者之罪也。居则忝其乡,仕则羞其国,视公之于此山,其轻重何如哉?方公十余岁,有妖巫怖以生死,弗为动,曰:'去圣教而从异术,吾有速死尔。'是其为学识本领,已于童时见之。既第进士,历衢州司马,遽弃官去,隐此山读书,公岂自洁其身者欤?抑隐居以求其志与?否则

---

① 雍正三年《武宁县志》卷七。"憩武城之西","峭壁数层","如章贡之郁孤台,如浔阳之琵琶亭者,涌翠亭也","复何所宜哉","鳞踞叠副,骚赋如栉","松声如涛,月华如水","俯仰浮光","前启应和","十是此山湎翠,芦湾不尽,凫渚无穷,挽回亭前,酌以元酒,招入酒里,咏入新诗","馨昤高下玉树,夜月浸水,表里冰壶","其乐自无穷也","作亭者谁?李亚夫也","月影在地,马仆候门","神霄散吏书"均据别本补。

从政而后学与公之出处,固众人所不识也。聘币可却,而御史之召,则闻王命而不敢辞。爱子可捐,而相印之追,则愤逆命而不肯屈。王衍误天下,殷浩误中军,则直辞正色足以折大臣授任之轻。五帝无诰誓,三王无盟诅,则高见卓识,足以破番戎讲和之诈。头可断而舌不可禁,则刚风劲节足以夺当朝恃势固宠者之气。禄仕存更而家无一尘之土,位望逾峻而宅无一亩之宫。即其所行,占其所学,则向也公之读书此山,口耳云乎哉!公家于汝,仕于衢,于此山非有里社之旧,又平日辙迹所不到,其委官而来,独眷眷焉,不复他适,山何以得此于公哉"山为豫章巨镇,卓然崛起万山间,其端重类君子,其秀雅类学士大夫,其幽闲静深类隐者,其崒崒巉绝类刚操特立之士。修水如带绕其趾,诸峰四面环匝,如翼如挹。距山之巅可百丈有岩,岩有二室,槛械之迹俨然。泉流岩窦,清可烛毛发。岩而下不数百丈,则公读书所也。旧有祠堂,其旁石井一,号贞公井。山以姓,井以谥,山何以得此于公哉!里人陈氏世居山之下,族多读书者,高山景行,所以致其倦倦者,先后靡二志。初,祠厄于绍兴劫烬,柳隐君功显一新之,且辟讲肄之所曰柳山书堂。若曰此山公读书所也,以公读书此山而祠矣。于是聘望儒,合宗戚闾里之子弟相砥砺其间。相去数百载,使后学闻风而兴者,公之赐也,又不独此山蒙被而已。

开庆兵变,祠复毁,已而水啮故址,松谷君怃然念祠事不可废,亟倚崖诛茆绵绝以寓其敬,然弗称也,继即公读书之地而改筑之。大建祠宇,中为讲堂,室庐门庑亦既具备。祠以春秋仲丁,所以崇先哲成志也。又以林谷幽闲,有祠矣,不可以无守;有守矣,不可以无固守者之志。适瑞庆羽士余惟铃来任守事,乃于祠之偏营数椽以栖其徒,观曰真庆,奉武当神也。里民之祈祷者从之,与公之祠截然有别而不紊,亦曰彼有以自立,则吾之所资以守者为可久,而祠庶无恙矣。噫，公于此山一何厚，而松谷于公亦何勤哉！既落成，则述建祠本末，乃载公行，概大事，求为之记。余因念儿时闻先生长者言，山以公读书得名，深雅慕之。年十五，随举子后，舟行远望，一峰玉立云表间，则柳山也。亟欲穷山之奇观，访公之遗迹，若有縈其足者。老矣，尚蒈一往，抑今之居于斯者，犹昔之寓于斯者。寓于斯者若而人，则居于斯者可不若而人耶！此祠之所以建也，祠于斯必学于斯，而祠不徒建也。此前乎柳隐、后乎松谷之所以切切也。此后之人，当家传世守而不替焉可也。虽然，祠非仪文之末，书非言语文字之赘，拜其祠，读其书，是又在家传世守者躬体而实践之也。松谷字时章，向以善士称，柳隐其父云。德祐改元中秋节记。①

章鉴，字公秉，号杭山，别号万叟，修水杭口人。理宗淳祐四年及第，累官右丞相兼枢密院使。

● 柳山书院记　冯琦（邑令）

昔人一经历之地，山空水静，踪迹辽辽，而好古之流往往寻其影响而表章之，必其人固自有不可磨者，若唐柳贞公之于武宁是已。方公之弃官而入山，被召而出山，一山之过客耳，而后之人独景仰焉，即其栖息钓游以寄其遐思者，岂不以公之立朝，尝折宰相之轻任；公之筹边，尝知吐蕃之劫盟。隐也，无捷径之心；仕也，无持禄之计与。不然，何一朝之值而遗千载之胜哉。柳山因公而建祠、作书院者，凡几废兴矣。成化乙巳岁，予因循阡之故过而访焉，唯老氏之徒屋于故墟之上，顾其旁有古碑，则宋相章杭山所作公祠堂记也。记之中所谓营数椽栖羽流以任守事者，则屋宇其上者也。呜呼！是岂建置之初意哉！若古之强大诸侯然，其初本以藩卫其王室也，及

---

① 嘉靖四十一年《武宁县志》卷六。

其后也,板荡而不救;又其后也,并其大宝镇而迁之焉,是岂建置之初意哉!

明年丙午春,先徙老氏之居于其旧,而新之以书院者,凡若干楹,且将聘师儒以讲学其中,并祀公焉。夫行道济时,固士君子分内事,而名位则当付之于傥来,苟或出焉而难于入,与夫不足以为出,则亦何所不至哉。方公之弃衢州司马也,洒然声利之外,而颓然咕哔之中,及赴御史之征也,守愈坚,位愈隆,卓卓自著,为有唐名臣,其与捷径持禄者,不有异乎?士而恒存乎是心,则坎止流行何不可哉!虽然,由此而进步,用则行,舍则藏,又自有孔氏之家法在。是院之作不于民,其费也不书,而所书者将以念夫讲学与任守是也。公名浑,字惟深,姓柳氏,仕终银青光禄大夫,同中书平章事,卒谥贞,其先河东人,后家于汝。山名柳,从公姓也。成化三十二年三月记。①

弘治间南昌通判薛、嘉靖间通判孙某相继修之,武宁八景,此其一也。邑人张如玘诗云:"自分冥鸿不会关,网罗又见落人间。读书台上苍苔合,洗砚池中墨水潺。千载固宜留姓字,至今犹借重江山。悠悠此后谁能继,一吊遗踪一汗颜。"②

● 重新柳山寺　钟士杰(幸田,议叙县丞,邑庠生)

豫宁山水,盘纡绵亘百余里而蠹起修江之浒,孤高秀削,苍然云表,惟柳山为最著。唐以前不可考,自贞公读书后,遂以公姓得名。山南有祠,专祀贞公。其北有寺,曰悦仙,亦祀贞公于其左。县志未详其始建。观石门所镌黄庭坚诗,真赝未知,然其寺在宋时已有之,可知也。传闻向有两寺,规模隘且圮,有僧雪岩更其二而一之,草创

---

① 雍正三年《武宁县志》卷七。
② 嘉靖四十一年《武宁县志》。

初就,而雪岩逝矣。垂数十载,凡雪岩所欲为而未竟者,且将复圮也。岁乙未,予馆斯寺,里人来谒者,咸有重新之意。且曰:"寺固所以栖释,亦儒者吟咏所也。吾邑名山,昔贤读书之地,殆未有过此者,先生曷继雪岩而为之倡?"时岁且荒,乃寝。逾年,予偕周子耀初、朱君万先、李君素亭、周君名扬、住持安诚商诸同里周、罗诸君子,并贻书告所相识,俱解杖头以襄其事。乃召匠为壁、为楼、为屏门。堂之天为棚,室之地为板,东为厨房,或金碧之,或丹雘之,而寺之规模气象,于是一新焉矣。予思儒释,固不同道,而吾邑灵源师与黄庭坚友善,则又必有不同而同者。且夫贞公儒也,诸佛释也;吾辈儒也,寺僧释也。是役也,可以供诸佛,可以妥贞公;可以居寺僧,可以憩吾辈。庄严胜地,清净克修,固为功德,而歌啸其间者,尤幸有以被贞公诗书之泽于无穷也。故述诸君子首事之勤与其所乐输者而为之记。①

● 游柳山读书台记　　盛谟

　　乾隆己未十一月六日,予与朱生沿白石港行一里,石多绵亘水中,磊落可玩。由港少折曰鹅嘴崖,从石磴鸟道逼仄蛇形数百步,至崖下,有矶,可坐钓。少憩,复行,得一小洲,见二三人垦艺。又上曰狮崖,径益险,有二栈道,其崖悬立壁削,下临绝洞,虚渺疑荡,不可纵视。匍援行数里,乃得夷旷,有野曰芦芳洲。又一里,逾梁有村,曰山口,居人姓陈,入其宅饮茶。又渡津过马坪上山,及里许,始至柳子读书台。台广一亩,有遗观数椽,由观前望之,有山曰澄明,曰翠笔,环之若屏。旁有井,为贞公井,水自石罅中伏行,不见出入,饮之甚甘。其上有龙岩、佛岩云,明广可容百人,去台尚二里,以日暮

---

① 同治十二年《武宁县志》卷三十三。

不及至。予周寻遗迹,读旧碑碣,坐石上,面澄明、翠笔,蔼蔼浮秀,溪光村烟,萦缭深妙,意态无端,沉洄不欲去。日尽,乃取别径越溪,黑行密林中二里许,乘月度曲滩,滩上星波溶溶欲乱,出没荒洲。抵朱生家,夜已及半,张灯促饭,饭罢书此以示曤庵。时曤庵为乡人所留,不能与余同游,为可惜云。①

---

① 同治十二年《武宁县志》卷三十一。